サービス・ドミナント・ロジックの発想と応用

SERVICE-DOMINANT LOGIC

PREMISES,
PERSPECTIVES,
POSSIBILITIES

ロバート・F・ラッシュ
スティーブン・L・バーゴ [著]

井上崇通 [監訳]

庄司真人
田口尚史 [訳]

同文舘出版

Service-dominant logic: premises, perspectives, possibilities
Copyright © 2014 by Robert F. Lusch and Stephen L. Vargo
Japanese translation right arranged with Cambridge University Press
through Japan UNI Agency, Inc., Tokyo.

日本の読者の皆さんへ

　世界中のリーダーたちは，今後25年間の経済や社会そして国家のこうありたいと思う姿あるいはあるべき姿を決定しようと努めております。彼らの国家は，自分たちの国の弾力性，信頼性，存続可能性に目を向けしっかり取り組んでいるでしょうか。企業は市場をうまく操作して，新しい市場を創造することができるでしょうか，さらにはその将来を創造することができるでしょうか。

　これらの質問に答えを与えてくれるものは，企業，政府，そして家庭が，サービス・イノベーションの開発を可能にする方法，さらに，彼らが，自国やグローバルな世界で，他者と共にサービス交換に従事することを可能とする方法を開発するマインドセットです。国家の形成を約束してくれるマインドセットがサービス・ドミナント・ロジック（S-Dロジック）であり，このS-Dロジックが，新しい国富のための道筋を提供してくれます。本書や他の関連する書籍あるいは論文は，S-Dロジックを手を取るようにあなたに教授することはできませんが，S-Dロジックを学ぶ手助けをすることはできます。簡単に言えば，あなたは，積極的な参加者あるいは学習者になる必要があります。そして，あなたのネットワークの中にいる友人や家族，同僚と一緒になって，共創価値を学習する経験を作り出すことができます。企業，家庭，政府，そして社会に対する見方を変えることができれば成功といえるでしょう。しかし，そのような見方の変更は，終わりのない旅のようなものです。それは，S-Dロジックがたどり着く目的地が存在しない1つの旅のようなものだからです。

　S-Dロジックを効果的に学習するために，S-Dロジックの基本的前提について真剣に考察を加える必要があり，あなたが生活している文脈にそれを当てはめてみる必要があります。ジム・スポーラー氏（IBM）が，「まえがき」で勧めたように「アイデアを書き留め」，「他者と議論する」ようにこの本を読んでほしいと思います。短兵急なマインドセットの転換を期待しないでいただきたい。そのようなチャンスが訪れるかもしれませんが，あなたのモノの見方やあなたの取る行動，そして他者に提供するサービスの中で，小さい変化が少しずつ起こることで良しとすべきです。もちろん，時間経過の中で，これらの少しずつ蓄積された変

化は計り知れない大きさをもたらすことになるでしょう。あなたがS-Dロジックについて考え，研究を進めていく中で，マネジメントの世界で問題とされている「カイゼン」の問題に対して本格的に取り込むことになります。実際，「カイゼン」とS-Dロジックの統合は，うまく調和されるものであり，シナジー効果が生まれるはずです。

　2004年に*Journal of Marketing*誌に「マーケティングのための新しいドミナント・ロジックの進化」が掲載され，2006年『サービス・ドミナント・ロジック：対話，議論，方向』が出版された後，すぐに日本からS-Dロジックについて関心が寄せられました。スティーブン・バーゴは，当時のIBM東京研究センターの日高一義グループ長から招待を受けました。日高氏は，最近，日本におけるS-Dロジックとサービス・サイエンスの論文を出版しました。その後，スティーブン・バーゴは，木島「ジム」恭一氏が組織しているグループの招待で，2011年に東京工業大学に招待されました。ちょうどその頃，明治大学の井上崇通教授は，S-Dロジックの理論的な側面について15名の研究者との研究成果をまとめ，S-Dロジックのトピックを明らかにし，詳説した書籍を出版しました。その本の結論は，S-Dロジックが基盤とするサービスの本質について多くの人々が誤解しているというものでした。偶然にも，我々は，このような誤解や不十分な理解の問題が北米や世界中でも起こっていると述べているところでした。S-Dロジックには独自の用語法があり，G-Dロジックの用語法を置き換えようとしていますが，多くの人々が未だにS-DロジックとG-Dロジックを混乱し続けています。井上教授がまとめた書籍の「はしがき」では，「S-Dロジックは，次の一里塚となり，マーケティングの将来の方向性を必ずしや示すだろう」と結論づけています。この出版の後，明治大学は，2012年3月に日本での最初のS-Dロジックに関するカンファレンスを開催しました。我々もこれに参加し，基調講演を行いました。2014年には，京都大学の鈴木智子さんがワークショップを開催し，メインの講演者として再度日本へバーゴが呼ばれています。

　高千穂大学の庄司真人教授から我々が2014年にケンブリッジ大学出版で出版した書籍の日本語による翻訳書について問い合わせがあったとき，我々は胸を躍らせました。なぜなら，井上教授が2010年にS-Dロジックの将来について予言した，さらなる進歩についての機会と感じたからです。しかし，さらに我々が興奮したのは，日本の研究者の中にS-Dロジックに関して高い関心が存在することを知ることとなったからです。明治大学で2015年3月に開催されたS-Dロジックに

関する研究者の集まりでは，S-Dロジックの研究について意見を共有することができました。このことは，S-Dロジックの関心が，日本において急速に成長しているというさらなる確信を我々に提供するものであり，日本がS-Dロジックのグローバルな広がりにおいて，非常に重要な拠点となっていることを示すものであります。

　庄司真人教授による我々の書籍の翻訳に対する努力に，特別の感謝を述べたいと思います。また，井上崇通教授による継続的な支援と助言について，深謝申し上げる次第であります。

　2016年5月10日

ツーソン，アリゾナ州
ロバート・F・ラッシュ
ホノルル，ハワイ州
スティーブン・L・バーゴ

まえがき

　サービス・ドミナント（S-D）ロジックは，急速に我々の現代世界，歴史，来るべき将来について考察する上で不可欠な新しい方法になっている。

1．なぜS-Dロジックなのか？

　ラッシュとバーゴのこれまでの20年にわたる協同作業は，時代を超えた多くの研究者からの影響を反映したものであり，それは，アリストテレス，バスティア，クラーク，グメソン，ハント，コトラー，レビット，マクルーハン，ノーマン，ペンローズ，レーマー，スミス，ウィリアムソン，ジマーマンなどのエレメントを統合したものである。しかし，現在活躍している研究者，実務家，リーダーと革新者のためにユニークで魅力的なストーリーを簡潔に取り扱っている。私は，ラッシュが2004年の秋に初めてIBMアルマデンを訪問したときも，その後，2005年のthe Frontiers in Service Conferenceでバーゴと話す機会を得たときも，そのストーリーを聞いている。それは心揺さぶられる対話であり，大きな経済的重要性と科学的重要性をもつ主題についての新鮮なパースペクティブを提供するものであったが，その対話は，S-Dロジックが進化していく中で今日まで続いている。

　最新の本書は，他のどの研究業績にもまして，彼らの研究の旅路に我々を共に招き入れ，共に貢献しようと誘ってくれている。結局，価値の共創が，サービスとサービス交換およびS-Dロジックの核心である。数百の研究者が，この急速に成長するS-Dロジックの知識とプラクティス（実践）の体系にすでに貢献しており，本書は，今後貢献してくれる数千とはいかなくてもなお数百の研究者を引き込んでくるであろう。本書は，将来を共創していくための素晴らしいインビテーションを提供してくれる書物である。まず最初に，今日，何が我々の考えを制約しているか，そして，歴史的にみて，なぜそのようになってしまったのかを理解することである。

　我々を取り巻く人間活動，経済的交換,そして社会的インタラクションといっ

た世界に対する見方や理解する仕方が，何にもまして重要なことといえる。質量と重力に関するニュートンの見解，あるいは細胞とバクテリアに関するフックとパスツールの見解が，過去および現在においてどれくらい知的に重大で，経済的に重要かについて考えてみるとよい。そうすれば，すぐにでも，我々の世界に対する見方や理解する仕方が何にもまして重要だということが正しく理解されるであろう。

また，このような科学的な進歩の初期段階のストーリーは，人々にとって目に見えない多くの問題，我々の周りで現実に起きていることそして起きつつあることを評価することのできる新しい手法によってのみ補強されていく。この10年ほどを振り返っても，スマートフォンだけがスマートであったわけではなく，世界の増大する人口の半分は，自分たちの日々の暮らしにも事欠く生活を強いられている。経済的交換と社会的インタラクションに関する膨大なデータを分析する新しいツールが明らかに現れつつある。

我々が世界について話す方法も，また重要である。S-Dロジックを説明するために，ラッシュとバーゴは，既存の用語一覧をつかった研究に対して異議を唱えようとしているのである。S-Dロジックの基礎的前提は，古い言葉と新しい概念を相互にむすびつけ，我々の時代が求めている方向に，少しずつ移行している。「サービス・エコシステム」，「資源統合者」，もちろん「価値の共創」といった用語は，すでになじみのある用語となっている。

実際，本書は，S-Dロジック初心者にとっては入門書となるであろうし，既存のS-Dロジック共同研究者にとってはコンパクトな概要書となる。深く根をおろした新古典派の経済世界観を捨て去り，進化論経済学，新制度派経済学と実験経済学に進もうとしている経済学者の試みに精通していない読者にとって，S-Dロジックは，それらよりもずっとアクセスしやすい出発点である。そこでは，理解を深めるための基本的な二分として，グッズ・ドミナント（G-D）ロジック対サービス・ドミナント（S-D）ロジックを提示している。

顧客のためのアウトプットの生産者から利害関係者との成果の共創者へと事業の転換を推進させるために，S-Dロジックを適用する方法を捜している実務家にとっても，本書は価値がないように見えるが，そうではない。文脈の中にいる人間の活動から洞察が引き出されるような相互に連結した世界では，我々は皆，同時にサービスの顧客であり提供者であり，ほとんど区別がつかなくなっている。要するに，我々は，個人としても，企業としても，政府機関としても，1つのサ

ービス・エコシステムの中で価値を共創している資源統合者である。サービス・サイエンスは，これらの資源-統合者を「サービス・システム・エンティティ」と呼んでおり，入れ子状のネットワーク化されたサービス・エコロジーにおける進化を研究している。S-Dロジックは，確立されつつあるサービス・サイエンスの基盤である。

2．「アイデアを書き留め，議論しなさい」

　本書を読み，利益を得る最高の方法は，著者のアドバイスに耳を傾け，メモを書き留めて，それらについて同僚と議論することである。

　　本書に提示したアイデアと概念を読み学習して欲しい。我々は，読者が自分たちの状況に合わせて，アイデアを書き留めることをおすすめする。そしてこれらを再検討して欲しい。

　私は，本書を最初に読んだとき，私の頭に考えをひらめかせてくれた10頁以上の引用文を書き出してみた。そこで，その一部を読者の皆さんと共有するために，各章から1つずつ，10ほどに光を当ててみたい。

　第1章では，ロジックの制度化とパフォーマティビティという概念が導入される。これは，我々の世界の見方や考え方のことであり，G-DロジックとS-Dロジックによってみごとに描き出されている。私は，以下のような文章に最も心を動かされた。

　　「このより動的でアクター中心的な経済の見方においては，市場とは固定的に存在しているものではなく，むしろ絶えず変化している文脈の中で福利を求める人的アクターの継続的な探求目標を表したものである。」

　アクターは，現状を打破するために市場を創造する。生活の質を改善しようとする探求心が，限界に挑戦し，それを乗り越えることに，世代を超えてイノベーターを駆り立てている。天井（最も強いリンクを改善する）と床（最も弱いリンクを改善する）の底上げをすることである。それは，コストを削減すること（例えば，資源専門化）ではない。それは，あらゆる限界を克服しようとするアクタ

ーのケイパビリティ（例えば，資源統合）を改善することである。

第2章では，S-Dロジックの様々なルーツと遺産について明らかにしており，光を当てる引用文を1つだけ引き出すことは困難である。しかし，アカデミックな考えの進化に対してあまり関心を示そうとしない実務家であっても，このような貴重な機会を逃してはならない。

「規範的でマネジリアルなアプローチに翻訳すると，S-Dロジックは以下のようなものになる。
- 潜在的な競争優位を表す経済的・社会的アクターのコアコンピタンス，基本的なナレッジとスキルを明確にし，開発する。
- これらのコンピタンスからベネフィットを得る他のアクター（潜在的な顧客）を明確にする。
- 特定のニーズを満たすためにカスタマイズされ，競争に打ち勝つ魅力的な価値提案を開発する中で，顧客を巻き込むリレーションシップを育てる。
- 経済的・非経済的フィードバックを得ることにより価値提案の成功を測定し，価値提案とパフォーマンスを改善するためにそれを使用する。
- 価値創造すなわち，価値共創において顧客をコラボレーションの中に巻き込む。」

このような規範的アプローチは，コンピタンスをともに高め合い，価値を共創するアクターと共に行動すべきであるということの重要性を示しており，彼らはサービス・エコシステムにおいて協力者を積極的に奪い合う。基本的に，協力者を獲得し合うことは，サービス・エコシステムにおけるケイパビリティの上昇スパイラルを引き起こす。

第3章は，S-Dロジックの用語一覧，公理および基本的前提を示している。

資源統合は，イノベーションのプロセスを記述するのに用いることもできる。他の何にもまして，今日，S-Dロジックの要点についての用語一覧，公理および基礎的前提を学ぶことは，それがイノベーションについての対話を変化させることができる方法である。技術とその進化の本質を説明するためにブライアン・アーサーの用いた事例を参考にして，ラッシュとバーゴは，資源統合が限りないことを証明している。S-Dロジックは，技術，価値提案，ビジネス・モデル，制

度，利害関係者の役割，そしてイノベーションのプロセスを再考するために，広くドアを開放している。

第4章では，S-Dロジックの批評家からおそらく最も多く口にされたであろう，根本的な質問の1つについて述べる。

「なぜ『サービス』なのか。」

なぜ，市場，経済，社会の進化と結びついた「ナレッジ」，「価値」，「アクター」，「資源」，「能力」，「ネットワーク」，「リレーションシップ」，「インタラクション」，「進歩」，「変化」，「文脈」，「成果」，「協同」，あるいはその他数多くの重要な言葉や概念ではなく，「サービス」なのか。ラッシュとバーゴが提供する6つの理由が，本書の真骨頂である。アクターが相互に利益を得るような変化を作り出せるようナレッジを適応することは，非常に単純であると同時に非常に統合的なものである。

第5章は個人，企業，国家に至るアクターの本質を探求していく。

「アクターを包括的に捉えると，経済や社会を含めることができ，かつ，学問分野を超越した人間の交換システムのロジックの開発が可能となる。我々は，このことは学問分野に強固な実用性を持たせることも可能にすると主張する。」

S-Dロジックは，すなわちアクター・トゥ・アクター（A2A）という世界観を前面に出す。そこには，ビジネス・トゥ・コンシューマ（B2C），ビジネス・トゥ・ビジネス（B2B），カスタマー・トゥ・カスタマー（C2C），ガバメント・トゥ・シチズン（G2C）などが含まれている。ツールと組織によって補強された個人は，より多くの研究に値する。我々はコグニティブ・コンピューティングの時代に参入しており，我々の手にしているツールとシステムはよりスマートになってきているのである。サービス・サイエンスのような学問横断的な分野は，置き換えをすることなしに，多くの学問分野から借用している。しかし，S-Dロジックは，制度上のロジックを適切に評価するのを助けてくれる。つまり，このロジックは，異なる学問分野，産業分野，文化を横断するかたちで，奥行きと幅を

もって，学問横断的な分野によるT型思考のできる人材となるべく望まれたとき，利用される（訳注：T-shaped thinkersとは，Tの文字のタテ棒を専門性，ヨコの棒を視野の広さを考え，幅広い知識を基盤とした高い専門性をもつ人材を意味している。）

第6章は，様々な点で最も挑戦的な章であり，資源を取り扱うエリック・ジンマーマンによると，

「資源は存在しているのではなく，資源になるのである。」

生存能力のために葛藤するときのアクターの場当たり的な特徴，時として，わらにもすがろうとして，予想もしないような行動を取ることを説明するのははなはだ困難である。本章は，本書で最も挑戦的な章の1つであるので，何にもまして本章からより多くのアイデアを書き留めさせてもらった。これは，再度繰り返し読み返そうと考えているからである。

第7章は，コラボレーションと標準的プラクティス（例えば言語，標準と情報技術）について述べている。

「モジュール化のアーキテクチャーは，標準化するプラクティスとみなすことができる。モジュール化は，部品や職務の標準化の1つの手段である。」

取引コストを削減し，同時に能力を拡張するメタ-フォースとしての情報技術が，ここで探究されている。この章は，世界システムの基本的な入れ子状のネットワーク化された構造について，そしておよび階層的な複雑性についての多くのアイデアを誘発する。

第8章は，サービス・エコシステムを探求している。

「サービス・サイエンスの台頭と発展に伴って，しばしば都市のような地政学上の社会での主要なサービス・システムを研究することへの関心が生じた。」

来たるべき数十年の間，政府，企業，研究者，および企業家は，ますます，都市を再考するためにS-Dロジックを適用する必要がある。

第9章は，サービス・ドミナント戦略を説明する。

「サービス・ドミナント（S-D）戦略は，複雑で動的なシステムの中でのサービス

交換を通じて，資源の統合者および価値共創者としての企業の役割の効果性を向上させることに焦点を当てている。」

社会は，直接的および間接的なサービスとサービスの交換において資源をダイナミックに変更する方法を，初期の段階で理解することである。

アクターが資源を適切なかたちでダイナミックに再編成させることができれば，ビジネス・モデル・イノベーションとプラットホーム・イノベーション（特に情報テクノロジーを利用したプラットホーム）は，ほとんどが成功をおさめる。

第10章は，まとめの章であり，さらには将来に向けての考慮事項を提起している。メタ・アイデアとしてのS-Dロジックの概念は，進められる。

「ポール・ローマーは，アイデアの創造と移行のサポートを助ける1つとしてメタ・アイデアを指す。それにもかかわらず，メタ・アイデアはさらに超越する世界観，創造のための肥沃で強健なプラットフォームとその他のより具体的なアイデアのアプリケーションを提供することができる。」

チャーター・シティ構想の文脈の中にあるローマー教授自身のメタ・アイデア，すなわち，人々がテクノロジー・システムで実験することができるのと同じくらいの容易さで支配システムについて実験をすることができるというアイデアは，人々に貢献しないような制度的ロジックを食い止める人間の潜在能力の錠を開けることを速めてくれるものである。S-Dロジックとチャーター・シティの間のリンクは，さらなる探求に直結している本の中で言及されている多くの重要な領域の1つである。

3．ここからどこへ向かうか。

ポール・マグリオと私がこれまで繰り返し述べてきたが，S-Dロジックはサービス・サイエンスのためのロジックと深遠なる哲学的基盤を提供してくれる。実際，ラッシュとバーゴは，「サービス・サイエンス，マネジメントおよびエンジニアリング（SSME）」に対するIBMの関心が，同社のG-DロジックからS-Dロジックへの20年にわたる転換の旅の結果であると言い当てている。よりさらに，

サービス・サイエンスというコミュニティに身を置いている者は，S-Dロジックをより深く理解することで最も確実な利益を得ることができる。このコミュニティは，サービス・システムや価値共創という現象をよりしっかり理解することを助けてくれるナレッジとツール（サービス装置）の体系を構築するために協力し合っている。そして，この刺激的な旅行に我々を招き入れてくれたことに対して礼を言いたい。

2013年

カリフォルニア州　サンノゼ
ジム・スポーラー

序　文

　ほぼ20年の間，我々は，ビジネスおよびより広く経済的・社会的組織に関するより統合的で領域横断的な見解を開発するために共同研究してきた。より控え目にいうと，自分たち自身のために感性を磨くことを課題として開始されたものである。そして，グッズとサービスの区別，それに伴うグッズ・マーケティングとサービス・マーケティングが異なるという関連した意味，そして，工業化の後，サービスのみが経済的に重要になるという考えのような困難な問題に関心を持つこととなった。

　過去10年の間，ビジネスおよびマーケティング活動を管理するために，包括的な関心が増大している。それらは，次のようなマーケティングにおける様々な下位分野および研究の潮流によって表される。ほとんどの場合，一見すると，統一性がないが，B2B マーケティング，国際マーケティング，産業財マーケティング，消費者マーケティング，サービシィーズ・マーケティング，小売マーケティング，ツーリズム・マーケティング，ハイテクノロジー・マーケティング，ソーシャル・マーケティング，マクロマーケティングなど である。しかし，これらのすべてが共通のドライバーを持っていたことが明らかになった：それは，経済的な交換の基本的なモデルのロジックの不十分さであり，我々が現在「グッズ・ドミナント（G-D）ロジック」と呼んでいるものである。我々は，これらの研究の伝統だけでなく，大方の多くのビジネス・プラクティスにおいても，同じような視点が存在していると感じている。（目を通せば明らかである）。無形性や人間の経験，インタラクションとコラボレーション，資源のエボリューションと統合，などの観点からビジネスを理解しようとする動向である。要するに，我々はビジネスに対する考え方が，今日では「サービス・ドミナント（S-D）ロジック」として知られるようになった方向へ収束してきているのを見た。

　我々のコラボレーションの範囲と目的は，経済的および社会的活動について考えるために，物珍しさからくる感覚的なものから，より学問横断的で，統合的で，強固なフレームワークの開発の促進まで広がった。我々のコラボレーションの範囲も広がりを見せるだけでなく，参加する研究者の数も今や，ばらつきはあるに

しても，世界中の何百人もの研究者と実務家を含むほどに増えてきている。ますます，我々は，我々の書籍がより広い読者，特に学生と思慮深くて経験豊富な実務家と接点が持てるようにする必要性を感じている。

我々は，最初，「マーケティングのためのニュー・ドミナント・ロジック」というタイトルのもとで2004年に *Journal of Marketing* に最初の研究成果を発表するのに10年がかかったが，その後の10年で，我々自身およびそのほかの数百の研究者による数多くの論文を目撃することとなる。ここ10年の間に，我々はS-Dロジックの中心的アイデアと概念がマーケティングの枠を超えた領域に浸透していることを発見した。重要なことに，S-Dロジックは，サービス・サイエンスという新しい研究領域が構築される上での基盤と見なされるようになってきた。そして，我々はデザイン思考とデザイン・サイエンス，経営戦略，および情報テクノロジー，といった他のフィールドにおける関心の高まりを目撃した。もっともなことだが，（我々の最初の論文で示したように）我々はこのように，マーケティングのためにニュー・ドミナント・ロジックを示していなかった。さらに重要なことは，国，都市，事業または単に家庭や他の経済的・社会的な組織の富（そして，生存能力）をつくるためのニュー・ドミナント・ロジックを示してこなかったと理解し始めた。

我々がS-Dロジックを開発し，それを伝える際に直面した鍵となる挑戦は，そこで用いられる語彙の精度である。我々は，すぐに，世界についての我々の見解や概念化を構築する際に，どのような単語や言い回しが重要になるのか，それゆえに，それがどのように我々の行為または行動に影響するのか，理解することとなる。我々は，サービシィーズ対サービス，顧客対消費者，静的で有形な資源とダイナミックで無形な資源といった用語の微妙であるが重要な区別を見つけた。このように，この本から学んでほしい多くのことは，今まで使用されてきた言葉に新しい意味や修正された意味をどのように組み込んでいったかという点である。例えば，資源，共創，価値とは何かである。しかし，我々も新しい「概念」や言い回しを開発することも必要であると考えている。本書ではそのような用語も導入し解説を加えている。そこには，「サービス・エコシステム」，「資源統合」，「資源化」，「文脈価値」といった概念が含まれる。我々は，大部分の読者は，それらの語彙の理解を深めるには多少の努力を必要とするが，それが価値があることであると理解してくれるものと信じている。

我々は，本書の中で，3つの目標を成就させたい。第一に，研究者，コンサル

タントと企業のリーダーの要望に応えるために，我々はすぐにでも手に入れることができ，我々の書いた多数のS-Dロジックの著述に目を通さなくてもすむような基本的な入門書を提供したかったのである。第二は，企業をアウトプットを生み出す生産単位として，そして利益の最大化のみを求める単位としてしかとらえない新古典派経済学の見解に縛られている古くからの慣行に疑問の目を向けることができるようS-Dロジックの十分な基礎を提供することである。我々は，まさに，このような捉え方をグッズ・ドミナント（G-D）ロジックと呼んでいる。手短に言えば，我々の目標は，読者が自分のG-Dロジック思考とマインドセットを取り除くことを助けることである。第三に，我々は，本書物がより革新的なサービス・オファリングと非常に魅力的な価値提案を開発するために知識を提供することを期待している。この多くは，競争優位のための戦略からでなく，むしろ企業の将来を設計するために，共創を通しての協調的な優位からもたらされるものである。

　企業グループおよび業界グループに属している人々，博士課程の学生，その他は，我々にS-Dロジックの基本を「教えてくれる」ようしばしば依頼してくる。初めから我々は本書の中で次のメッセージを明白にしている。「S-Dロジックは教えることはできない，しかし，S-Dロジックは学ぶことはできる」。確かに，本書と我々の講義は，S-Dロジックを理解する手段を教えることはできる。しかし，読者がS-Dロジックを理解し受け入れるためには，彼らは，活発で熱心な学習者でなければならない。我々も，「S-Dロジックを適用する方法を教えてください」という依頼を受け取ることが多い。さらに，必要なことは，S-Dロジックの提供するマインドセットやパースペクティブを採用することであり，S-Dロジックが事業体やその他の実態は，自分たちの置かれている独自の文脈に対してそれらのアイデアをどのように適応するのかその方法を決定することである。本書に提示したアイデアと概念を読み学習して欲しい。我々は，読者が自分たちの状況に合わせて，アイデアを書き留めることをおすすめする。そして，彼らが繰り返し読み込み，これらのアイデアに関して他の人と議論し合い，これらを再検討して欲しい。

　本書は，3つのパートから成る。第Ⅰ部の「前提」は，S-Dロジックの前提に対する導入を提供しており，4つの章から編成されている。第1章の「サービス・ドミナント・マインドセット」は，人的アクター間におけるサービス交換の観点から社会的・経済組織について，読者が検討し考察することができるようS-D

ロジックの背景ある必要な概念とアイデアを提供している。第2章の「ルーツと遺産」では，政治的・経済的思想が国富にとってのカギとなる余剰有形財の生産と輸出という概念について，そして利益を追求して生産を行う企業経営のための主要なパラダイムについて数百年にわたりどのように展開してきたのか，説明している。G-Dロジックがどのようにして繰り返し補強されてきたのか，そして，それとは相対立するかたちで，S-Dロジックがどのように開発され，より深い関心が示され，そして受け入れられてきたのかについても明らかにしている。第3章の「公理と基礎的前提」では，S-Dロジックの10の基礎的前提とそれらをどのようにして4つの公理にまとめることができるかについてより徹底的な議論と説明を行っている」。第4章では，「指導枠組みとしてのサービス」に焦点を当てている。しばしば，我々はサービスがなぜ社会的および経済的組織のための指導枠組みでなければならないかについて挑戦している。したがって，本章において，我々はサービスが「正しい」準拠枠である理由について1つのより完全な回答と説明を提供している。

　第Ⅱ部の「パースペクティブ」では，読者は自分たちを取り巻く世界をこれまでとは異なるかちで見ることを可能にする。本パートは，第5章の「すべてアクター・トゥ・アクター（A2A）である」からスタートする。本章では，アクターを買い手と売り手または生産者と消費者のグループに分割するような慣行に終止符を打つための基礎となるパースペクティブを提供し，社会的および経済的組織をアクター・トゥ・アクター・ネットワークあるいはシステムとして考察することを議論する。第6章の「資源の本質・範囲・統合」）では，我々は，資源の幅広いパースペクティブを提供する。そこでは資源管理をどのように考察したらよいかその方法を説明している。社会・経済的アクターを資源統合者と考えた場合，かれらがどのようにして事業体や社会の中でイノベーションを生み出す中心人物となるのかについても議論し，説明している。第7章の焦点は「コラボレーション」である。S-Dロジックは，競争優位を通してではなく共同優位を通して戦略優位性を探求するものとして考えている。このレンズによって，共生的なサービス交換についてより多くの可能性を見ることができる。第Ⅱ部最後の第8章「サービス・エコシステム」において，最もミクロ・レベルのアクター間のサービスとサービスの交換について，そして，これらのミクロ・レベルの交換が創造されるメゾ構造について，さらにはより安定的で長期的なマクロレベルの構造について考察することを可能にするフレームワークが提示される。したがって，こ

れはミクロおよびマクロ・マーケティング・システムを，それぞれが分離した領域としてではなく，企業がナビゲートされるべき1つの統一的で整合的なシステムの一部として理解することを容易にしてくれる。

　第Ⅲ部の焦点は，「可能性」であり，2つの章から構成されている。第9章の「戦略的思考」で特に強調されているのは，サービス・エコシステム，デザイン思考，コラボレーション，資源の再バンドリング，そして価値提案を取り巻く戦略的指針を開発することによって企業可能性を拡大することである。第10章の「結論と考察」は，S-Dロジックがビジネスと社会のすぐれた統一理論を創出する多くの思索がどのように収斂させていくのかについて議論している。我々は，メタ・アイデアとしてS-Dロジックというアイデアを研究していく。つまり，事業体や政府がシステムの存続可能性を強化するために特定のアイデアや戦略を容易に創り出せるアイデア・プラフォームとしてS-Dロジックを位置づけると言うことである。我々は，最後にS-Dロジックの進展において制度の役割に関してさらに研究を深めていきたいという結論を述べ，さらに，より多くの中範囲理論の必要性について繰り返して主張していきたい。

目　次

日本の読者の皆さんへ……………………………………………………(1)
まえがき……………………………………………………………………(5)
序　文………………………………………………………………………(13)

第Ⅰ部　前　提

第1章　サービス・ドミナント・マインドセット────3

はじめに……………………………………………………………………3
専門化と交換………………………………………………………………4
グッズ・ドミナント・ロジックの中心性………………………………5
超越に向けて………………………………………………………………10
S-Dロジックの4つの「公理」…………………………………………17
S-DロジックによるMarket-ing：S-Dロジックの反直観的な性質……20
価値創造の文脈的な性質：S-Dロジックの構造化された世界…………27
本書の概略…………………………………………………………………32

第2章　ルーツと遺産────37

はじめに……………………………………………………………………37
経済学の基礎………………………………………………………………39
グッズ・ドミナント・パラダイムのインパクト………………………46
顧客志向へのシフト………………………………………………………47
サービス思考の台頭と進化………………………………………………49

グッズ・ドミナント・パラダイムからの分岐·················52
　　　サービス・ドミナント・ロジックへの収束···················54
　　　さらなる前進···56

第3章　公理と基本的前提——————————61

　　　はじめに···61
　　　サービス・ドミナント・ロジックの用語一覧·················63
　　　公理1および基本的前提1：サービスが交換の基本的基盤である·······67
　　　基本的前提2：間接的交換は交換の基本的基盤を見えなくしてしまう·······68
　　　基本的前提3：グッズはサービス提供のための伝達手段である·······73
　　　基本的前提4：オペラント資源が競争優位の基本的源泉である·······75
　　　基本的前提5：すべての経済がサービス経済である·············78
　　　公理2および基本的前提6：顧客は常に価値の共創者である·······80
　　　基本的前提7：事業体は価値を提供することができず,価値提案しかできない·······84
　　　基本的前提8：サービス中心の考え方は,元来,顧客志向的であり関係的である·······85
　　　公理3および基本的前提9：すべての経済的および社会的アクターが
　　　　資源統合者である·······································88
　　　公理4および基本的前提10：価値は常に受益者によって独自にかつ現
　　　　象学的に判断される·····································92
　　　ロジックの対比···93
　　　おわりに···95

第4章　指導枠組みとしてのサービス——————98

　　　はじめに···98
　　　サービスに対する誤解を招いた従来の考え方·················99
　　　サービスに対するより包括的な見方························103
　　　「サービス」思考からのインプリケーション···············105

おわりに……………………………………………………………………114

第Ⅱ部　パースペクティブ

第5章　すべてアクター・トゥ・アクター（A2A）である———119

はじめに……………………………………………………………………119
区分の撤廃…………………………………………………………………122
包括的なアクター・トゥ・アクター交換………………………………124
アクター中心の交換システム……………………………………………133
おわりに……………………………………………………………………137

第6章　資源の本質・範囲・統合———141

はじめに……………………………………………………………………141
資源の説明…………………………………………………………………142
オペランド資源とオペラント資源………………………………………146
資源統合者としてのアクター……………………………………………152
おわりに……………………………………………………………………157

第7章　コラボレーション———160

はじめに……………………………………………………………………160
アクター・トゥ・アクターのコラボレーション………………………161
コラボレーションと情報技術……………………………………………166
共同生産と共創……………………………………………………………169
事業体の境界線……………………………………………………………173
コラボレーションの優位性に向けて……………………………………176

システム生存可能性についてのインプリケーション……179
　おわりに……180

第8章　サービス・エコシステム────186

　はじめに……186
　ネットワーク……187
　エコシステム……189
　ミクロ・システム，メソ・システム，マクロ・システム……200
　プロセスの体系としてのサービス・エコシステム……201
　サービス・エコシステムからエコシステム・サービシィーズへ……204
　おわりに……205

第Ⅲ部　可　能　性

第9章　戦略的思考────211

　はじめに……211
　ズームアウト対ズームイン：より大きな絵を見る……212
　サービス・エコシステム：交換のシステムズ・ビューの開発……215
　コラボレーション：密度とリレーションシップのデザイン……218
　価値を提案する：複数の利害関係者と価値を共創する……220
　デザインする：価値創造エコシステムを開発する……223
　配列する：不安定な環境を活用する……226
　S-Dロジック戦略の評価に向けて……231
　おわりに……234

第10章　結論と考察 ——————————————238

　はじめに ——————————————————————238
　メタ・アイデア ——————————————————239
　拡大された全体像 —————————————————242
　ロジックの逆転の拡大 ———————————————243
　これからのステップ ————————————————248
　おわりに —————————————————————250

付録　振り返りと意見交換 ——————————253

　第1章　サービス・ドミナント・マインドセット ——————253
　第2章　ルーツと遺産 ————————————————254
　第3章　公理と基本的前提 ——————————————255
　第4章　指導枠組みとしてのサービス —————————256
　第5章　すべてアクター・トゥ・アクター（A2A）である ——257
　第6章　資源の本質・範囲・統合 ———————————258
　第7章　コラボレーション ——————————————259
　第8章　サービス・エコシステム ———————————260
　第9章　戦略的思考 —————————————————260
　第10章　結論と考察 ————————————————262

訳者あとがき ————————————————————263

索　　引 ——————————————————————275

著者紹介 ——————————————————————281

◆図表目次◆

図表1.1	G-Dロジックの中心性	6
図表1.2	G-Dレンズ	11
図表1.3	S-Dロジックの公理	18
図表1.4	サービシィーズ経済に対して誤解されたロジック	23
図表3.1	S-Dロジックの公理と基本的前提	62
図表3.2	S-Dロジックの用語一覧	64
図表3.3	媒介手段はサービスとサービスの交換という本質を見えなくしてしまう	68
図表3.4	資源統合を通じた交換と価値共創	89
図表3.5	パースペクティブの対比	94
図表4.1	価値創造に対するロジックの変化	101
図表4.2	価値(効果性)と生産(効率性)の間のトレード・オフ	102
図表4.3	S-Dロジックには「サービシィーズ」は存在しない	104
図表4.4	S-Dロジックからナレッジを付与されたG-D原則	107
図表5.1	G-Dロジック―区分と分離―	124
図表5.2	交換のタイプ	126
図表5.3	リレーションシップ階層	132
図表6.1	ナレッジをサービスのための資源らしさを創造するために潜在的な資源へと適用する	145
図表6.2	資源性の進化	149
図表6.3	資源統合	155
図表7.1	資源統合	162
図表7.2	共同生産と共創	169
図表7.3	コラボレーションの優位性	176
図表7.4	システムの実行可能性	180
図表8.1	サービス・エコシステムの構成要素	190
図表8.2	サービス・エコシステム(共通の制度がない場合)	191
図表8.3	サービス・エコシステム	198
図表8.4	現在と将来を関連づけるリーダーのビジョン	200
図表8.5	サービス・エコシステムの構造	202
図表9.1	S-Dロジックの戦略的思考	214
図表9.2	S-Dロジック戦略志向に向けて	232
図表9.3	S-Dロジック戦略の評価	233

第Ⅰ部
前　　提

第1章
サービス・ドミナント・マインドセット

> かつて運命とは，正々堂々としたルールに従って限られたカードと役で勝負するトランプ・ゲームのようなものだった。それが今日，プレイヤーは，これまで見たこともない図柄のカードが配られ，勝負のたびにゲームのルールが変更されることに呆然としている。
>
> ポール・ヴァレリー

はじめに

　人間としての我々の特徴の1つは，我々を取り巻く世界を見て理解し，現実を秩序立てるのに便利な信念体系を開発することである。我々は，これらのメカニズムを制度的ロジックと呼ぶことができる。制度的ロジックは規範的なものとなり，我々の行動を導き決定する際に重要な役割を果たすようになる。これらの制度的ロジックの多くは我々の訓練と教育から生じるので，この世界に対する秩序立った見方は，会計士，技術者，社会学者，物理学者，消防士または道徳哲学者のパースペクティブからの見方とは異なるものとなる。いずれにせよ，制度的ロジックは，用語を首尾一貫性のあるものにし，シグナルからのノイズを知覚的に取り除くレンズを提供することを約束することによって，複雑な世界を見られるようにしてくれる。それによって，制度的ロジックは，心地良さ，理解，意味形成に寄与する。

　しかし，我々の制度的ロジックに不安を感じないからといって，それらが常に正しいとか適切であるということを意味するものでもなければ，変更や進化の必要がないということを意味するものでもない。実際，いくつかの制度的ロジックはパラダイムとなり，変更を加えることがかなり困難となるほど，人々から強く支持されるようになってしまう。歴史を振り返ると，これらのパラダイムがもの

の見方や理解力を制限してしまい，科学的な発達を妨げてきたことが分かる。もちろん，ビジネスにおいても，理解する必要のある，そのような「世界」が数多く存在している。すなわち，ビジネスにおける文化的，生態学的，経済的，社会的，物理的，政治的，技術的，そしてその他多くの世界を理解する必要がある。本書の主たる目的は，その伝統的な「グッズ・ドミナント・ロジック」(G-Dロジック)の代替的な見方またはパースペクティブ（我々が「サービス・ドミナント・ロジック」(S-Dロジック)と呼ぶもの）を提示することによって，人的アクター間で行われている（個人および組織による）経済的および社会的交換の世界についての理解に貢献することである。

専門化と交換

人間は，専門化して交換する。その理由は，人間は優れた個人的能力を有しているが，その能力には限界があるからだ。交換が行われるには，あるアクターの専門化が他のアクターよりも優れていなければならないので，専門化するだけでは十分でないということは注目すべきことである。専門化によって，人間は自分たちの能力を高めることができるが，そのことによって，自分たちの能力を他のアクターと交換する必要性が生じる。これは，体系的な相互依存をもたらすことになる。効率性と調和という目的のために，この交換システムを手助けする社会およびそれに付随する言語，規範，産業，市場と組織（例えば，企業すなわち事業体）のような多くの制度が作り出される。人的アクターと制度のシステムは複雑だが，人的アクターと制度を扱うマーケティング，ビジネス，社会に関する理論が一般化可能となるならば，それらの理論は適度に単純である必要がある。また同時に，それらの理論は，理解を促進させるように意図された有用かつ規範的な適用の基礎としての役割を果たすために，交換という世界の複雑さをしっかりと説明する必要がある。

交換，ビジネス，社会に関する単純な理論が構築されると，ただちに問題が生じる。恐らく，これらの問題で最も厄介なのは，深刻な限界を抱えた制度的ロジックからの支配である。制度的ロジックは1つの学問分野に深く根を下ろし，それによって関連する思考プロセスを支配してしまう。そのような世界観の1つがG-Dロジックである。このロジックは，**アウトプットの単位**（グッズ）の観点から交換の世界を組み立てている。このロジックは，他にも「古い事業体ロジッ

ク」,「製造ロジック」,さらにはそれらに類似した説明タグによって表現されている。

G-Dロジックは,グッズの生産と交換をビジネスおよび経済学の主要な構成要素と捉えている。つまり,G-Dロジックは,アウトプットの単位（一般には有形財）を製造し,流通させるという観点から,企業の目的と経済的交換の機能を形作る。G-Dロジックは新古典派経済学と密接な関係があり,そこではアクターを合理的なものとして,企業を利潤最大化するものとして,顧客を効用最大化するものとして,情報と資源を経済的アクター間のフローとして,そして市場を均衡探索するものとして捉えている。これに対して,経済学内外の学者たちは,それらすべてのパースペクティブに異議を唱えていた。例えば,ペンローズは,生産サービスを提供するために様々な形態で配置された有形資源および人的資源からなる1つの集まりとして企業を捉えた[4]。この考え方を基にして,経済学者でもあるリチャードソンは,「ケイパビリティ」という概念を経済学に導入した[5]。しかし,G-Dロジックを支持する力はかなり強力で,上記のような捉え方に風穴を開けるのは非常に困難であった。

後の章で,我々はG-Dロジックが有するさらにいくつかの側面を取り上げ,それらが人間の交換システムを捉えるのに不適切なロジックとなっていることを説明する。そのため本章では,我々はG-Dロジックを規範的に企業あるいは公共政策のマネジメントに適用しようとする時にどのような問題が生じるのかに焦点を当てることにする。本書を通して,我々は人的アクター（個人および組織）の間での社会的および経済的交換について,より包括的で有効な理解が必要であることを提唱する。我々は,G-Dロジックに代わる1つの代替案としてS-Dロジックを提案する。

グッズ・ドミナント・ロジックの中心性

G-Dロジックには多くの問題があるが,最も重要なもののいくつかは,焦点を当てる対象に関するものである。そのため,我々は経済的交換（さらにより一般的には社会的交換）を理解するのにより有効でしっかりとした枠組みを提案する前に,G-Dロジックの「中心性」が持ついくつかの問題と,それらの中心性が学術的および実践的思考と行動をどのようにして誤った方向に導いてしまうのかについて簡潔にレビューすることが有効である。これらの中心性は,図表1.1

図表1.1　G-Dロジックの中心性

```
        グッズ
          │
    G-Dロジック
      の中心性
     /        \
 交換価値    企業
```

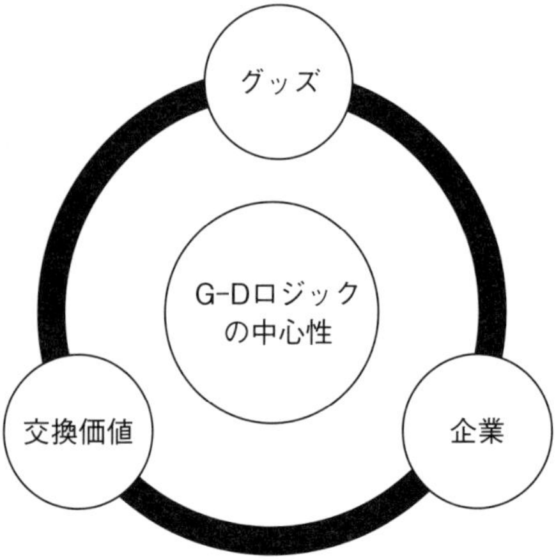

に示されている。以降の節で，これらについて簡単にレビューすることにしよう。

グッズ中心性

　もっともなことかもしれないが，G-Dロジックの抱える大きな問題は，それが**グッズ中心性**を助長させているということである。セオドア・レビットが50年前に示唆しているように，企業は製品を製造しているが，顧客が購入するのは製品ではない。彼が取り上げた鉄道産業と映画産業の生き生きとした事例の中で，彼は顧客が実際に望み必要としているのは輸送サービシィーズやエンターテイメント・サービシィーズであり，しばしば自社が販売していると思いがちな貨車や客車あるいは映画館の客席といった製品ではないと述べている。要するに，顧客が求めているのはソリューションや経験であって，製品そのものを求めているわけではない。マーケティング近視眼は今日に至るまで続いている。我々が主張したいのは，このマーケティング近視眼の原因は，G-Dロジックに深く浸りきってしまい，マーケティング近視眼が制度化されてしまったことに起因しているということだ。我々がこれから本書の中で述べるように，グッズは，一般には，セルフサービスを可能にするサービス提供のための伝達手段に過ぎない。グッズは1つの手段を提供するものであって，「最終製品」ではない。

企業中心性

　G-Dモデルでは，企業が主導的なアクターと見なされるので，企業が経済的交換の中心となる。つまり，企業はグッズの革新者，開発者，生産者，流通業者，販売促進者であり，それら企業が市場と交換の中心を表すものと考えられている。それはまた，大きな財政負担を負い，他のアクターを労働者として雇い，リスクを負担し，その他の膨大な意思決定をこなす役割の中心に企業がいるとも考えられている。このすべては，経営的意思決定というお題目の下に，市場を通じて自社にとってのリスクを最小化し，利潤を最大化するために意図されたものである。他方で，市場とは「顧客や消費者」によって構成されるもので，それらはほとんど受動的に（満たされていない需要を抱いて待ちの姿勢でいる）「世の中に存在するもの」（すなわち，既に存在しているもの）として企業から見られており，また企業は，グッズを生産し，彼らにそれを販売し，流通させることによって利益を得ているとも考えられている。

　しかし，グッズそれ自体が交換の中心的な目的でないのと同様に，企業もまた中心的なアクターではない。組織や企業は，人間が自身が有する個人的な優れた能力の交換を通じて問題を解決するのを手助けするために考案されたものである。人間は，自身の生活という文脈の中で生じる問題を絶えず解決するために，市場取引を通じた源泉（組織や他のアクター），私的な源泉（自分自身，友人，家族など），公的な源泉（政府や地方自治体など）からの資源を統合することによって，彼らの福利を共創する際の主要なアクターである。これは，人的アクターが組織や他の構造からの影響を受けることがないと暗示したり示唆しているわけではない。人間は組織や構造を創造したり，またそれらから影響を及ぼされたりコントロールされたりする。

　また，個々のあらゆる交換も人間の行動も，時間と共に広がっていく他のプロセスやアクターと結びつけられる継続的なプロセスの一部である。この点において，人的アクターは決してエンド・ユーザーではない。むしろ彼らは，順次，進行している市場取引を通じた交換，私的な交換，公的な交換によって他のアクターの福利にプラスとマイナスの両面から貢献する。このより動的でアクター中心的な経済の見方においては，「市場」とは固定的に既に存在しているものではなく，むしろ絶えず変化している文脈の中で福利を求める人的アクターの継続的な探求目標を表したものである。市場と交換における企業中心性のこのシフトは，企業の役割を総体として何ら低下させるものではなく，他のアクターたちにとっての

価値の創造における役割を変化させるものである。このような見方によれば，企業は価値創造における自社の役割に対する考え方をシフトさせなければならない。

交換価値中心性

　G-Dロジックは，**交換価値中心性**を暗黙的に助長させていることに問題がある。アリストテレスが使用価値と交換価値を区分し，それらについて議論していた少なくとも紀元前4世紀以降，学者たちは**使用価値**（使用によって，どの程度，福利に貢献するのか）と対比した際の**交換価値**（交換の際にどの程度の価値があるのか）の役割について論争してきた。概して，彼ら学者たちは使用価値の卓越性や中心性に賛同していた。例えば，中世の大学教授たちは，交換は人間のニーズによって動機づけられるという彼らの考え方に基づいて，彼らの経済哲学の中でこの立場を明確に支持していた。しかし，「経済学の父」であるアダム・スミスによって研究が着手されて以降，より形式的な経済哲学が発展し，その後，経済科学の発達が拡大する中で，少なくともほんのしばらくの間は使用価値に焦点が当てられなくなってしまった。

　重要なことに，次章で論じられるように，アダム・スミスは，経済学の父になろうとは思ってもいなかった。むしろ彼の関心は，当時（産業革命の初期），イングランドが国際貿易を通して豊かになる方法を発見することにあった。彼の導き出した結論は，国富の主要な源泉は余剰有形財の生産と輸出であり，この生産と輸出に貢献する活動に対してのみ「生産的」という用語を用いるということであった。彼は，使用価値を「実質価値」と認識していたが，彼の限定的な目的を考慮し，使用価値に代わるものとして交換価値という用語を用いてしまった。彼は，使用価値よりも交換価値の方が理解しやすく，かつ富の標準的な尺度を示すのがより容易であると考えたのである。スミスに続くその後の経済哲学者たちは，使用価値へと主眼点を引き戻すいくつかの試み（例えば，セイによる「効用」概念の導入）を行ったが，我々が第2章で説明するように，この効用という用語でさえも交換価値という意味に置き換えられてしまった。

　「科学」がニュートン力学（物質に特性が埋め込まれていると見なすモデル）を意味していた時代に，交換価値の意味が拡張され，哲学から科学へと転換された経済思想として制度化されてしまった。それによって，製品すなわち「グッズ」という概念は「効用」（交換価値）が埋め込まれたものであると読み替えられてしまった。それはさらに，限界効用理論の基礎を提示することとなり，それはや

がて新古典派経済学のモデルの基礎となり，その後この考え方はその他のビジネス関連の学問分野に採用されてしまった[10]。

　初期の（経済的交換の最初の分析を行ったスミスを含む）学者たちは，価値は生産の過程で創造されるのではなく，我々が「消費」と呼んできた時点，より最近では「経験」と呼ばれる時点で創造されるということを最初から正しく理解していた。消費者が経験する時点は熟考に値する。あなたの自宅が火事で燃えていて，家族を救出すること以外に家の中から1つだけ持ち出すことができるとしたら，あなたはどんなモノを持ち出すだろうか。それは恐らく，高い経済価値を有するモノではなく，交換価値以外の，あなたにとって意味のあるモノだろう。それは，あなたが価値があると考えた絶え間ない経験の中でのあなたにとって有益なモノである。その価値は，交換の中にもモノそれ自体の中にも存在せず，そのモノとのつながりやモノとの経験をあなたがどのくらい評価しているかということにある。

要　約

　グッズ，企業，交換価値に焦点を当てたこれらの中心性は重要である。その理由は，皮肉なことに，これらの中心性が市場の目的と本質，価値創造，そして様々なアクターたちの相互的な役割を企業に見えなくさせることによって，間違った規範的指示の下で「市場に行く」ことを試みるように企業を方向づけているからである。これらの中心性は，企業が主導者であり，グッズを生産することが企業の主な目的であり，その生産過程においてグッズに価値が埋め込まれる，つまりグッズに価値が内在していることを示唆している。もちろん，これが真実だったならば，値引きに焦点を当てたセールス活動や在庫の帳簿価格切下げなど存在しなかったであろう。しかし，さらに重要なことは，これらの中心性は，価値の本当の意味から注意をそらしてしまい，さらには個人的あるいは（例えば，組織，企業を通じて）集団的に多数のアクターたちと協力して相互作用的に価値が創造され，やがてそれはサービスを提供するために他のアクターたちによって統合される資源として提供されるという考え方からも注意をそらしてしまう。本来，**価値とは共創されるものなのだ**。さらに，これらの中心性は，統合されたり統合したりしている最も重要な資源（スキル，ナレッジ，革新的かつ起業家的な能力を持つ人的アクター）からも注意をそらしてしまう。グッズ・ロジックを放棄することが求められているのではない。**他者（および自身）のベネフィットのために**

適用される人的資源の第一義性（サービス）を認識することによってグッズ・ロジックを超越するロジックが必要とされているのだ。

超越に向けて

　経済的および社会的交換に関する広範で一般的な視点を開発するのに，G-Dロジックというパラダイムの引力から逃れることはなかなか難しい。しかし，さらなる明確さのためには，経済的および社会的交換に対するより広範な見方へとズームアウトさせる一種の「言語学的な望遠鏡」を使うのが有用かもしれない。この望遠鏡からの眺めを通して，我々は多くの種々の文脈で交換を行っている経済的および社会的アクターを見ることができるが，我々が本書を通して主張しているように，それらのアクターたちは基本的には共通する3つのことを常に行っている。それは，(1)様々な源泉からの資源を統合すること，(2)サービスとサービスを交換すること，(3)価値を共創することである。しかし，それをはっきりと目にし，その重要性とパワーを十分に理解するには，企業と顧客という枠組みからアクター・トゥ・アクター（A2A）という枠組みに焦点を当て直す必要がある。

アクター・トゥ・アクター（A2A）パースペクティブ

　恐らく，G-Dロジックの中で最も有害な概念化の1つは，そこにつきまとう「生産者と消費者」という区分である。この区分は，いくつかのアクター（例えば，企業）が価値を「生産（創造）」し，別のアクター（例えば，顧客）がその価値を「消費（破壊）」すると暗示しているということについて考えてみたい。図表1.2は，生産者と消費者というグッズ・ドミナントな見方を示している。何が起こっているのかについて適切に記述されているかどうか探究してみよう。

　我々は，「生産」と「消費」について適切に記述される限りにおいては，生産と消費がすべてのアクターに当てはまると提案する。しかし，学生を教えるために，自動車やガソリンなどを使用して大学に行く教授について考えてみてほしい。彼または彼女は，生産者なのかそれとも消費者なのか。同様に，教授の見識を自分たちの仕事に役立てるためにノートをとる学生について考えてみよう。彼らは，生産者なのかそれとも消費者なのか。さらに，教授が運転する自動車のメーカーの従業員として働いている学生はどのように考えたらよいのか。彼は，授業料を払っている。つまり，その学生は教授に支払われる資源を大学に提供しているの

図表1.2　G-Dレンズ

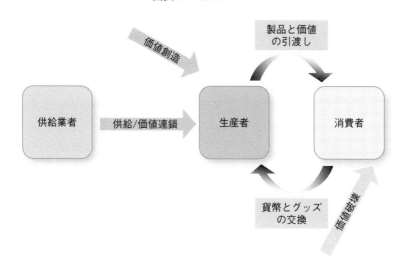

だ。彼らは，生産者なのかそれとも消費者なのか。これらすべての質問に対する回答は，「生産者でも消費者でもある」また「生産者でも消費者でもない」ということだ。一方では，すべての経済的アクターが「生産もするし消費もする」。他方では，そのような記述はせいぜい良くても，アクターに関して役に立つ情報を我々に何も提供してくれないし，最悪の場合には，彼らと経済的に関わろうとする試みについて誤った情報を提供してしまうような，経済交換における彼らの役割について誤解を与えてしまう。

　この理由については以降の章で詳しく述べられるが，（無用な）混乱を持ち込まないために，我々は経済的（および社会的）アクターを包括的な「アクター」と呼び，それについて考えることが重要であると思っている。基本的に，すべてのアクター（例えば，ビジネス企業，非営利組織や政府組織，個人，家庭）が1つの共通目的を有している。それは，**サービスとサービスの交換および資源統合を通じた価値共創**である。したがって，我々は本書を通して，通常，（他の著者からの引用箇所を除いて）「消費者」と「生産者」という用語の使用をできる限り避け，また（対比して述べる際に必要となる場合を除き）「顧客」と「企業」という用語の使用も避けることにする。我々は，アクター間の区別が必要な場合に「企業」と「顧客」という用語を使用し，直接的なサービスのプロバイダーまたはグッズを通じた間接的なサービスのプロバイダーについて触れる場合にはそのアクターを企業という用語で表現し，貨幣を通じて間接的にサービスを提供す

るプロバイダーについて触れる場合にはそのアクターを消費者という用語で表現することにする。しかし，「ビジネス・トゥ・ビジネス」（B2B），「ビジネス・トゥ・コンシューマー」（B2C），「コンシューマー・トゥ・コンシューマー」（C2C）と表現する代わりに，通常は「アクター・トゥ・アクター」（A2A）と表現する。我々は，ビジネスは他のビジネスや消費者あるいは区別されたそれらのアクターの組合せと交換しているというパースペクティブからではなく，アクターが他のアクターとインタラクションしているというパースペクティブから経済的および社会的交換を見ることによって，研究者たちに対してより明るくかつより超越的な世界観への扉を開くことになると提案する。アクター中心的な呼称の方が，企業中心的，生産者中心的，家庭中心的，顧客中心的，その他の役割中心的な呼称からの制約を受けることがない。その理由は，「生産」と「消費」といった，それぞれに異なった単一の活動に傾倒させることがないからである。

サービスとサービスの交換

　交換を行っているアクターの本質に再び焦点を当てることが有効であるように，交換されているものに焦点を当てることも重要である。我々は，代替的な概念について事例を用いて説明するために，我々の授業では漁師と農家の話を度々用いている。

　生命を維持するのに必要な資源（例えば，魚に含まれるタンパク質や小麦に含まれる炭水化物）は偏って分布しているので，それらを手に入れるにはスキルと能力が必要であり，そのためアクターたちにとっては専門化と交換が二重の，そして優位性の重要な源泉になることを気付かせることから議論が始まる。学生は，それぞれのスキルを専門化する漁師と農家について考えるよう求められる。漁師は，知的スキル（いつどこで魚が捕れるのかについてのノウハウ）だけでなく，身体的スキルをも習得することによって，海から魚を捕獲することに十分熟達するようになる。漁師は，網，釣り針，槍といった自らを手助けするためのツールも開発する。同様に，農家は穀物を育て収穫するのに必要な知的および身体的スキルを習得し，自らを手助けするツールを創意工夫して手に入れる。

　我々の想定した通り，学生は専門化と交換という重要な役割を素早く理解できる。その段階で，学生たちには「漁師と農家が交換をする時，彼らは何を交換しているか」といった１つの単純な質問が投げかけられる。学生たちは，この質問に答えるのに少し間きょとんとしている。彼らは，この先生は自分たちをから

かっているに違いない。答えなんか分かりきっているじゃないかと。なぜならば，「漁師と農家は魚と穀物を交換してるんだよ」と考えているからだ。彼らの答えは，この世界が主にアクターによって生産され交換されるアウトプットから成り立っているという個人的かつ集団的な見解を反映している。しかし，この「自明な答え」はG-Dロジックに基づいている。我々は，その答えは誤りであると主張する。

　より適切に言うと，あるいは少なくともより総体的な言い方をすると，2人のアクターが交換しているのは，タンパク質を提供する**コンピタンスの適用**と炭水化物を提供するコンピタンスの適用である。つまり彼らは，**穀物を栽培するというサービスと魚を捕るというサービス**を交換しているのだ。学生たちは，「先生，分かりました。そうだと思います。しかし，なぜ，そのように見方を変えることが重要なんですか」と，しばしば質問を返してくる。さらに議論を進めていく中で明らかになるが，この質問への回答の仕方には幾通りかある。第一に，このサービス志向の解釈は，アクターが実際に市場に持っていく保有資源（アクターが保有するナレッジやスキルの適用によって得られた副産物（魚や穀物）ではなく，アクターが保有するナレッジやスキルそのもの）のみに注意を当てた回答である。このような解釈は異なるタイプのグッズが交換される様々な状況や，さらには中間製品が存在しない状況（すなわち，直接的なサービス提供の場合）にも適用できるため，サービス（コンピタンスの適用）に焦点を当てることの方がより包括的かつ超越的である。

　要約すると，サービスとは，すべての経済（およびすべてのビジネス）における経済的交換を理解するための超越的かつ統一的な概念である。しかし恐らくは，より微妙でかつより難解なものだが，より重要なことは，魚を捕ることや穀物を栽培することからビジネス全般に至るまでを推定することである。人々に**モノを販売する**こととして交換の目的を理解することと**交換パートナーのニーズを満たす**こととして交換の目的を理解することの間には，ビジネス・プロセスに関する情報がどのようにもたらされるのかに根本的な違いがある。この違いこそ，G-DロジックとS-Dロジックの間の大きな違いの1つである。

サービスに対する拡張された見方

　少なくとも過去の数百年間におよぶG-Dロジックからの支配によって，サービシィーズの定義は**グッズでないもの**という観点から，より明確に関連づけるなら**無形財**（「我々がお金を支払う**無形なものすべて**」）として表現されてきた。そ

のため，サービシィーズは製造されたり，採掘されたり，栽培されたりするという観点から**定義されない**ものとして概念化された。興味深いことに，これと同様の「除外による定義づけ」は，採取されたもの（採掘されたり，栽培されたりしたもの）ではない製造されたものに対しても用いられ，そのような定義づけは経済発展を段階的に捉えることへと至らしめた。それはすなわち，「採取」部門は第一次産業と見なされ，「製造」部門は第二次産業と見なされ，それ以外の一般に「サービシィーズ」部門と考えられるものは第三次産業と見なされたのだ。しかし，これらの「部門」はすべてがサービスであると容易に解釈し直すことができる。なぜならば，根底ではそれらの部門はすべてが他者のベネフィットのために使用される人間の創意によって駆動されており，また，それらの部門のすべてが（**サービスとサービスの交換を通じて**）サービスを行う当事者相互のベネフィットになっているからである。

「サービス」対「サービシィーズ」

　我々は，第2章において，「サービシィーズ」現象を捉えるための用語に関して長きにわたる歴史上の苦闘について議論する。そこでここでは，我々はサービシィーズの本質が歴史上の定義づけ（残りもの，すなわちグッズでないもの）によって適切に捉えられているのかという疑問を提起する。問題の一部は，**サービシィーズ（複数形）**という用語の使用の中に見られ，我々は，サービシィーズという用語は**アウトプットの単位（無形財）**を暗示させてしまうと提案する。より直接的に言えば，皮肉なことだが，我々は「サービシィーズ」はG-Dロジックの用語であると主張する。サービシィーズという用語は，航空会社とは輸送を提供するものではなく座席マイルを生産するものであり，銀行とは金融サービスを提供するものではなくローン残高を販売するものであり，ホテルとは宿泊経験を提供するものではなく宿泊ユニットを生産するものであることを示唆している。

　他方，我々は，**サービス（単数形）**という用語は，あるアクターが他のアクター（受益者）のために何かを行う**プロセス**を暗示させると提案する。これまで議論してきたように，サービスを行うプロセスは，ナレッジとスキル（コンピタンス）の適用を必要とする。したがって我々は，より公式的に，「サービス」を「他者あるいは自身のベネフィットのためにコンピタンス（ナレッジとスキル）を適用すること」[13]と定義する。

グッズの役割

　サービスのこの定義から，グッズもサービスを提供することになる。グッズは，何人かの人々がそのグッズを発明またあるいは生産するために自身のコンピタンス（ナレッジとスキル）を適用することからスタートした。そしてその後，そのグッズは他の人によって使用される。この意味において，グッズとは**サービス提供のための媒介物としての役目を果たす装置**である。しばしばこのことは，いくつかの状況（例えば，台所）の中に見ることができる。台所にある装置は，明らかに，食事のサービスをしている調理人を手助けしている。もちろん，このことは，労働（他の資源）と材料（他の資源）が組み合わされる時に，モノづくりというサービスのための装置として設備や機械が役立てられる工場にも当てはまる。また，日常生活の中でも，自動車は輸送装置として役立てられている。実際，コンピュータとその関連機器のことを「情報処理装置」と呼ぶのがかなり一般的になっている。

　ほとんどの人々は，冷蔵庫とトースター，浴槽とシャワーが装置であるとすぐに分かる。しかし，しばしば1杯のワインまたはボウルに入っているシリアルとなると，それらを装置として見るのは難しい。しかし，製品を資源（支援を頼るもの）として見るならば，グッズおよび装置とサービス提供の際のそれらのグッズの役割との間の関係はより明白となる。1杯のワインは，人がくつろぐのを手助けし，食べ物の味覚や消化吸収を強化し，恐らくは健康を促進させるための資源である。そして多くの場合，それはお酒を飲む人に関する何らかの情報（優雅さ，質素さ，社会的地位など）も伝えてくれる。このように，それらの機能のすべてに関して，本当の意味では，1杯のワインとはワイン・メーカーによる装置であり，それは，ワイン・メーカーが設計，生産，流通といったプロセスを通じてワインの中にコンピタンスと市場知識の両方を埋め込んだものである。同様に，ボウルに入ったシリアルは栄養上および食事上のサービス装置と見なすことができ，それは，十分な朝食を準備してそれを食卓に出すのに必要とされる身体的および知的スキルと時間的資源を変換したものである。

資源に対する拡張された見方

　資源には，大まかにオペランド資源とオペラント資源という2つのタイプがある。**オペランド資源**とは，一般に静的なもので，価値を提供するには行為が施される必要のある資源である。例えば，金のような天然資源はオペランド資源の典

型で，金は発見され，採掘され，精製され，成形され，使用されなければ価値を提供することはない。グッズ（装置）もまたオペランド資源である。これと対照的に，**オペラント資源**とは，（ある所与の適切な状況の下で）価値を創造するために他の資源に行為を施すことのできる資源である。オペラント資源で最も明確な事例は人間のコンピタンス（ナレッジとスキル）で，それは金を発見し，採掘し，精製し，成形し，使用する能力のように，価値創造という行動の中で利用される。グッズの場合，意図された価値が創造される前に，**グッズを生産する際，さらにはそれを使用する**際にもオペラント資源が必要であることが明確にされなければならない。すべての価値創造におけるオペラント資源のこの本質的な役割が，オペラント資源を最も重要なものにしている。しかし，オペラント資源が貸借対照表に計上されることはなく，そこには一般にオペランド資源（例えば，消耗品，工場，設備，完成品，他の有形財）だけが計上されている。

マネジャーや役員たちは，たいていがG-Dロジックのカリキュラムによる訓練や教育を受け，在庫，生産設備，資本予算，他の主要なオペランド資源を管理する方法を学んできている。つまり彼らは，貸借対照表上の資産を管理することを学んでいる。彼らは，S-Dロジックによる訓練や教育は受けていないが，しかし興味深いことに，役員たちは，自社の最も重要な資源を3つリストに挙げるよう求められた時に，実際に貸借対照表上の資産またはオペランド資源，天然資源，人工資源と回答することは決してない。多くの場合，彼らは自社の従業員（オペラント資源）や無形物（例えば，文化，ブランド，他の組織との連携，知的所有権，評判）をリストに挙げてくる。時に彼らは，ポジティブな企業風土について言及することすらある。

同様に，もし年長の人物に自分の人生で何が最も価値あるものかを尋ねると，彼らは当然のように家族や友人とのリレーションシップ，そして自分たちのキャリアの中でなしてきたことについて言及する。彼らは，スポーツカーを所有してドライブすることや，ヨットでセーリングすることについて，すなわち他のオペランド資源と彼らとの間の関係について言及することは滅多にない。通常，最も価値ある資源は，ほとんどがオペラント資源（ビジネスにおいては，従業員の能力，企業風土や企業文化といったもの）である。それにもかかわらず，ビジネスに関するモデルは，ほとんどの場合，オペランド資源を中心に据えている。

要約すると，何百年もの年月をかけて，アクターたちは静的な天然資源と向き合わなければならないというロジックが，福利や富の創造のためには動的なオペ

ラント資源が重要であるという考え方に取って代わられたのだ。このリニューアルされた考え方の下では，ナレッジや専門化されたコンピタンスを開発することが，オペラント資源の役割を果たしたり，人的アクターが天然資源や他の静的な（オペランド）資源の**利用可能な備蓄量を拡大**させたりすることになる。適用され専門化されたナレッジとスキルは専門性を手にする過程で進化し洗練されるが，それによって他のアクターと交換したり他のアクターに依存することを余儀なくされる。別の言い方をすれば，サービスとサービスの交換が，人間が支援のために活用できる資源の総量を拡大させたり枯渇するのを防いだりするのを駆動するということだ。このサービスとサービスの交換によって，経済的および社会的なパイはほとんど限界のない範囲にまで拡大させるポテンシャルを有することになる。

S-Dロジックの4つの「公理」

　S-Dロジックを開発する最初の数年間，我々は経済科学の基盤の開発に至らしめた出来事や文脈の歴史的な展開に焦点を当てていた。本書の中でそれらはG-Dロジックという観点から引用されている。その中で我々は，標準的なG-Dロジック・ベースのモデルを基礎に置いた経済思想の前提の多くがますます疑問視されるようになり，それに代わってサービス・ベースのモデルが新たに台頭してきていることを発見した。我々は，この新たに台頭してきたモデルの本質を捉える8つの基本的前提（FP）を見出した。これは後に，10の基本的前提へと拡張された。それらについては，後の章で論じられる。しかし，特に，4つのFPはS-Dロジックの本質を捉えている。そして，その他のFPは，異論があるかもしれないが，この4つのFPから演繹されたものである。したがって，これらの4つのFPはS-Dロジックの公理と考えることができる。それらは，図表1.3にリスト化されているが，ここで簡単に紹介しておくことにしよう。

　第一の公理は，**サービスが交換の基本的基盤である**というものである。この公理は，先ほど紹介したサービスの定義（すなわち，他のアクターのベネフィットのためにオペラント資源（ナレッジとスキル）を適用すること）に基づいている。農家と漁師の挿話について議論したように，アクターがより良い状態になろうと努力する時に交換するのはグッズそれ自体ではなく，基本的には常にサービスである。言い換えれば，**サービスとサービスが交換される**ということだ。後の章で

図表1.3 S-Dロジックの公理

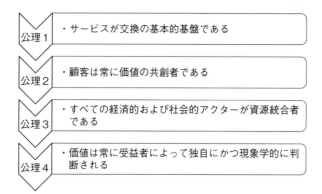

- 公理1：サービスが交換の基本的基盤である
- 公理2：顧客は常に価値の共創者である
- 公理3：すべての経済的および社会的アクターが資源統合者である
- 公理4：価値は常に受益者によって独自にかつ現象学的に判断される

述べ，かつ詳細に議論されるように，このことは，**(1)グッズはサービス提供のための装置である，(2)すべての企業はサービス・ビジネスである，(3)すべての経済がサービス経済である**ことを暗示している。交換に貨幣が介在する時には，**その貨幣は将来にサービスの提供を受けられる権利がある**ことを表している。このことは，社会の本質とその社会を構成しているアクターをまとめているのはサービス交換であることを示唆している。

　第二の公理は，**顧客は常に価値の共創者である**というものである。この公理は，企業を生産者または価値の創造者と見なすG-Dロジックを否定している。この公理は，価値は常に直接あるいはグッズを通じたアクターのインタラクションによって共創されることを示唆している。例えば，患者に医療サービスを提供している医師は，決して単独ではなく，患者と価値を共創している。また，その医師が患者に薬（グッズ）を処方した場合には，その薬はサービス提供を手助けするための装置と見なされる。いずれの場合も，この医師が提供するサービスの使用を通じて価値が共創されると考えることができる。

　さらに，この公理は，サービス志向の考え方は，元来，関係的ということをよりはっきりと理解できるようにしている。なぜならば，価値は企業あるいは生産者の内部プロセスから生み出されるものではないからである。むしろ，価値は他のサービス・プロバイダーから提供される資源とともに，ある特定の文脈でオファリングを使用することから生み出される。そのようにして生み出された価値は，継続的な経済的および社会的交換，暗黙的な契約，そして関係上の規範からの影響を受けながら時間とともに次々と広まっていく。

　第三の公理は，**すべての経済的および社会的アクターが資源統合者である**とい

うものである。統合可能な資源は，様々な源泉からもたらされる。その源泉には，**私的な源泉**（例えば，自分自身，友人，家族），**市場取引を通じた源泉**（すなわち，物々交換または経済的交換を通じて他のアクターから資源がもたらされる），**公的な源泉**（すなわち，集団的利用権によってコミュニティおよび政府から資源がもたらされる）があり，多くの場合，これらすべての源泉のサービス・プロバイダーを通じて同時に資源がもたらされている。多くの考えられる明示的および暗黙的な組合せ，様々な様相，そして複雑さの中でのこれらの資源の統合を通じて価値が共創されるのだ。この資源統合は，交換に関与するアクターが直接的に入手可能な資源によって行われるだけでなく，他の資源統合アクターのネットワーク内で資源を提供しているアクターからの間接的に入手可能な資源によっても行われる。

　S-Dロジックの第四の公理は，**価値は常に受益者によって独自にかつ現象学的に判断される**というものである。ここで，受益者という用語はアクターの包括的な性質を反映している。この公理は，**価値は経験的である**ということを補強している。しかし，経験的という用語は，しばしばディズニー・ワールドでのイベントのようなものから連想される言外の意味（常に肯定的で楽しいなどといった意味）を思い起こさせてしまうという理由から，我々は，特段の注意を払った上で「経験的」ではなく**現象学的**という用語を選択した。人によっては，経験的という言葉の方がより適切であるとして，そちらを好んで用いるかもしれない。確かに，顧客経験に関するかなり多くの話題が存在しているし，我々は「経験経済」[16]に突入しているという指摘さえ存在している。我々は，少なくとも，このような広い意味で経験という言葉を使用することに異論があるわけではない。しかし我々は，ようやく最近になって経験経済に突入したという考えには異論がある。それどころか，我々は，すべての経済が経験経済であると主張する。この点について，しばらく立ち止まり，考えてみてほしい。あなたは，経験的でない消費状況といったものを思い浮かべることができるであろうか。より重要なこととして，この公理からの重要なメッセージは，すべての市場オファリング，すべてのサービス提供，すべてのグッズ，すべての価値提案が，各々の唯一無二のアクターによって違ったふうに知覚され統合されるということである。つまり，価値は独自に経験され判断されるということだ。

　サービスと資源に対する拡張された見方とS-Dロジックの4つの公理について例証したことによって，マーケティングすなわち我々がmarket-ing（マーケ

ットとマーケティングの双方への注目を求める表記）と呼ぶものがS-Dロジックのパースペクティブによってどのようなものになるのか，そしてそれがG-Dロジックのパースペクティブとどのように異なるのかについて，その片鱗を示すことが可能となる。この議論を進めるにつれて，G-Dロジックのマインドセットを克服することがなぜ難しいのかが明らかになるはずだ。

S-DロジックによるMarket-ing：S-Dロジックの反直観的な性質

　マーケティングにおけるS-Dロジックの意味は，通常，多くの点においてG-Dロジックから連想される意味とは異なるものである。恐らく最も重要なのは，S-Dロジックでは，マーケティングはマーケティング部門の役割ではなく，**事業体の最も重要な役割**であるということである。G-Dロジックでは，事業体は相対的に制限された，かつ閉ざされたエンティティであり，そのような事業体の目的は需要を持つ消費者からなる既存市場に対して価値が付加されたグッズを生産し販売することである。より最近では，今日，恐らく我々は「サービシィーズ経済」に突入しているということから，事業体の目的には「サービシィーズ」（無形なグッズ）を生産し販売することも含まれると見なされている。消費者を理解し，自社のグッズやサービシィーズをプロモーションし販売できるようにすることがマーケティング部門の仕事ということになる。

　S-Dロジックでは，企業の根本的な目的は，**他者にサービスすることによって自社にサービスすること**である。これは，他の事業体（個人，家族，企業など）のベネフィットのために適用できる新たな資源を創出するために，内部資源と様々な公的な源泉や市場取引を通じた源泉からの入手可能な資源を統合することによって行われる。サービス提供アクターと受益者アクターの双方が入手可能な資源は絶えず変化しているので，サービスの機会も多数存在する。このサービスを提供するために，受益者事業体は，直接的にサービスを提供するよりも，貨幣（サービス権利）を通して互恵的なサービスを提供することの方が多い。そのため，S-Dロジックにおいては，マーケティングはマーケティング部門の責任であるというよりも，事業体の最も重要な機能であり，それは絶えず変化している市場の中で他の事業体と結びつき，さらにそれらの事業体にサービスを提供することである。要するに，これがmarket-ingなのである。

　マネジャー，ビジネス・アナリスト，ジャーナリスト，その他の人々にとって

は，あたかもそこに経済が存在し，その経済は多数の既存市場から構成され，そしてその既存市場にはグッズやサービィーズを生産し流通させる生産者とは別に区別される消費者がおり，そしてその経済はますますサービィーズを基礎とするようになっていると振る舞ったり発言したりするのは当たり前のことである。しかし，S-Dロジックやmarket-ingを完全に定着させるには，いくつかのメンタル・モデルが受け容れられる必要がある。そのメンタル・モデルとは，(1)新しいサービィーズ経済は存在しない，(2)「サービィーズ」は存在しない，(3)「生産者」も「消費者」も存在しない，(4)事業体は単独で価値を創造することができない，(5)事業体は相対的に境界がない，(6)市場は存在しない，といったものである。しかしG-Dロジックの支配力を考慮すれば，ここに挙げたメンタル・モデルは良くてもせいぜい反直観的なものでしかなく，何人かはそれらを冒涜的と見なすかもしれない。

　これらのS-Dロジックの反直観的な教義をしっかりと理解し，受け容れるのは難しいかもしれない。その原因は，ドミナント・ロジックの発達に関して互いに関連のある2つの人的プラクティス，つまり制度化とパフォーマティビティにある。**制度化**とは，概念，意味，および規範的な行動について共通に受け容れられたものと言える。それは，**ゲームのルール**を提供することで調和を可能にする。またそれは，人的アクターに対して，自分たちの限界ある予測能力に重い負担をかけることなく，「考え」，コミュニケーションし，そして振る舞うことを可能にしてくれる。ドミナント・ロジックとは，ある行動や対象に関して関連のある一組の制度化された概念の集まりである。G-Dロジックの場合，それは経済的交換である。

　パフォーマティビティとは，**制度化されたロジックに従って行動すること**と言え，したがって，それは少なくとも不完全な自己満足を暗示している。例えば，女性らしさまたは男らしさは，関心，能力，適切な行動といった観点から区別され，それがジェンダーとも関係があると社会の意見が一致している場合には，若い少年または少女は，それらの社会的に一致した意見に従って取り扱われる（すなわち，社会化される）。それによって彼らは，少なくともある程度はその制度化された概念に従って考え，振る舞うようになる。ジェンダーと彼らの考えや振る舞いとの間に直接的なつながりがあるかどうかに関係なく，このような現象が生じる。

　ミシェル・カロンの言葉を借りれば，パフォーマティビティは，市場と経済の

共通概念(経済は経済学の関数である[17])とも関連がある。同様に,マーケティングの研究分野では,「市場志向」とは,市場オファリングを開発し,マーケティング・コミュニケーションを開発し,オファリングに適切な価格をつけ,それらのオファリングを市場に流通させるために,市場情報を収集し,企業内にそれらの情報を普及させることと定義される。それにより,マーケティング・マネジャーは,この市場志向概念に基礎を置き,一貫性を保ちながら考えて行動する。簡単に言えば,アクターは制度化されたロジックに基づいて行動しているので,いくつかのロジックは少なくとも部分的には正しいように見える。

　制度化されたロジックへの抵抗はしばしば支配的な考え方に背くという発想に結びついてしまうかもしれないが,上記で議論してきた,あるいは少なくとも暗示してきたいくつかのS-Dロジックの反直観的な概念は,そのすべてをここで(再)強調するだけの価値がある。

新しいサービシィーズ経済は存在しない

　どのようにして,新しいサービシィーズ経済は存在しないと言うことができるのか。分かりやすく言うと,すべてのアクターが交換するのは,自分たちの身体的および知的スキルとナレッジを適用すること(S-Dロジックの用語では「サービス」)である。したがって,**すべての経済がサービス経済である**。このことは,狩猟と収穫の時代,農業と採掘の時代,工業化あるいは製造の時代,そして脱工業化の時代にも当てはまる。時代の流れとともに,身体的スキルと知的スキルの間の相対的な割合とタイプに変化が生じた。しかし,いかなる場合であれ,サービスがそれらすべての「経済」の共通分母である。要するに,人的アクターが専門化し交換し始めてからずっと,彼らは他者のサービスに依存してきたし,サービスを必要とする他者に対してサービスを提供してきた。このようなことから,いつの時代でも経済はサービスを基礎としてきたのだ。

　この主張にもかかわらず,図表1.4で示したように,G-Dロジックのパフォーマティブな性質が「新しいサービシィーズ経済」が存在するように見せかけている。政府の会計基準や産業分類がそれを例証している。天然資源の採取と加工(漁業,鉱業,林業),農業,グッズの生産(すなわち,製造)に該当しないすべての活動を「サービシィーズ」と見なす産業分類体系の利用を前提にすれば,ある自動車メーカーが社内に自社営業のカフェテリアをつくるために専門的なスキルとコンピタンスを持ち合わせた人々を雇用した場合には,製造部門の雇用者数が

図表1.4 サービシィーズ経済に対して誤解されたロジック

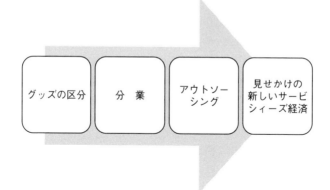

増加する。しかし，そのカフェテリア・サービスを提供するために調理と食事の提供を専門とする社外業者を利用する（換言すれば，アウトソーシングする）場合には，経済に占めるサービシィーズ部門の雇用者数が増加する。しかし，労働人口の構成に何らかの変化があっただろうか。国民経済計算は，（先進国では）経済の70〜80％がサービスを基礎としているという表現によって，我々はサービシィーズ経済に突入しているという考え方を補強している。このことは，かなり皮肉な状況を創り出してしまった。具体的には，（少なくとも工業化以降の時代では）製造（グッズの生産）の方が好ましく，サービシィーズは（無形性，異質性，不可分性，非貯蔵性[18]，すなわち時折「IHIP」と呼ばれる特徴のために）いくぶん劣った形態のグッズと見なされているので，劣った形態のグッズの生産や劣った仕事の相対的な割合によって経済先進国が定義されることになってしまった。さらに，政府と産業界のリーダーたちが自分たちは新しいサービシィーズ経済に身を置いていると信じてしまっているので，彼らはそのようなものとして振る舞い，より多くのサービシィーズを付加することで「付加価値」を生み出そうと試みたり，サービス知覚品質の調査を行ったり，最高経験責任者を採用したりするといったような新しいサービシィーズ経済のマインドセットを反映した様々なプラクティスに従事している。しかし，これらの動向は，交換の共通分母，つまり交換の目的は，より多くの「サービシィーズ」を創造したり付加したりすることではなく，相互的なサービス提供であるという重大かつ根本的な問題を見落としている。

サービシィーズは存在しない

　S-Dロジックは,「サービシィーズ」は存在しないという反直感的な主張を提案する。しかし, 我々はいつの時代でもサービス経済の中に身を置いていたとすると, それはどうなるであろうか。少なくともS-Dロジックでは, その答えは複数形のサービシィーズと単数形のサービスの間の難解だが極めて重要な違いの中にある。既に述べたように, 複数形のサービシィーズという伝統的な概念はG-Dロジックの派生概念であり, それは, 経済はアウトプットの単位に焦点が当てられるべきということを暗示している。産業革命の時代では, 製造された製品が焦点単位だった。その後, 製造されたグッズを伴わないものの交換へと注意がシフトするにつれて, 製造されたグッズを伴わないものは「無形財」という観点から「サービシィーズ」として概念化されることになった。例えば, ロッジ・サービシィーズを提供するというのは, 宿泊を生産し販売することである。輸送サービシィーズを提供するというのは, 搭乗マイルなどを生産し販売することである。対照的にS-Dロジックでは, 単数形の「サービス」とは他のアクターのベネフィットのために利用可能な資源（ナレッジとスキル）を適用することでそのアクターを手助けする行為を暗示している。この状況では, ホテルは, 自宅から離れている最中に快適さや安全といったニーズを持っている宿泊客を手助けするというプロセスの中で遂行されるすべての活動としてサービスを捉えるだろう。「**サービシィーズ**」は名詞（例えば, 宿泊）で,「**サービス**」は動詞（客を手助けしたり援助したりする）である。「サービシィーズ」はG-Dロジックの用語で, S-Dロジックとは相容れないものである。

生産者も消費者も存在しない

　先ほど, 我々は, 経済的および社会的エージェントを「生産者」や「消費者」ではなく包括的な「アクター」と捉える理論的根拠を紹介した。そこで（G-Dロジックに対する）S-Dロジックの反直感的な性質に関するここでの議論の中でこの点を強調するもう１つの機会を持ちたい。経済科学は, 需要される価値ある製品を供給するという概念に基礎を置いている。そこでは, 企業は需要された数量の生産者または供給者と見なされ, 顧客は需要したいくつかの数量の需要者または消費者と見なされる。これについてもう少し厳密に考えれば, 供給とは企業側が単独で行うことであり, 需要とは顧客側が単独で行うことと特徴づける発想に疑問を呈するのは簡単なことである。例えば, 企業は特定の資源を供給するか

もしれないが，その一方で，（見込み）顧客が保有する資源への需要も有している。実際，そのような理由から，企業はマーケティング活動に取り組み，顧客との交換に携わっているのである。また同様に，顧客は需要者であり，かつそれは交換プロセスの非常に重要な部分であるが，その一方で，能動的なサプライヤーあるいはプロバイダーでもある。交換プロセスは，貨幣（財務的資源あるいはS-Dロジックで言うサービス権利）を通じて生じるかもしれないが，それは共同デザイン，セルフサービス，ポジティブな口コミの提供，ブランド・コミュニティの共創などを通じて生じることもある。さらに，すべてのアクターが，市場で取引される資源，公的な資源，私的な資源を企業の資源と統合する価値の共創者であるとしたら，彼らは「消費」機能だけでなく「生産」機能も遂行しているはずだ。しかしそうなると，**消費**という言葉が本当に適切なのだろうか。消費という言葉は，**あるものを使い切る**ことを暗示しており，そのため価値が増えることは決してない。しかし，教育は消費されるのだろうか。書物の場合はどうなのか。エンターテイメントについてはどうなのか。あるいは，それらは単に将来の「生産」において使われるのだろうか。これのすべての要点は，「生産者と消費者」という区分は経済的交換を理解する上で我々に何も提供しないということである。それどころか，生産から消費へと一方向的に流れるという考え方は，交換と価値創造の真の性質を見えなくしてしまう。これらの理由から，すべてのアクターを資源統合アクター，サービス交換アクター，進取の気性に富んだ価値共創アクターと捉えるのが最良である。したがって，少なくとも，個別の機能しか持たないアクターとしての生産者も消費者も存在しない。

事業体は単独で価値を創造することができない

　この表現と真逆のメッセージは，1つ前のメンタルモデルによってある程度暗示されている。それは，価値は市場において複数のアクターと連携しながら他の資源の文脈の中での資源の交換，統合，および使用を通じて共創されるというS-Dロジックの教義に基づいている。これと同じ理由から，事業体は**付加価値**を提供することができない。疑う余地もなく，事業体は経済的コストを付加することはできる。しかし，価値は受益者としてのアクターによって独自にかつ現象学的に判断される。この価値は，企業が他のアクターと交換する資源の関数であるというだけでなく，そのアクターが他の源泉をその資源オファリングとどのように統合するのかの関数でもある。企業が行える最善のことは価値提案を提示する

ことでしかなく，その後，仮にその価値提案が受け容れられた場合に，サービスによってその価値提案の統合を可能にする形で資源が適用されることになる。

事業体には相対的に境界がない

　G-Dロジックは，企業は他のアクター，特に，供給業者や顧客との経済的取引によって境界線が設定されることを示唆している[19]。この見方によれば，ある特定の生産プロセスに関与する従業員，与信業者，直接的な材料の供給業者だけでなく，市場交換を通じて間接的に材料や他の投入物を提供するアクターたちも供給業者に含まれる。それ故に，企業と市場の間には境界線があり，その境界線は経済的交換によって線引きされる。しかし，より広い見方は，顧客と同じように企業も市場取引を通じた源泉，公的な源泉，私的な源泉からの多様な（有形および無形な）資源を統合していることを示唆している。そのように考えると，事業体は経済的交換に直接的に従事していないアクターも含めたすべての利害関係者たちと価値を共創している。それ故に，事業体は相対的に境界がなかったり，またはオープン・システムの一部となっていたりする。なぜならば，事業体は自身を取り巻く社会から分離することができないからである。クローズド・システムの管理はオープン・システムの「管理」とは異なるため，これは重要なことである。オープン・システムの管理は，クローズド・システムの管理よりもインタラクティブでかつエフェクチュアルなプロセスである。オープン・システムは不確実性に満ちており，そのようなシステムの中で事業を営んでいるアクターたちは将来を予測することはできず，一歩先あるいは一度に二歩先の将来に結果が出るような行動をとることしかできない。ちなみに，これと同じ理由から，家庭にも相対的に境界がない。事業体（および家庭）は相対的に境界がないという考え方は，しばしば資源にアクセスし統合する彼らの能力に十分な差がなく，そのため時間が経つにつれて相対的な優位性や福利もなくなってしまうことを意味しているのではない。

市場は存在しない

　市場は「向こう側」に存在するというのが，従来のマーケティングの考え方である。その市場は需要を抱いて待ちの姿勢でいる顧客から構成され，企業はその「市場に駆動される」必要がある。このことは，(1)消費者のニーズ，ウォンツ，そして好みを分析し，(2)それらに市場オファリングで応えることを要求する。我々

は,価値と同じように市場についても,ソリューションや経験を探し求めているアクターと,オファリングを埋め込んだ価値提案を提示しているアクターたちによって絶えず共創されていると提案する。50年以上も前に,セオドア・レビットは「マーケティング近視眼」という論文の中で同様のことを主張している。「本当のところ,成長産業なんてものは存在しないと私は確信している。成長の機会を創造しそこに資金を投入するために組織され事業を営んでいる企業だけが成長産業として存続しているに過ぎない」[20]。詰まるところ,このことは,成長市場(産業)といったものは存在しないばかりでなく,市場および産業それ自体も存在しないことを示している。むしろ市場は,シグナルを的確に読み解くことができ,他のアクターの役に立つのに必要な資源を統合することができる進取の気性を持ったアクターによって絶えず創造されている。それらのアクターたちは相対的に魅力のある価値提案を提示することによって,他者と自身にとっての価値を共創するために,同様に資源を統合している[21]。

価値創造の文脈的な性質:S-Dロジックの構造化された世界

　オペラント資源の適用は動的であり,かつその性質と価値創造のネットワーク化された性質を組み合わせると,既に議論したように,交換価値に対する使用価値の第一義性を暗示させることになる。しかし,それはまた,「使用価値」という用語でさえ価値創造の文脈的な性質を十分に反映していないかもしれないことも暗示させる。我々がより最近になって「文脈価値」[22]という用語を用いているのは,このような理由からである。**文脈価値**という言葉は,価値は常に共創されるだけではないことを示唆している。文脈価値は,他の資源やアクターの統合によって創発的なものとなる。そのため,価値は文脈特殊的である[23]。例えば,1人でおもちゃで遊んでいる子供と,他の子供あるいは祖父母と遊んでいる子供を想像してほしい。さらにその子供が遊んでいるのは,友達の家かもしれないし,自分の家かもしれないし,祖父母の家かもしれない。さらにまた,それは,テレビを見ながらかもしれないし,音楽を聴きながらかもしれない。これらの文脈の各々において価値共創は異なるものになる。

　このことは,すべての社会的および経済的アクターが資源統合者であり,そして価値知覚は受益者によって常に独自にかつ現象学的に判断されるというS-Dロジックの公理での主張と一致している。したがって,価値創造は価値が特異に

創造され評価される社会システム内の文脈で捉える必要がある。しかし，この特異性をランダム性と混同してはならない。そうではなく，社会ネットワークの構造（さらには，それらを構成するアクターたち）は，（潜在的な）資源間のつながりによってだけでなく，それらの交換や組合せを統治するルールによって，さらにはある程度はいくつかのタイプの資源統合の価値判断（すなわち，価値観）を統治するルールによって駆動される見かけ上は目的を持った体系的でオートポイエティックな行動を映し出す。ギデンズは，ルールと資源からなる構造とその中で行動するアクターとの間のこのインタラクションを「構造化」と呼んでいる。[24]

構造化の二重性

構造化理論は，二重性を仮定している。その二重性とは，人的アクターたちは彼らが身を置いている構造の一部をなす社会的ルール（制度），規範，集団的な意味づけの範囲内で行動するが，彼ら人的アクターたちは自身と他者にとっての価値を創造する過程で自身が身を置く構造を高度化させたり修正したりするプラクティスを遂行するので，彼ら人的アクターが身を置く構造は彼ら自身によって形成されたり再形成されるというものである。本質的には，アクターによるミクロな行動とアクター・トゥ・アクターのインタラクションが，彼らの将来の行動の場である環境を創造するのを手助けする。このように，構造はアクターに可能性を与えたり制約を与えたりするので，アクターは構造の範囲内で行動し，また構造を創造したりする。

（サービス交換を通じた）資源統合を可能にしたり制約したりするこれらの二重でかつ動的な価値創造（共創）構造を把握するために，我々は「サービス・エコシステム」という用語を用いる。[25] **サービス・エコシステム**とは，共通の制度的ロジックとサービス交換を通じた相互的な価値創造によって結びつけられた資源統合アクターからなる相対的に自己完結的でかつ自己調整的なシステムである。サービス・エコシステムの定義の中に共通の制度的ロジックを盛り込むことによって，我々は，社会構造によって可能になったり制約されたりするもの（すなわち，文脈的かつ創発的なもの）として社会システム内での人間の行為を説明する構造化理論とS-Dロジックとの間のつながりを指し示す。

構造は人間のプラクティスの媒介要因と結果の両方として概念化されるというこの立場は，G-Dロジックに動機づけられたモデル（例えば，伝統的なマーケティング・マネジメント・モデル）からの大きな離脱を表している。G-Dロジ

ックに動機づけられたモデルでは，ビジネスの制約条件を規定する法的，倫理的，政治的，社会的，技術的，競争的な構造は，一般に，外生的でコントロール不可能な環境要因と見なされる。G-D ロジックの世界では，あるアクター（すなわち，企業）がもう一方のアクター（すなわち，顧客）をターゲットとして，あらかじめ定義された市場を含む外部環境からの制約の中で，コントロール可能なマーケティング資源を組み合わせること（マーケティング・ミックス（「4Ps」））によって，自社のオファリングを「ポジショニングする」というのが中心をなす前提である。このような世界では，企業は「より優れた製品を作る」というアプローチにかなり制限されてしまう。

　しかし，S-D ロジックの構造化された世界では，「環境」はイノベーションのための場であり，しばしば構造転換がその手段となる。価値創造は，ルールや資源リレーションシップの変更によって引き起こされる。インターネットを例にすれば，インターネットによって台頭してきたビジネスおよび組織や，インターネットを駆使しているビジネスおよび組織は，顧客が交換のために利用する多くのルールや資源（構造）を効果的かつ大胆に転換した。この転換は，潜在的な売り手と買い手を結びつけることに加えて，さらなる資源も提供しており，それらの資源は当事者間での直接的なリレーションシップを統治する能力の不足を克服するための評価システムを創造したり，安全にオンライン送金できる方法を提供したり，紛争解決のための中立的なシステムを提示したりすることによって，「買い物のルール」を変更することを積極的に奨励している。それは同時に，eBay が果たす役割を商人からプラットフォーム・サポートへと転換させた。この転換は，eBay の価値創造活動の中で交換を通じて個人的なアクターたちを援助するルールと資源を提供することで新たなビジネス・モデルを創造することによって行われた。我々は，このような観点から社会構造を理解することが社会システム内での文脈的な価値共創と資源統合を理解する上での重要な要素であると主張する。サービスに駆動されたこれらの洞察に対する潜在的な見返りは計り知れない。なぜならば，これらの洞察は，既存市場の市場シェアを拡大させるために**より良い製品を作ること**に焦点を当てるロジックから，**戦略優位のために既存市場を再定義したり，あるいは新しい市場を定義して新市場を創造したりすることに**焦点を当てるロジックへと企業の**戦略優位**が転換されることを示唆しているからである。

　構造およびエコシステムは複数の層からなっており，またしばしば入れ子状に

なっていると認識することが重要である．すなわち，構造やエコシステムは，例えば，少数のアクターたち（例えば，自動車ディーラーと顧客）の間での交換を中心に据えたような**ミクロ・レベル**や，あるいは何らかの問題を解決するためのある特定のアプローチを中心として編成された多様なアクターたちの集まりを含めた**メソ・レベル**で捉えることができる．メソ・レベルでは，例えば「自動車市場」は，自動車ディーラーからなる小売ネットワーク，自動車修理および部品業者，サポート卸売流通業者，顧客だけでなく，保険会社および燃料供給業者のような支援アクター，道路や道路交通法および交通規制を含む公的な資源，様々な自動車タイプ別の税制優遇措置を縫い合わせたり取り込んだりする．同時に，それらのメソ・レベルのアクターたちは，自動車が提供する個人の移動範囲を中心に形成された文化や社会といったような，より大きな**マクロ・レベル**構造を縫い合わせるのを手助けする．それはイノベーションのための豊かな領域を提供するが，しかしアクターたちは，特徴的には，職場集団，社会集団，家族，下位文化などと結びついた複数の層からなる重複した構造のメンバーであるという事実がそれをさらに複雑なものにしてしまう．

言語，規範，プラクティスのような**社会的に構築されかつ共有された制度**（「ゲームのルール」）**に共通性**がない場合には，この動的な複雑性のすべてが，サービス交換を通じて必要な資源を手に入れたり統合したりしようと試みるアクターたちに対していくぶん不可能な役割遂行領域を暗示することになるだろう．構造化，構造内での制度の共有，変動性の低減，さらにはパフォーマティビティを通じて，少なくともいくつかのプラクティスの結果はある程度まで予測可能となる．**市場**は特殊なタイプの制度の1つで，それは一般には共通する問題へのソリューションとして合意形成されたものである（例えば，自動車市場）．

不確実性下での問題解決

人間に共通する問題に対する**制度化されたソリューションとしての市場**という発想を考慮に入れたとしても，価値は何から構成されているのかについて様々な異なる視点を持つ複数のアクター間での体系的なインタラクションというS-Dロジックの考察は，高いレベルの不確実性を暗示している．高いレベルの不確実性とは，具体的には，将来，他のアクターたちにとって何が価値あるものなのかアクターが正確に評価できない場合が該当する．そのような場合には，G-Dロジックによって示唆されているように，アクターたちを合理的にし，最適化させ，

あるいは最大化させるのに十分に洞察力を持つことは相対的に不可能である。制度化されたソリューション（市場）を含めて共有された制度的ロジックによってある程度までは予測可能であるとしても，このことは，イノベーションの管理を取り込むには市場と経営全般に対する「非予測的な」アプローチが必要となることを暗示している。

これについて考える際には，エフェクチュエーション理論[26]が役に立つ。なぜならば，この理論は意思決定の因果モデルとはまったく正反対の立場をとっているからである。我々が示唆したように，伝統的な意思決定モデルは，最大の成果を生み出すために独立変数あるいは原因変数を操作したり処理したりしようとして，しばしば何らかの従属変数を予測するのに役立つ独立変数の集まりに焦点を当てている。これは標準的なG-Dロジックに基づいたマーケティング・マネジメントの枠組みであり，実際に世界中のすべてのMBAプログラムの中で教えられていることでもある。G-Dロジックに基づく標準的なマーケティング・マネジメントの枠組みとは，簡潔に言えば，企業の収益性を最大化するために4つのP（製品，プロモーション，価格，プレイスという「マーケティング・ミックス」）を組み合わせることである。

エフェクチュエーション理論は，不確実性の下で事業を営んでいるアクターたちは将来を予測できないが，それらのアクターたちは一歩先あるいは一度に二歩先の将来に成果が出るような行動をとることはできるという考え方を採用する。本質的に，アクターたちは，彼らがコントロールできる行動に沿って進んだり調整したりしながら，絶えず適応したり学習したりしている。エフェクチュアルなアクターたちは，**自分は何者で，何を知っていて，誰を知っているのか**を理解することから着手し，彼らはそこから自身が経験する制約のあるかつ予測不可能な世界の中で**自分にできること**を判断する。このプロセスは，前段階のステップを活用して後段階で追求される新しい目標と機会を明らかにするために開始され，それを時系列でみた場合，このプロセスは，新たな市場の創造を含む成果を生み出すために漸進的に進められる。

2つの理由から，S-Dロジックとエフェクチュエーション理論には強いシナジーがある。第一に，S-Dロジックは，アクターたちは不確実な世界の下で事業を営んでいるが，彼らは自身の行動を通じて学習しており，ある部分，その過程で彼ら自身の新しい環境を創造していると捉えている。しかし彼らアクターたちは，決して完全には自身の新しい環境を創造することはできない。その理由は，構造

化理論と一致して，構造がアクターたちに可能性を与えたり制約を与えたりするからである。第二に，S-Dロジックは，価値の共同生産と共創に強い焦点を当てている。この価値の共同生産と共創には他のアクターたちとのコラボレーションも含まれており，この考え方は，自分は誰を知っているのか，そして成果を生み出すために自分が知っている他のアクターと一緒にどのように仕事をしたらよいかに焦点を当てているエフェクチュエーション理論と同じである。この簡潔な序章をまとめる前に，本書の残りの部分で議論される内容について概説しておこう。

本書の概略

　まず全体の構成として，本書は全部で10章からなり，各章は本書のタイトルである『サービス・ドミナント・ロジック―前提，パースペクティブ，可能性―』のサブタイトルを表題にした3つの部に振り分けられている。第Ⅰ部は，S-Dロジックの前提に関する4つの章から構成され，第Ⅱ部はS-Dロジックによって提案されたパースペクティブに関する4つの章からなり，第Ⅲ部にはS-Dロジックの将来の発展の可能性に関する2つの章が含まれている。

　前提に関する第Ⅰ部は本章の「サービス・ドミナント・マインドセット」で始まる。この章では，S-DロジックはG-Dロジックとどのように異なるのか，S-Dマインドセットが経済的および社会的交換とそれらの交換プロセスの中でのマーケティングの役割を見たり考えたりする新たな可能性の扉をどのように開くのかに関して特段な注意を提示する。特に重要なのは，生産者と消費者から包括的なアクターへ，さらにはシステムズ・パースペクティブやネットワーク・パースペクティブへのS-Dロジックにおける移行である。その後の章をより良く理解するための準備として，S-Dロジックの4つの公理が紹介される。S-Dロジックによるmarket-ingに関する議論も示される。第2章の「ルーツと遺産」では，政治的，哲学的，経済的な思想の歴史に関して重要となる基盤が示され，そこでは本来の歴史的文脈の中にS-Dロジックが位置づけられる。さらに我々は，G-Dロジックからの分岐がどのようにしてS-Dロジックへと収束していったのかについてもレビューする。第3章の「公理と基本的前提」では，S-Dロジックの基本的な用語一覧が提示され，その後，S-Dロジックの10の基本的前提に関する詳細な説明と議論が行われる。全体として，10の基本的前提に対する理解は，社会科学者とビジネス・パーソンに対して社会的および経済的交換に関する新鮮で快

くかつ統合的な見方を提供する。最後に，第Ⅰ部は，第4章の「指導枠組みとしてのサービス」によって終わりとなる。第4章では，S-Dロジックに対して繰り返し投げかけられる疑問，すなわち体系化概念として「なぜサービスなのか」について詳細な議論を提示する。

　パースペクティブについて論じる第Ⅱ部は，第5章の「すべてアクター・トゥ・アクター（A2A）である」から始まる。この章では，ビジネスあるいは生産者と買い手あるいは消費者というこれまでの概念がどのようにして偏見を生み出し，誤った方向に導いてしまっているのか，そしてさらには進取の気性に富んだ包括的な資源統合アクター同士，すなわち，よりシンプルに言えばアクター・トゥ・アクターの方がビジネスあるいは生産者と買い手あるいは消費者というこれまでの概念よりもどれほど超越的で，かつより適切なのかについての議論が提示される。我々は，一般的な交換のタイプ（限定的な交換，一般化された交換，複雑な交換）と共通の交換制度（互恵主義，再配分，市場交換，ハイブリッド交換システム）について議論する。次に，第6章の「資源の本質・範囲・統合」では，資源の本質と範囲と統合について議論する。我々は，当初は資源ではなかったものが，人間による評価と抵抗の克服を経てどのように資源となるのかについて議論する。オペランドとオペラントという資源の本質が説明されるだけでなく，資源性，アクセス性，密度という概念についても説明される。さらに我々は，アクターたちを進取の気性に富んだ資源統合アクターと見なすパースペクティブについても議論する。このパースペクティブは，ミクロな経済および社会に対する思考法だけでなく，マクロな経済および社会に対する思考法も提示する。第7章の「コラボレーション」では，コラボレーションの重要なテーマと共同生産および価値の共創という概念に的を絞る。ここでは，表現的プラクティス，標準化プラクティス，統合的プラクティスという3つのプラクティスが紹介される。これらは相互に絡み合っており，いずれも価値およびシステムのコラボレーティブな共創に不可欠なプラクティスである。コミュニケーション・システムとITシステムからの広範囲に及ぶ影響力と，共同生産と共創のためのプラットフォームを構築するためにそれらのシステムがどのように活用できるのかに注意の焦点が向けられる。この章では，コラボレーションの優位性が事業体の成功にとってより重要になっていることが示唆される。第8章の「サービス・エコシステム」での論点は，サービス・エコシステムである。そこでの議論によって，サプライチェーンやマーケティング・チャネルといった古い概念が，より広範なエコシステムという設

定の中でのアクターたちの動的な自己調整活動および価値提案活動をどれほど把握しきれていないのかが示される。エコシステム・パースペクティブは，制度，価値提案，外部性，価値中心性に関する新たな洞察を提供する。さらに，アクターはエコシステムを完全に管理したりデザインしたりはできないが，彼らは他のどのアクターと交流するのかに関していくつかの戦略上の選択を行うことができ，また，対峙している構造にある程度の影響を及ぼすことができる。上記で示唆したように，サービス・エコシステムは，ミクロ・レベルのインタラクションを越えて，メソ・システム（構造）やマクロ・システム（構造）を創造する。次に，サービス・エコシステムがどのようにして相互連結されたプロセスという体系になるのかについて議論される。最後に，我々は，エコシステム・サービシィーズについて議論するために，生物学上のエコシステムへと立ち返る。

　本書は，S-Dロジックの可能性を示唆する2つの章によって終わりとなる。第9章は，「戦略的思考」について議論し，G-D戦略とS-D戦略が対比させる。簡潔に言うと，G-D戦略とS-D戦略の対比は，バリューチェーン対価値ネットワークおよびサービス・エコシステム，予測対コントロール（学習），選択対デザイン，競争対コラボレーション，付加された価値対価値提案となる。第10章の「結論と考察」では，S-Dロジックはどのようにして複数の思想ラインの収束へと帰結し，それがどのようにしてビジネスや社会に関する，より統一的な理論の台頭を生み出したのかについて議論する。我々は，システムの生存可能性を高めるために事業体や政府が独特なアイデアや戦略をより容易に創造できるアイデア・プラットフォームとして位置づけるメタ・アイデアとしてS-Dロジックというアイデアを探索する。我々は，S-Dロジックは別のアイデアの創造や転換を支援するアイデアであり，それはメタ・アイデアとして特徴づけることができると述べることで本書のまとめとする。例えば，S-Dロジックは，経営者よりも起業家精神の方が，製造よりもmarket-ingの方が，発明よりもイノベーションのプロセスの方が，効率性よりも効果性の方が上位にあることを支持する。さらに我々は，制度の役割に関するより多くの研究と理論化の必要性を提案し，S-Dロジックの発展に際してより多くの中範囲理論を要求することによって本書のまとめとする。

（注）

1　Roger Friedland and Robert R. Alford, "Bringing society back in: symbols, practices, and institutional contradictions," in Walter W. Powell and Paul J. DiMaggio (eds.), *The*

New Institutionalism in Organizational Analysis (University of Chicago Press, 1991), pp.232-266.
2 T. S. Kuhn, *The Structure of Scientific Revolutions* (University of Chicago Press, 1962). 中山茂 訳『科学革命の構造』みすず書房, 1971年。
3 経済学での制度に関する洞察に満ちた取り扱いと経済学における多くの最適化技法がいかに役立たないかについては, Brian Loasby, *Knowledge, Institutions and Evolution in Economics* (New York: Routledge, 1999) によって示されている。
4 Edith Tilton Penrose, *The Theory of the Growth of the Firm* (Oxford: Basil Blackwell, 1959), pp.24-25. 日髙千景 訳『企業成長の理論 [第3版]』ダイヤモンド社, 2010年。
5 G. B. Richardson, "The organisation of industry," *The Economic Journal*, 82 (September 1972), 883-896.
6 Levitt, Theodore, "Marketing myopia," *Harvard Business Review*, 38 (July-August 1960), 45-56. DIAMONDハーバード・ビジネス・レビュー編集部 訳「マーケティング近視眼」『DIAMONDハーバード・ビジネス・レビュー』第26巻第11号, 2001年11月, pp.52-69.
7 Donald F.Dixon, "Marketing as production: the development of a concept," *Journal of the Academy of Marketing Science* 18 (Fall 1990), 337-343.
8 Stephen L. Vargo and Fred W. Morgan, "Services in society and academic thought: an historical analysis," *Journal of Macromarketing*, 25 (June 2005), 42-53.
9 Jean-Baptiste Say, *A Treatise on the Political Economy* (Boston: Wells & Lilly, 1821)。
10 Alfred Marshall, *Principles of Economics* (London: Macmillan, 1927 [1890]); L. Walras, *Elements of the Political Economy* (Homewood, IL: Richard D. Irwin, 1984 [1954]); Stephen L. Vargo, Paul P. Maglio, and Melissa Archpru Akaka, "On value and value co-creation : a service systems and service logic perspective, " *European Management Journal*, 26 (June 2008), 145-152.
11 Stephen L. Vargo and Robert F. Lusch, "It's all B2B...and beyond: toward a systems perspective of the market," *Industrial Marketing Management*, 40 : 2 (2011) ,181-187.
12 Paul D. Converse, *Essentials of Distribution* (New York: Prentice-Hall, 1936), p.492.
13 Stephen L.Vargo and Robert F.Lusch, "Evolving to a new dominant logic for marketing," *Journal of Marketing*, 68 (January 2004), 1-17.
14 S-Dロジックに辿り着くまでの最初の数年間の努力は, 経済および社会におけるサービシィーズの取り扱い方に関する歴史的考察を行ったSteve Vargoと, オペランド資源およびオペラント資源, マーケティング・サポート・システムに関するRobert Luschによる独自の研究によるものである。
15 1つの学問分野としての経営学は, 消費者関与を通じての価値創造が経営戦略にとって重要なものでありながらも, しばしばその深遠なインプリケーションを軽視してきたことを認め始めている。Richard L. Priem, "A consumer perspective on value creation," *Academy of Management Review*, 32 : 1 (2007) 219-235を参照。
16 Joseph Pine and James H. Gilmore, *The Experience Economy: Work is Theater and Every Business a Stage* (Boston: Harvard Business School Press, 1999). 岡本慶一 訳『[新訳] 経験経済』ダイヤモンド社, 2005年。
17 Michel Callon, *The Laws of Markets* (Oxford, UK: Blackwell, 1998).
18 Stephen L.Vargo and Robert F. Lusch, "The four service marketing myths: remnants of a goods-based, manufacturing model," *Journal of Service Research*, 6 (May 2004), 324-

335を参照。
19 Ronald H.Coase, "The nature of the firm," *Economica*, 4 (November 1937), 386-405.
20 Levitt, "Marketing myopia," p.47.
21 様々な学者たちは,市場に駆動されるというよりも,企業が市場を駆動するという発想に的を絞り始めている。例えば,N. Kumar, L. Scheer, and P. Kotler, "From market driven to market driving," *European Management Journal*, 18:2 (2000), 129-142を参照。
22 Stephen L. Vargo and Robert F. Lusch, "Service-dominant logic: continuing the evolution," *Journal of the Academy of Marketing Science*, 36:1 (2008), 1-10; Jennifer Chandler and Stephen L. Vargo, "Contextualization: network intersections, value-in-context, and the co-creation of markets," *Marketing Theory*, 11:1 (2011), 35-49も参照。
23 Stephen L. Vargo, Robert F. Lusch, Melissa Akaka, and Yi He, "Service-dominant logic: a review and assessment," *Review of Marketing Research*, 6 (2010), 125-167.
24 Anthony Giddens, *The Constitution of Society* (Berkeley: University of California Press, 1984). 門田健一 訳『社会の構成』勁草書房,2015年。
25 Stephen L. Vargo and Robert F. Lusch, "It's all B2B…"
26 Saras D. Sarasvathy, *Effectuation: Elements of Entrepreneurial Expertise* (Northampton, MA: Edward Elgar, 2008).

第2章
ルーツと遺産

> 重要な経済法則は，サービスとサービスが交換されるということ，これである。この法則は，あまりにも当たり前で些細なことといえる。それにもかかわらず，経済科学のすべてを支配するものである。
>
> フレデリック・バスティア

はじめに

　ある概念がどのようにして概念として形をなし，理解されてきたか，そしてどのようにアプローチされてきたかについての歴史を紐解くことは，今日，その概念が微妙に異なる意味を持つようになったルーツと道程を明らかにする上で役に立つ。これらの道程では，それぞれの時代の要請に従ってその概念の意味が拡大したり縮小したりしてきた。経済学の発展および経済学がサービスをどのように捉えてきたかを歴史的にたどることは，価値および価値創造を理解する上での多様性を見直すことにつながる。歴史をさかのぼってみると，経済学のパラダイムは，有形かつ移転可能で，そして数量的に把握できる価値に焦点を当てるかたちで発展してきた。その一方でサービスは，それ以外のものであり，価値がなく，経済発展の枠外のものとしてみなされていた。

　伝統的で支配的な「世界観」は，有形財は効用（価値）を持ち（もしくは所有し），輸送され，他のグッズと交換されるもので，効用の所有ともいうが，両当事者の富を増加させるものであるという考え方から発展してきたものである。このパラダイムは「グッズ・ドミナント・ロジック」（G-Dロジック）と呼ばれている。それは，ビジネスおよび経済的交換を理解するのに有効であり最も浸透した基本的なパラダイムとなっていると言っていいであろう。G-Dロジックは，簡潔に述べると以下のような要件を前提としている。

- 経済活動の目的は，販売可能なものを生産し，流通することである。
- これらのものは，販売するために，生産および流通の過程で効用（価値）が埋め込まれていなければならず，競争相手のオファリングよりも優れた価値を消費者に提供しなければならない。
- 企業は，アウトプットの販売から最大の利益を引き出すことのできるレベルで，すべての決定変数を設定すべきである。
- 生産の管理と効率性の双方を最大にするために，グッズは市場から離れたところで標準化され，生産されるべきである。
- グッズは，需要が発生するまで在庫され，その後，利益を上乗せして消費者に提供される。

　G-Dロジックについては，第1章の図表1.2で示している。単純ではあるが説得力あるかたちで表現されており，「生産者」が中央に配置され，価値創造者となる。顧客は価値の受益者で，破壊者すなわち「消費者」である。さらに，それは貨幣のフローを除くと，線形で一方向的である。

　G-Dロジックは一見説得力があるので，通常，疑問を持たれることがない。しかしながら，G-Dロジックは，ビジネスおよび経済の交換現象の体系的な研究から発生したしっかりとしたロジックではない。それは，次節で述べるように国際貿易という特定の限定的な文脈において，一連の関連する現象を説明するという目的の中で考えだされた**人工物**なのである。恐らくこのような経路依存的な道程をたどっていけば，必然的に，G-Dロジックを採用することになる。これはG-Dロジックが間違っているといっているのではなく，今日の複雑でテクノロジーを中心とした世界を取り扱うにはいくぶん近視眼的であるということを示している。

　G-Dロジック・パラダイムの発展は，後に「サービィシーズ」として分類される無形財に関する交換現象の大部分を無視していた。したがって，サービィシーズが実務家と学者双方に注目され始めた時，それらは，グッズの無形の付属品（例えば，顧客サービス）あるいはグッズの特殊なタイプ─「無形財」─のいずれかとして扱われた。この見解は，マーケティングやマネジメントのようなビジネスに関する学問に初期の問題を提起することとなり，これらの学問が無形財に取り組むようになり，その結果，関連する下位学問領域（例えば，サービス・マーケティングおよびサービス・マネジメント）が生み出された。

しかしながら，最近，一見すると異なる視点が，交換に関する包括的で統合的なロジックに集中しているように見える。おそらく，皮肉な事ではあるが，大部分はこれまで無視されてきた同じ現象，すなわちサービスに集中しているのである。第1章で述べたように，伝統的なG-Dロジック・パラダイムと対比して，この代替的なロジックは「サービス・ドミナント」(S-D) ロジックと呼ばれる。S-Dロジックは，(1)他のアクターの便益のための資源の適用と定義されるサービスを経済的交換の基盤とし，(2)グッズをサービス提供の伝達手段とし，(3)価値をサービス・プロバイダーと受益者（または他者）によって常に共創されるものとし，そして(4)価値は受益者によって常に独自に判断されるものとしている。

本章は，G-Dロジック・パラダイムの発展に貢献した主要な研究の収束・拡散の流れ，そしてそれに続くS-Dロジックの出現について全体像を提供する。この歴史に基づいた説明は，グッズとサービシィーズ，生産的活動と不生産活動，使用価値と交換価値，製品志向と顧客志向，そして取引とリレーションシップの分岐を探究する。

経済学の基礎

現代の経済思想はアダム・スミスの『国富論』の出版をもって始まると通常考えられている。スミスは「経済学の父」と認められることが多いが，スミスが経済学を生み出したわけではない。むしろ，スミスはその時代の支配的な「世界観」を詳しく説明し，まとめ上げ，後年，経済学の基礎として役立つ統合的な説明を提供した。市場と交換に関するこれらの視点は様々なパースペクティブからもたらされたものである。そこには，アリストテレスまでさかのぼれるようなある人間の活動が他の人類の幸福に貢献するかといった論点に関心を示す者もいれば，個人や国家のための価値を創造する活動（農業以外）を明らかにするという当時の関心事に注目している者もいた。スミスは，これらの視点を価値創造活動としての余剰有形財生産という産業の役割と一致させようとした。

スミスの業績はこれらのパースペクティブを統合したことである。スミスの政治経済学的な見解は，産業革命の中で徐々にその姿を現してきた「分業」の効率性に焦点を当てたものである。スミスは，この分業が交換の必要性を示し，それだけでなく，その範囲，すなわち市場を拡張することになると論じている。スミスにとって労働とは「毎年，消費する生活の必需品と便益品のすべてを本来（国

に）供給する源泉」である[3]。スミスにとって，労働は身体的仕事というより専門的なナレッジとスキルの適用を意味していた。したがって，スミスは，知的・身体的なスキルの適用，すなわちアクターが他のアクターのために何かをすること（これはS-Dロジックにおいて「サービス」と認識されているもの）[4]を経済的交換の基盤として確立した。

生産的サービス（サービシィーズ）と不生産的サービス（サービシィーズ）の区別

スミスは，いくぶん付随的なかたちで，交換と価値創造の基礎を説明してはいるが，スミスの業績は，実際には，イングランド（あるいは他の国々）の経済的富，つまり**国富**を増加させる方法という狭い範囲の説明に終始している。すなわち，スミスは，輸出と貿易によって，（労働のタイプとしての）サービシィーズがどのように国民の福利に貢献するかを説明しようとした。当時の経済的交換，特に世界貿易について当時考えうる状況と方法の中で，そして，当時の国際的な情報伝達と移動に限界がある中で，スミスは，輸出可能な有形財の生産と流通に必要とされるサービシィーズに注目した。

このような限定された焦点は，スミスによる「生産的な」・「不生産的な」サービシィーズの議論の中に見ることができる。これは，スミスが頻繁に誤って引用されるところでもある。スミスは，サービシィーズには価値がないと考えていると信じられている。このように考えられるのは，通常，以下の論述の中の文面に根ざしている。

> 社会において最も尊敬される階級の人々の労働のいくつかは，……いかなる価値も生み出さない不生産的なものである。その労働が終了した後も永続し，後になり同等量の労働を獲得することができるような永続的な対象あるいは販売可能な商品の中に固定化したり具体化したりすることはない。君主は，例えば，……そのサービスに等しい対価を後で手にすることができるような何ものをも生み出してはいない[5]。

「後になり同等量の労働を獲得する」というフレーズは特に重要な特徴である。例えば，理髪師は人の髪を切り，ひげを剃っているとき，人は，たとえ価値があっても，このサービスを手にとることができない。そこで，別の（有形か無形の）アイテムとそのサービスを取引することができない。しかし，人が交換を行い有形の製品を受け取れば，その製品を手にとり，他の何かと交換することができる。したがって，この考え方が，グッズには輸送可能で移転可能な価値が埋め込まれ

るという考え方を広めていってしまったのである。

　スミスは輸出可能な有形財に基づく国富創造に議論の焦点を合わせていたが，彼は，**実質価値**を，他人の労働による「人間生活の必需品，便益品，および娯楽」を手に入れるのに必要な労働として定義した[6]。しかし，その労働（これは我々がサービスと呼ぶものであるが）が価値の基本的源泉であると明言したとしても，その労働が「人間生活の必需品，便益品，および娯楽」すなわち，現在では顧客ニーズと呼ばれるものを提供することに適応される場合，スミスの関心は，**名目価値**，すなわち市場で手に入れるために支払われる価格に移っていった。スミスは労働よりもモノの交換価値（名目価格）を数量化し，測定するのがたやすいと考え，実質価値を表してはいないはずの交換価値に焦点を当てた。つまり，スミスは，実質価値の代わりになるものとして交換価値を選択している。この選択は，スミスが，その価値が生産や交換を通じてではなく，実際には，受益者によって現象学的に認識されるということを認識しているとことわりを入れたとしても，彼に続く経済哲学や経済科学として一般化の可能性を制限してしまう道筋を作り上げてしまったのである。

　スミスの研究に続く人々は，必ずしもスミスの生産的・不生産的という基準に賛同しているわけではない。例えば，セイは，生産を，物質の物理的形式としてではなく，**効用の創造**（使用価値を意図した用語）として捉えている[7]。したがって，彼は，サービシィーズを「生産と同時に消費される」活動と定義し，「非物質的製品」と表現している。セイと同様に，ミルもまた，労働が物質的な対象を作り出さない場合，不生産的であるとする労働の分類には賛同していない[8]。さらに，ミルは，対象の生産とは，**物質の再構成**（実際は，生産-創造でない）であるとも論じている[9]。ミルは，生産の価値は物体それ自体の中に見いだされるのではなく，物体の有用性の中に見いだされると考えた。つまり，労働は「物体の創造ではなく，効用の創造」なのである[10]。実際，ミルは，「効用を生み出すすべての労働がなぜ生産的ではないと説明すべきなのか」と問い，「サービスのみから生み出される」労働を含んでいる[11]。

　スミスの生産的・不生産的という分類には反論があったにもかかわらず，ほとんどの経済哲学者たちは，顧客需要が存在している物質的対象に埋め込まれる効用の創造に貢献している労働のタイプにのみ言及している「生産的」という新しく出現したドミナント・ロジックに同意するようになっていった。結局，この生産的・不生産的な区別は，グッズとサービスの分類へと反映していった。置き換

えられるというのではないが。生産を中心とするパラダイムの展開から決別するという試みは，ほとんどが失敗に終わっている。

その時期の支配的な思考に反対し続けた学者の一人にフレデリック・バスティアがいる。バスティアは，政治経済学者の価値に対する立場に対して，そして有形財への大きな関心に対して反対をしている。バスティアは，人々が「欲望」を持ち，(1)神によって提供される「無償の効用」，および(2)努力によって購入されるべき「有償の効用」を通じて，「満足」へと到達することを説明している。[12] 満足は特定の個人と結びついているが，その一方で，有償の効用と結びつけられる必須の努力は他の個人に向けられると考えられている。バスティアは次のように考えている。「それは，実際，他人のために働く能力のことである。すなわち，それは努力の移転であり，サービスの交換である。それは時空を超えて無限で複雑な組み合わせで提供される。まさに，**これこそが経済科学を構成する核であり，その原点であると同時に，その限界を規定するのである**」。したがって，価値は，効用を得るために「相互に交換されるサービスへの相対的評価」[13] である。

ミル同様，バスティアは，人類はものを創造しているのではなく，サービスを通じて，ものから満足を得るよう，ものの状態を変換していると示唆した。バスティアは，自身のパースペクティブを次のように要約している。

> 重要な経済法則は，サービスとサービスが交換されるということ，これである。この法則は，あまりにも当たり前で些細なことといえる。それにもかかわらず，経済科学のすべてを支配するものである。一旦，この公理が明確に理解されれば，使用価値と交換価値，有形財と無形財，生産的階級と不生産的階級の区別はどうなるのであろうか。･･･今，これらの相互に交換されるサービスだけが相互に釣り合っている時，その中に価値が存在するものであり，サービスが働きかける無償の原材料や資源の中にはない。[14]

他の経済学者はバスティアの業績に言及したが，バスティアのアイディアがその当時人気のある思考から逸脱していたために，サービスが交換の基本となるという見解は大部分無視され，正当派の経済理論と考えられなかった。[15]

コラムでは，グッズ生産について当時現れてきたロジックが最終的に制度化と具象化に進む中で，いかにしてパフォーマティビティがもたらされたかについて説明している。これは，企業の利益を最大限しうる市場価格でグッズが生産され，流通されるということに結びついたものである。それは，さらに国富の主要な源

泉となる輸出のための余剰グッズ生産の創造に結びついていく。要するに，産業革命から出現したグッズのロジックが支配的なロジックになったのである。

経済科学

　セイの効用概念は，セイが意図したような**有用性の尺度**としてではなく，**ものに埋め込まれた特性**とされてしまったのであるが，このセイの効用概念は19世紀の中頃までに主要な分析単位として支持されるようになった。このことから使用価値と交換価値の差異に関する論点は無視されてしまい，使用価値は交換価値と本質的に等価となった。すなわち，顧客がグッズに対して進んで支払おうとする価格は，顧客によって知覚された価値と等価になると考えられた。それが，次第に，**交換されるものの特性として効用**を表現するようになった。すなわち，特定の状況において個人がハンマーに対して知覚した**有用性**は，価格によって捉えられるハンマーの**効用**によって表現された。この効用という抽象的な概念化は，経済科学の発展のための基礎を提供した。これは，ニュートン力学の伝統，すなわち，物質には質量があるというモデルに基づいている。

> **コラム**　**パフォーマティビティについての重要な挿話**
>
> 　これまで述べてきたこと，あるいはこれから述べようとすることは，後に続く経済哲学者や経済科学者たちが，顧客やその顧客の反応（例えば，需要や満足）に対する認識や正しい評価をしていないということを示していると解釈すべきであるといっているのではない。言及したように，スミスは実質価値と使用価値を明示的に結びつけ，市場価格を基礎とした需要（特に有効需要，すなわち支払う能力が伴った需要）の役割に当初から注目していた。さらに，セイは「生産的」という用語を輸出可能な商品を作り出す活動に言及するとき以外で用いることに反対した。なぜなら，その他の活動も，顧客や社会全体から等しく有効な役割を果たしていると認められていると考えたからである。同様に，以下に示すように，ワルラスとマーシャルのような経済科学者は，顧客について十分認識しながら，自分たちの経済モデルが顧客の豊かさを考えていなかったことを痛感している。実際，ある場合には，彼らは，解釈における慎重さの必要性について取り上げている。しかし，彼らは，このような見解を取りながらも，結局，自分の洞察のいくつかを無視して，哲学や科学の構築という仕事に突き進んでいったのである。

これは感性の問題である。果たすべき全ての役割に目を向けろといっているのではない。むしろ，それは，**与えられた目的のもとで**，関心を持った現象に合理的に対処するためにできるだけ焦点を絞れといっているのである。それは，関心の対象となる世界の**ある側面**に注目した単純化されたモデルを構築するプロセスである。しかしこれらのモデルは，それらの非常に実用的な価値を持った単純化のために，モデル立案者の注意およびより包括的な洞察にもかかわらず，第1章に紹介したような**パフォーマティビティ**の好例となってしまっている。世界の意味を理解するための世界の単純化モデルは，具体性を欠いているとしても，そのモデルを多くの人が利用するという形で制度化されるようになる。それらは関連する（かつ多くの場合比較的無関係な）現象について考えるためのパラダイムの基礎を形成する。経済モデルの場合には，学者，ジャーナリスト，ビジネスマンおよび公共政策作成者が，ビジネスについて論じるために彼らの概念を使用する。彼らは，関心の対象となる現象における変化を具体的に分類していくためにカテゴリー（例えば，労働や産業）を使用する。また，彼らは，製造やサービス提供のといった活動の相対的な貢献度を評価するために暗黙の仮定を使用する。これらの概念やカテゴリーは，次に，ビジネスモデルの策定，およびそれらを統治する政治制度に影響を及ぼすこととなる。すなわち，幾分逆説的になるが，社会学者が我々に助言するように，モデルの構築のはじめから，アクターが現象に接近しているので，モデルはアクターが扱う現象を対象としたものとなる。現在の議論に沿って簡潔に言えば，**経済は経済学の関数である**。[16]

　ここで取り上げた内容は，彼らが観察しその原因を突き止めようとしたもののすべてを組み込んだモデルを構築していないという理由で，関与した哲学者や科学者を批判したり非難したりするつもりはない。むしろ，ここでは次のことを簡単に指摘しておく。それは，ある程度まで，経済哲学や経済科学のドミナント・モデルそしてそれらのモデルのインパクトは，そのモデルの創案者のより包括的な視点から幾分切り離されて理解されることがあるということである。実際，S-Dロジックは，部分的にではあるが，初期の経済学者の視点を再利用しており，それらは，経済学を経済科学の域—そのときは，ニュートン力学に収斂される「科学」観—にまで高めようというという直接的な目的の背後に埋もれてしまったままのものであった。

　恐らく，経済学を哲学から科学へと転換させる上で最も貢献した人物は，レオン・ワルラスである。ワルラスは純粋経済学の役割は価格という理論的な決定因子にあると見なした。[17] 興味深いことに，ワルラスは，サービィシーズをすべての生産の源泉としてみなし，「資本財のサービィシーズ」を直接的な効用をもつ「消費者のサービィシーズ」と間接的な効用をもつ「生産者のサービィシーズ」に分

けた。しかしながら，ワルラスの主要なゴールは純粋経済学理論の開発であった。ワルラスは純粋経済学を「力学と水力学のような物理数理学」とみなし「実務家は数学で用いられている手法と用語を使用することを躊躇するべきでない」と述べた。[18]

ワルラスの均衡理論は，供給と需要と価格の間の数学的関係に基礎を置いている。そして効用というすでに確立した「理想型の」概念に焦点を当て，抽象化した定量的特性をもつものとして扱われ，数学としての操作が可能になった。ワルラスは，均衡理論を用いて，最終的に経済思想が機械論的で，決定論的，合理的で，確定的な世界を作り出すニュートン・モデルと肩を並べられると信じていた。したがって，経済学を正当な「科学」と見なせると考えたのである。

とは言え，均衡理論の発展を確実にしたのは，そのほとんどがアルフレッド・マーシャルによるものである。[19] だが，マーシャルは均衡理論に慎重だった。[20] マーシャルは，均衡に向かう「傾向」だけが経済科学によって認識可能であり，もし完全な情報，完全に合理的な買い手，完全にアクセス可能な競争などの前提が適用されれば，その時のみ規範的な「法則」として記述できるということを認識した。

19世紀末にかけて，経済活動を表現するために，時として同じ経済学者達からグッド・ドミナントとサービス・ドミナントが共生するモデルが存在しているといわれている。[21] 1つのパースペクティブは，交換に関するサービス・ドミナント・モデルと親和性を持つものである。そこでは，専門化したサービス・プロバイダーと他の専門化したサービス・プロバイダーとの間のサービス交換の個別的および集合的な関係の点から経済活動を考察している。この視点は，スミスの分業と実質価値（使用価値）に関する初期の議論を踏まえたものである。しかし，スミスは，その時期の他の政治経済学者や経済科学者（バスティアを除いて）のほとんどと同様で，サービス・ドミナント・モデルを認識してはいたが，結局，放棄し，有形財に埋め込まれている効用に注目したモデルを選び，そこでは，ほぼ間違いなく，現実の出来事を表現することよりも，その上品さと単純性を求めていくこととなった

一方のグッズ・ドミナント・モデルでは，効用という抽象的な特性を持つものとして「グッズ」（の需要と供給）が強調された。あるグッズの需要関数は，特定のグッズに対する消費者の全体的な需要（需要量）を示した。そのグッズの供給関数は，全体の供給（生産量）を示した。価格は需要と供給を調節し，均衡を

確立する。このモデルの中で,「グッズ」は交換における共通分母だった。

　経済活動に関するこのグッズ・ドミナントの視点は,政治経済学者に人気のある視点であり,有形財の国際貿易の美徳に焦点を当てており,自然科学の数学的前提条件に沿ったかたちで「科学的」になろうとする経済科学者たちの希望に焦点を当てることであった。ニュートン力学の伝統の中で尊敬される科学を開発しようと目指す中で,グッズに対する強調が広まり,また,少なくとも一時的には,サービスを中心とする視点は,経済科学における脇役的な立場に追いやられた。

グッズ・ドミナント・パラダイムのインパクト

　経済科学は,交換と市場を考えるための基礎を構築し,続いて,マーケティングとマネジメント,同様に会計や金融のようなビジネスに関する学問の発展のための基礎となる理論とモデルを提供した。生産が家計から工場へ変わるようになると「生産者」と「消費者」が分離された。企業の役割はグッズの効率的生産と販売を通じて市場における価値を創造することだった。それゆえ,顧客の役割は企業のアウトプットを「消費」することである。すなわち,企業が創造した価値を使い果たし,破壊するのであり,その後また再び企業の価値を高めるために顧客となるのである。第1章で,包括的なアクターおよびアクターとアクターの交換,ネットワーク,そしてシステムという概念を導入した。しかし,経済科学が一旦G-D志向へ転換してしまうと,社会の中心となる経済的アクターは企業,すなわち生産者になる。国家（および企業）の福利はこの富の生産者からもたらされると考えられた。

　前述した経済パラダイムに従うと,企業は,小さな地域の需要を超えて,広範な地域にまたがる顧客に届けることができるような有形財の生産に焦点を当てることとなる。産業革命は,有形財を大量に生産できる企業を生み出した。そして,過剰に生産されたグッズがそれらの企業に対して問題をもたらした。経営科学は,生産効率と関係する問題を解決した。しかし,生産効率は,流通と供給過剰という新しい問題を引き起こした。したがって,企業が主として取り組むべき努力のひとつは,そのオファリングの供給を追加需要に結びつけることだった。このような要請から生まれたのが,マーケティングという学問である。

　マーケティングにおける最初の学術論文の出版は,通常,ショーであると考えられている[22]。ショーは価値創造におけるマーケティングの役割に自分の初期の学

究的な努力を集中させた。グッズに集中したパースペクティブとニュートン力学に基礎を置く経済学のパースペクティブは両方が彼の主張の根幹となっており，その主張は「産業は，形態や場所を変化させるために，物事へモーションを適応させることに関わることであり，我々が生産と名付ける形態の変化，流通と呼ぶ場所における変更である」^{23}という主張である。同様に，ウェルドは，マーケティングを**生産の機能**における分業の一部と見なし，「効用の創造」として，特に形態効用，時間効用，場所効用，所有効用を指摘し，マーケティングは最後の3つに貢献するものとみなした^{24}。ウェルドは経済学者として，経済システムにおいて効用を創造する上でのマーケティングの役割に関する知識体系が欠如しているために，マーケティングの流通活動に疑問が持たれていると考えている。

それにもかかわらず，価値創造へマーケティングが貢献するかどうかに関する疑問は消えなかった。したがって，初期のマーケティング学者は，マーケターにより提供される役割やサービスの存在する意味（さらには，マーケティング・サービスの付加的な役割）について取り組み続けている。しかしながら，グッズ・ドミナント・パラダイムは存続し続け，グッズが生産を通じて価値を持ち，流通（マーケティング）がコストを付加し，最後に，経済的な廃棄物となるという姿勢が浸透していくこととなる。このマーケティングにおけるサービシーズに対する一般的で，否定的な見解が，浸透していくことなる。経済思想と経済科学の発展が続くことによって，サービシーズを無駄なものとして考えることは，今日の志向に根深く残った。

顧客志向へのシフト

いくつかの重なり合う出来事が，20世紀の最初の四半世紀に現れ始めている。これらの出来事は，交換に関する経済思想の発展に重要な影響を与えた。1920年代の景気回復期に専門化のレベルが向上していった。伝統的に企業の内部で行われ，生産の一部として分類されていた多くの活動（例えば，デザイン，プロモーション，会計）が，急速にアウトソーシングされ，その後，サービス業として分類されるようになった。第二次世界大戦後の世界的な不況期には政府による活動も拡大していき，サービス部門として従来考えられてきたものが急速に成長していった。

サービス活動が明らかに増加するようになると，それに対応するかたちで，

フィッシャーが，経済発展における第一次段階（農業），第二次段階（製造業），そして，第三次段階の役割を区別した。しかしながら，しばしば主張されているのとは異なり，彼は第三次部門とサービスを同一視はしていなかった。もっと正確に言えば，フィッシャーは，**スミスの不生産活動のうちのいくつかが生産的**であると，すなわち，基礎的な農業と工業を越えて成長していく社会の進歩にとって有用であると主張した。

　第二次世界大戦後の景気回復は，需要が増加し，さらに生産も拡大し競争も激化した。このような市場の変化の中で，学者は，国民幸福の総計を分析するだけではなく，交換プロセスにおける顧客の選択と満足にかなりの関心を示すようになった。このような変化の証拠を2つの新しい「研究の流れ」の登場に見つけることができる。1つは「消費者行動」であり，買い手の判断と意思決定のプロセスに関係している。もう1つは「マーケティング・マネジメント」であり，企業がどのように買い手の意思決定プロセスに影響を及ぼすかに関心を持つものであった。さらに，「マーケティング・コンセプト」は消費者行動とマーケティング・マネジメントという二つの研究の流れの基礎として発展してきている。「マーケティング・コンセプト」は，次のような信念である。つまり，市場が顧客の要望によって活生化し，それゆえ企業は顧客志向であるべきとし，企業の利益は顧客の満足から生み出され，そして，企業のすべての活動（生産，マーケティング，マネジメント，財務など）は，顧客を満足させるように向けられるという信念である。このような**消費者志向**への移行と顧客満足の強調は，新たな志向の方向付けの始まりを示したものであり，そこでは，交換の主要な決定要素としての「品質」の意味の変化させていった。そこでは，**製造品質**の点から理解されていた品質を，顧客の**知覚品質**へと意味を変化させていった。

　一見したところ，顧客へ再び焦点を合わせることは，伝統的な経済思想からの決定的な別離を表すように見える。しかしながら，第二のそして恐らくしっかりと捉える必要のある，微妙ではあるが非常に重要な論争が提起されている。これらのシフトは，それらに先行する基本的経済モデルを実際に修正するか，それとも，それらは，経済的交換のプロセスに関連されたより深くより基本的な論点を隠すのに役立つ表面的な修正にとどまるか，という論点である。

　この問題は，部分的ではあるが，20世紀中頃に活躍し今日では最も洞察力のあるマーケティング学者として知られているロー・オルダースンと「付加価値」の考えを進歩させたとして知られているセオドア・ベックマンとの会話の中で捉え

られている。二人は，マーケティングに結びつけられた特定タイプの効用を識別しようとする試みに異なる論を唱えている。ここで，ベックマンは，製品の**販売価値を増加**させようとする複数の当事者の「交換価値」の視点として後に識別されるものを支持した。その一方で，オルダースンは，「使用価値という立場」を支持し，次のように示唆した。「必要なものはマーケティングによって創造される効用の解釈ではなく，効用を創造するプロセス全体に対するマーケティングの解釈である」。すなわち，我々の基本的な経済モデルや，マーケティングという学問，一般にはビジネスに修正を加えるという程度のものではなく，根本から再考する必要がある。

同時に，20世紀で最も洞察力がある全般的な経営学者として考えられているピーター・ドラッカーは，生産，労働，そして政府の政策に焦点を当てていた標準的なマネジメント理論を拒絶しており，マーケティングを，企業の一機能部門の活動ではなく，企業の中核的活動として捉え，そのマーケティングが経済発展における触媒であることを明確にしている。そして，「**経済が人類のニーズに奉仕する社会に統合されるプロセスとして**」マーケティングを明確にした。

その段階では，少なくとも，部分的には，経済活動を理解するための志向に変化の兆しが見えており，サービス志向を考慮すべきであるという動きが明確になってきてはいるが，伝統的なG-Dロジックの志向は持続している。しかしながら，サービス志向がG-Dロジックのパラダイムの支配から「解き放される」前に，サービスがビジネス学問の新たな1分野となっていくことになる。ビジネスの研究者たちは，下位学問分野，特にサービス・マーケティングやサービス・マネジメント，サービス・オペレーションを発展させ，さらなる検討を加えていく中で，新しい基礎概念およびモデルを発見しなければならない。

サービス思考の台頭と進化

顧客志向の強調への移行は，特にマーケティングの分野で，交換に関する研究に大きな影響を及ぼした。しかし，このようなインパクトは，以下の文脈の中でゆっくりと出現してきているサービス・マーケティングという下位学問分野を妨げるほど十分に革新的というわけではなかった。

(1) 消費者行動の動向と，それに関連して，消費者選択は単にグッズの物理的なベネフィットという機能を超えるものであり，効用を最大化しようとする

動機づけを越えるものであるという認識の増加。
(2) 社会と交換の中でサービスが明白で顕著なかたちで増加しているということとこれに関連して経済がサービス経済へ発展するという見解。
(3) マーケティングは，グッズを交換価値から捉える経済学パースペクティブからは十分に理解されないかもしれない交換のプロセスに関係しているという認識。
(4) 顧客と生産者を必ずしも分離する必要はなく，異なった実態として捉える必要もなく，価値の共創に関わるという考え。

　初期の学者は，「グッズ」から「サービィシーズ」を概念的に分け，無形財のマーケティングを管理する方法に焦点を当てた。従来の「グッズ」マーケティングから分離する場合でさえ，その初期に，グッズではない残りのものとして，サービスを定義している流れを見れば，G-Dロジック・パラダイムの影響は明らかである。確かに，顧客の役割を記述するために「パフォーマンス」や「インタラクティブな経験」のような用語を組み入れたより建設的な定義を行う試みがあった。しかしながら，一般に，サービィシーズはグッズではないものとして定義され続けた。
　さらに，これらのグッズを中心とするサービスの概念化は，サービィシーズとグッズを区別するために用いられている特性によって明らかである。一般に引用されるサービスの4の分類は次のようなものである，(1)無形性，グッズの物質的品質もしくは有形の品質が存在しないこと，(2)異質性，グッズと比較してサービィシーズを標準化することの困難性，(3)不可分性，消費から生産を分離することの不可能性，そして，(4)非貯蔵性，グッズと比較するとサービィシーズの在庫を不可能性の4つである。重要なことには，これらの特性は，サービィシーズのネガティブな特徴もしくは**サービィシーズの劣位性**として考えられ，グッズを提供するマネジメントとマーケティングをサービスと組み合わせるために戦略的な調整を行う必要があった。
　グッズと関連させてサービィシーズを概念化している研究者が多い中，これらの4つの特性に基づいたサービスの定義を問題にした研究者もいた。エバート・グメソンは，サービス・マーケティングとマネジメントのパイオニアであるが，定義の基礎として有形な製品を用いることは，「グッズのかなり不明確な定義が存在していることを前提にしており」，それは，「サービィシーズがグッズの存在

によって存在することを強いるもので，サービスそれ自体では存在しない」と主張している。ビーベン＝スコッティは，この一般に用いられている分類用語が，「これら2つの生産プロセスを区別することに」失敗し，「アウトプットとアウトカムを混同し，真に独立した下位学問分野としてのサービィーズの発展を妨げている」と示唆している。

初期のサービスの実務家・研究者でありサービス思考を結晶化した功績を評価されているリン・ショスタックは，マーケティングにおいてグッズを中心とした思考の支配について強調し，「古典的な（マーケティング・ミックス），影響力の大きかった文献，マーケティングの言語はすべて，有形なグッズの製造から派生している」と述べている。彼女は，サービィーズを「製品マーケティングから切り離す」ことを呼び掛けている。

グッズ対サービィーズの討論が進展するとともに，サービィーズ・マーケティングの学者はさらにより本質的な問題について議論するようになる。アメリカにおいて，ツァイトハムル，パラシュラマン，ベリーという3人の初期のサービス学者は，**サービス品質**の知覚を評価するための概念的なモデルと標準的な装置を提案し，レン・ベリーは，**リレーションシップ・マーケティング**という用語を初めて作り出した。

同時に，ヨーロッパの学者，特に北欧の国々の学者は，サービス品質とリレーションシップという概念を見直している。これは，アメリカで行われていた類似の研究と同時期に行われているが，これとは独立して行われていた。何人かのヨーロッパのサービス・マーケティング学者は，さらにリレーションシップという概念を「サービス・マネジメント」の相互作用ロジックの構築へと拡張していった。

サービス品質，リレーションシップ・マーケティング，そしてサービス・マネジメントといった概念は，サービスとサービス・マーケティングを理解するための視座を提供するように意図されたものである。グッズを中心とする視点の不適切が，これらのパースペクティブの発展を必要としたのである。**サービス品質**は，企業の焦点をグッズ生産の**工業規格**から顧客の**知覚評価**へと移動させた。**リレーションシップ・マーケティング**は，交換の焦点を**個別の取引から継続的な相互作用**へ移動させた。**サービス・マネジメント**は，テイラーの**科学的管理**のパースペクティブ，つまり規模の経済性の高度に体系化された標準化から「サービス企業」に必要な「チームワーク，**部門間のコラボレーションと組織間のパートナーシッ**

プ」[43]というパースペクティブへとその焦点を転換させた。

　サービス・マーケティングとサービス・マネジメントという新しく生まれた学問分野の領域内で開始されたこれらのサービスの概念化は，G-Dロジックというカウンターパートに取って代わり始めた。あるいは少なくともG-Dロジックを下位になるものとして位置づけた。サービス品質をグッズ品質と異なるものとして説明するのではなく，本来意図されるように，これらの概念化は，「グッズ」交換を理解するためと同様に，すべての「サービシィーズ」交換を理解するための統一的パースペクティブになっている。この統一パースペクティブは，サービスに焦点を当てているとは自覚していないマーケターにも用いられるようになってきており，現在，広く主流となっているマーケティングおよびビジネスのロジックを新しい方向に向けようとしてきている。

　このようなサービスを中心にする交換モデルへの強調は，30年以上前にリン・ショスタックが主張したように，サービシィーズ・マーケティングは「製品マーケティングから分離した」という考えを支援するように見える[44]。しかし，重要なことは，さらに一般的な意味での分離がすでに胎動していることである。これまで表面には現れてこなかった経済活動のためのサービス志向が，一部には経済思想の歴史の中にも見い出すことができるように，このような支配的なグッズを中心とするパラダイムの制約から解放され始めている。

グッズ・ドミナント・パラダイムからの分岐

　マネジメントとマーケティングがサービスという下位分野を取り込んでいるその時期に，その他の関連する市場交換に関する思考にも変化の兆しが現れてきている。例えば，競争のニューフロンティアが，大量生産をベースにしたコモディティ化され標準化されたアウトプットから，特に生産技術の進歩に伴って「マス・カスタマイズされた」オファリングへと移行してきたと論じている学者もいる[45]。他の学者は，企業から顧客へと価値創造における焦点を移し始めていると指摘している。それは，価値はサービス提供における顧客の役割を認めることを基礎としたコラボレートなものであると考えられている。サービス経済へ向かってというだけでなく，その先の「経験経済」への移行が存在すると主張する研究者もいる[46]。その他にも，価値は，単純で単一の企業のアウトプットから創造されるというよりも，多くの源泉からのインプットを内包した複雑な経験から創造されると

主張している研究者もいる[47]。このような経験の解釈は，企業のアウトプットが有形であれ無形であれ，適用可能と見られるようになってきた。

　企業資源の本質についての見方にも検討が加えられるようになってきている。例えば，C. K. プラハラッドとゲリー・ハメルや他の研究者たちは，競争優位のための主要な手段としてコアコンピタンス理論，すなわち組織の中の集合的な学習の概念を支持するようになってきている[48]。同様に，マーケティング学者のシェルビー・ハントは，市場競争の一般理論のためのフレームワークとして企業と競争に関する資源優位の視点を提示している。これは，多くのマーケティング思想の基礎となっており[49]，ミクロ経済モデルにおける問題点を明らかにしている。ズボフとマクスミンは，彼らが「古い事業体ロジック」（本質的に現在G-Dロジックと呼ばれるもの）と呼んだものを，価値は個人によって創造され，企業がそれを支援する役割を持つという新しいリレーションシップのロジックと切り替えるよう示唆している[50]。他の研究者は，価値交換から価値創造リレーションシップへの焦点の変化について論じている[51]。これは「パートナー関係に基づくリレーションシップ」に注目したものである[52]。

　サービスという下位分野と結びついて発展してきたマーケティング，マネジメント，そして戦略へのリレーションシップ・アプローチの発展に加えて，それとは独立したかたちで，このリレーションシップ・アプローチは，「ネットワーク・アプローチ」という見出しのもとでB2Bマーケティングの中で発展してきている。特に，スウェーデンにおける産業財マーケティングと購買（Industrial Marketing and Purchasing：IMP）グループが，さらに発展させてきている。このネットワーク志向は，伝統的学派にもインパクトを与えている。例えば，アクロールとコトラー――この二人目の名前は伝統的なマーケティング・モデルと同義であるが――は，ネットワーク・パースペクティブを以下のように支持している。つまり「ネットワーク組織のまさに本質そのもの，その理解にとって有用な理論，そして消費の組織への潜在的な影響は，すべて，マーケティングのためのパラダイム・シフトが近い将来起きるかもしれないことを示唆している」[53]。ネットワークに関するこれらの見解の多くは，また，サプライ・チェーンとバリュー・チェーン・マネジメント，あるいは価値星座といった標題の下で議論されてきている[54]。このダイナミックなアプローチは，線形で一方向的な方法で市場に対し「物」を移動させる標準化された統合ロジスティクス・マネジメント・モデルからの実質的な決別である[55]。

20世紀の終わりごろ，フレッド・ウェブスターは，「ミクロ経済学の最大化パラダイムに基づいたこれまでのマーケティング・マネジメント機能は，理論と実践との関連において批判的に検討されなければならない」と述べている[56]。同様に，他のマーケティング学者は，「単に手軽な枠組み[57]」として製品，価格，プロモーションと場所（流通）を含む「4P」，つまり，長く教えられてきた「マーケティング・ミックス」のロジックに宣戦布告をしている。また別の学者は「マーケティングの代替パラダイムは必要であり，マーケティング・アクターのリレーションシップのもつ連続的な特徴を説明することのできるパラダイムが必要である」と述べている[58]。

　従来の経済パースペクティブからの同じような移行が，マーケティングとマネジメント文献以外のところでも見い出せ，しばしば伝統から外れた経済学者の中にも見い出せる。ここのところ，企業のリソース・ベースト・ビューが発展してきている[59]。経済学の中でさえ，何人かの学者は「正統派の」経済理論に挑戦し，ケイパビリティで駆動される組織的な「ルーチン」に基づいた進化経済学のモデルを提案している[60]。ハントと同様に，ティースとピサノは次のような主張している。「企業の競争優位は企業内部に働いている高い成果のルーチンに根ざし，企業プロセスに埋め込まれ，企業の歴史により条件づけられるダイナミック・ケイパビリティから生じる[61]」。

　伝統的思考からの全体的な分離，そして新しいモデル，理論およびパラダイムへの要請は，交換に関連した思考のフラグメンテーションの増加として解釈することもできれば，交換およびそれに関連した現象を統合し包含するロジックへの収束として解釈することもできる。多くの人々には，後者の収束が生じる頻度はますます増加しており，市場交換に関する思考の中で生じている多様な推移は，実際に新しいドミナント・ロジックの方へと収束しているように見えている。

サービス・ドミナント・ロジックへの収束

　様々な転換が，経済的交換の概念化の中で生まれており，新しいサービス・ドミナント・ロジックの基礎を作るために混ざり合い収束してきている。このロジックは，次のような思考の変化から生まれてきている。

(1) アクターが交換するものはグッズとして特徴づけてはならず，専門化された資源の適用として特徴づけられる。

(2) 最も重要な資源は，多くの場合，有形ではなく，むしろアクター（人的）のナレッジとスキル（コンピテンス）のような無形の資源である。
(3) 価値創造は，工場の中や流通を通じて発生することはできず，資源を共有し利用するアクターの相互作用を通して，すなわちサービス提供を通して発生する。
(4) ビジネス研究と経済学は，アウトプットのユニットに関するものではなく，アクター間での資源の適用を共有するプロセスに関するものである。
(5) 顧客としての役割の中でアクターは，ターゲットとされたり，売り込まれる静的な資源ではなく，共に協力し合いマーケティングを行う積極的で創造的な資源である。
(6) 競争優位は，市場のある部分にサービスを一層よく提供できるよう適応された資源の関数である。
(7) 価値は共創されるものであり，最終的には受益者によってのみ評価され，したがって判断されえるものである。
(8) 市場はそれ自身としてそこに存在するものではない。より正確に言えば，起業家としてのアクターが，成長市場および産業を創造するための基礎を提供する価値共創の機会を感知することができる存在である。
(9) グッズが含まれている場合，それらは，資源，すなわちサービスの伝達と適用のためのツールである。
(10) 交換のシステム，すなわち市場として言及されるもの（少なくとも自由市場）は，均衡の状態によって特徴付けられるものではなく，常に不均衡な状態のものとして特徴づけられ，その結果，ダイナミックで変化する文脈の中で，新しい資源を創造し続けるエフェクチュアルなアクターによって創り出されるものであり，他者のベネフィットのための競争的な適用によって創り出される。

市場と交換に関するこれらの新しく出現してきているパースペクティブに共通した特徴は，交換の基礎としてのサービスを示唆するものである。規範的でマネジリアルなアプローチに翻訳すると，S-Dロジックは以下のようなものになる。

- コアコンピタンスの識別と開発。つまり潜在的な競争優位を表す経済的・社会的アクターの基礎的なナレッジとスキルの明確化と開発。
- これらのコンピテンスからベネフィットを得る他のアクター（潜在的な顧客）

を明確にする。
- 特定のニーズを満たすためにカスタマイズされ,競争に打ち勝つ魅力的な価値提案を開発する中で,顧客を巻き込むリレーションシップを育てる。
- 経済的・非経済的フィードバックを取得することにより,価値提案の成功を測定し,価値提案とパフォーマンスを改善するためにそれを使用する。
- 価値創造,すなわち価値共創において顧客をコラボレーションの中に巻き込む。

さらなる前進

　S-Dロジックにおいてサービスに焦点をあてていることの重要性を確認する手立ての1つとして,実務の世界での同じようなシフトの存在がある。そこでは,自分たちの事業を製造業者として捉える思考からサービス業として捉える思考へとシフトが存在している。規模や伝統から考えて,最も顕著な例といえるのはIBMとGEである。IBMは,新しいサービスに焦点を置いた学問を確立する最先端に立っている。これは,暫定的にサービス・サイエンス,マネジメントおよびエンジニアリング(service science, management and engineering：SSME),略してサービス・サイエンス(SS)と呼ばれている。サービス・サイエンスのイニシアチブはIBMの手から離れ,一線級の多くの企業によって採用されており,世界に散らばる何百もの大学によって支持されている。このような強力なイニシアチブの存在は本当に効果的であり,広範囲の支持の輪をさらに広げている。それは,経済思想が200年間以上の歴史を経ているにもかかわらず,そしてサービスに注目した研究業績が40年余の歴史を経ているにもかかわらず,サービス交換を理解し,取り扱う概念とモデルが存在しないことを意味している。ようやく現在になって「サービス経済」が目に見えるようなかたちで現れてきたからであると主張する者もいる。しかしながら,S-Dロジックは,サービス経済はいつの時代にも存在していると主張している。しかし,サービス経済は,G-Dロジック・モデルの範囲内,経済活動の分類体系から理解されてきていたとも主張している。すなわち,グッズに基づく製造業の分類が確立したとき,サービシィーズは残り物という存在であったが,企業の内部で遂行されていた多くの専門職(会計,生産デザインとエンジニアリング,広告など)の多くがアウトソースされるようになると,サービスのカテゴリーは,製造と比較して大きく成長しているといえる

（図表1.4を参照）。このような動向にかかわらず，現実は，少なくとも，サービス現象についての適切で使用可能な理解が存在しないと捉えられているということである。S-Dロジックが，サービスという科学の発展の基礎であることをサービス・サイエンスの創始者たちが示したことは重要であり，意義深い[62]。

S-Dロジックは，市場と経済的交換に関する現代の思考を収束したものである。重要なことは，この見解は，マーケティングと関連する学問によって開発されてきた交換についての１つの見解を表したものであり，経済学と産業論が培ってきた基礎を引き継ぐものではないということである。それは，この新しく出現しているロジックが，「効用を創造するプロセス全体に対するマーケティングの解釈[63]」を求めたオルダースンが考えていたものだからであるといえるかもしれない。S-Dロジックは経済モデルに由来した交換のロジックと一致したままであるが，このロジックは，グッズ（またはサービシィーズ）からサービスのまったく新しい概念化へ焦点を移すことにより，ロジックの範囲を広げてきている。したがって，S-Dロジックはまったく新しい束ね役であり，経済活動とより広く社会における活動の中での交換現象を理解する基礎を提供することが示される。

(注)

1 Adam Smith, *An Inquiry into the Nature and Causes of the Wealth of Nations* (London: Printed for W. Strahan and T. Cadell, 1904 [1776]). 山岡洋一 訳『国富論：国の豊かさの本質と原因についての研究』（上・下）日本経済新聞出版社，2007年。

2 J. B. Bell, *A History of Economic Thought* (New York: Ronald Press, 1953) ; Jean-Claude Delaunay and Jean Gadrey, Services in Economic Thought (Boston: Kluwer Academic Press, 1992). 渡辺雅男 訳『サービス経済学説史』桜井書店，2000年。

　　Joseph Schumpeter, *History of Economic Analysis* (New York: Oxford University Press, 1954). 東畑精一・福岡正夫 訳『経済分析の歴史』（上・中・下）岩波書店，2005年～2006年：Stephen L. Vargo, Robert F. Lusch ,and Fred W. Morgan "Historical perspectives on service-dominant logic," in R. F. Lusch and S. L. Vargo (eds.), *The Service Dominant Logic of Marketing: Dialog, Debate, and Directions* (Armonk, NY: M. E. Sharpe, 2006), pp. 29-42.

3 Smith, *Wealth of Nations*, p. 1.

4 Stephen L. Vargo and Robert F. Lusch, "Evolving to a new dominant logic for marketing," *Journal of Marketing*, 68 (January 2004), 1-17.

5 Smith, *Wealth of Nations*, p. 314.

6 Smith, *Wealth of Nations*, pp. 30-31.

7 Jean-Baptiste Say, *A Treatise on the Political Economy* (Boston: Wells & Lilly, 1821).

8 John Stuart Mill, *Principles of Political Economy* (London: J. P. Parker, 1848). 戸田正雄 訳『経済学原理』春秋社，1955年．

9 Mill, *Principles of Political Economy*, p. 45.

10 Mill, *Principles of Political Economy*, pp. 45-46.
11 Mill, *Principles of Political Economy*, pp. 45-46.
12 Frederic Bastiat, *Harmonies of Political Economy*, trans. Patrick S. Sterling (London: J. Murray, 1860), p.40.
13 Bastiat, *Harmonies of Political Economy*, p.43, emphasis in original.
14 Frederic Bastiat, *Selected Essays on Political Economy*, trans. S. Cain, ed. G. B. de Huszar (Princeton, NJ: D. Van Nordstrand, 1964 [1848]), p.162.
15 Schumpeter, *History of Economic Analysis*.
16 Michel Callon, *The Laws of the Markets* (Oxford, UK: Blackwell, 1998).
17 Leon Walras, *Elements of the Political Economy* (Homestead, IL: Richard D. Irwin, 1954 [1894]).
18 Walras, *Elements of the Political Economy*, pp. 29-30.
19 Schumpeter, *History of Economic Analysis*. 東畑精一, 福岡正夫訳『経済分析の歴史 上, 中, 下』岩波書店, 2005年
20 Alfred Marshall, *Principles of Economics* (London: Macmillan, 1927 [1890]). 馬場啓之助 訳『経済学原理 I - IV』東洋経済新報社 (1965)
21 Jean-Claude Delaunay and Jean Gadrey, *Services in Economic Thought* (Boston: Kluwer Academic Press, 1992). 渡辺雅男 訳『サービス経済学説史』桜井書店, 2000年。
22 Arch W. Shaw, "Some problems in market distribution," *Quarterly Journal of Economics*, 26 (August 1912), 706-65 ; Jagdish N. Sheth and Barbara L. Gross. "Parallel development of marketing and consumer behavior: a historical perspective," in T. Nevett and R. A. Fullerton (eds.), *Historical Perspectives in Marketing* (Lexington, MA: Lexington Books, 1988), pp. 9-33.
23 Shaw, "Some Problems in Market Distribution," p.12 ; Eric Shaw, "The utility of the four utilities concept," in Jagdish Sheth and Ronald Ferguson (eds.), *Research in Marketing* (Greenwich, CT: JAI Press, 1994), pp. 47-66.
24 Louis D. H. Weld, *The Marketing of Farm Products* (New York: Macmillan, 1916).
25 Allan G. B. Fisher, *The Class of Progress and Society* (New York: Augustus M. Kelley Publishers, 1935).
26 Wroe Alderson, *Marketing Behavior and Executive Action: A Functionalist Approach to Marketing Theory* (Homewood, IL: Richard D. Irwin, 1957). 石原武政・風呂勉・光澤滋朗・田村正紀『マーケティング行動と経営者行為』千倉書房, 1984年 : W. J. McInnis, "A conceptual approach to marketing," in Reavis CoxWroe Alderson, and Stanley Shapiro (eds.), *Theory in Marketing* (Homewood, IL: Richard D. Irwin, 1964), pp. 51-67.
27 Donald F. Dixon, "Marketing as production:the development of a concept," *Journal of the Academy of Marketing Science*, 18:4 (1990), 337-343.
28 Alderson, *Marketing Behavior and Executive Action*, p. 69.
29 Peter F. Drucker, "Marketing and economic development," *Journal of Marketing*, 22 (1958), 252-259, pp. 253, 255, 強調は筆者追加。
30 Robert C. Judd, "The case for redefining services," *Journal of Marketing*, 28 (1964), 58-59; John M. Rathmell, 'What Is Meant by Services?' *Journal of Marketing*, 30 (1966), 32-36.
31 Christopher H. Lovelock, "Classifying services to gain strategic marketing insights," *Journal of Marketing*, 47:3 (1983), 9-20, p. 13; また, 以下参照。Michael R. Solomon Carol F. Surprenant, John A. Czepiel, and Evelyn G. Gutman, "A role theory perspective

on dyadic interactions," *Journal of Marketing*, 49:1 (1985), 99-111.
32 John E. G. Bateson, *Managing Services Marketing* (Fort Worth, TX: Dryden, 1991), p. 7.
33 Valerie A. Zeithaml, A. Parasuraman, and Leonard L. Berry, "Problems and strategies in services marketing," *Journal of Marketing*, 49:2 (1985), 33-46.
34 Zeithaml, Parasuraman, and Berry, "Problems and strategies in services marketing."
35 Evert Gummesson, *Quality Management in Service Organization* (New York: International Service Quality Association, 1993), p.32.
36 Mary H. Beaven, and Dennis J. Scotti, "Service-oriented thinking and its implications for the marketing mix," *Journal of Services Marketing*, 4：4 (1990), 5-19, pp. 7-8.
37 G. Lynn Shostack, "Breaking free from product marketing," *Journal of Marketing*, 41:2 (1977), 73-80, p.73.
38 Zeithaml, Parasuraman, and Berry, "Problems and strategies in services marketing."
39 Leonard L. Berry, "Relationship marketing," in L. L. Berry, G. L. Shostack, and G. D. Upah (eds.), *Emerging Perspectives in Services Marketing* (Chicago: American Marketing Association, 1983), pp. 25-38.
40 E.g., Christian Gronroos, "From scientific management to service management," *International Journal of Service Industry Management*, 5：1 (1994), 5-20.
41 Christian Gronroos, "Relationship marketing: the Nordic school perspective," in Jagdish N. Sheth and Atul Parvatiyar (eds.), *Handbook of Relationship Marketing* (Thousand Oaks, CA: Sage Publications, 2000), pp. 95-117；Richard Normann, *Service Management: Strategy and Leadership in Service Business* (New York: John Wiley & Sons, 1988). 近藤隆雄 訳『サービス・マネジメント』NTT出版，1992年。
42 Frederick W. Taylor, *Scientific Management* (London: Harper & Row, 1947). 有賀裕子訳『新訳科学的管理法：マネジメントの原点』ダイヤモンド社，2009年。
43 Gronroos, "From scientific management to service management," p.5, 強調は筆者。
44 Shostack, "Breaking free from product marketing."
45 E.g., Joseph B. Pine, *Mass Customization:New Frontiers in Business Competition* (Cambridge, MA: Harvard Business School Press, 1993). IBI国際ビジネス研究センター訳『マス・カスタマイゼーション革命：リエンジニアリングが目指す革新的経営』日本能率協会マネジメントセンター，1994年。
46 E.g., C. K. Prahalad and Venkatram Ramaswamy, "Co-opting customer competence," *Harvard Business Review*, 78：1 (2000), 79-87.
47 Joseph B. Pine and James H. Gilmore, *The Experience Economy: Work as Theater and Every Business a Stage* (Cambridge, MA: Harvard University Press, 1999). 岡本慶一・小高尚子 訳『『新訳』経験経済：脱コモディティ化のマーケティング戦略』ダイヤモンド社，2005年。
48 C. K. Prahalad and Gary Hamel, "The core competence of the corporation," *Harvard Business Review*, 68 (1990), 79-91; George Day, "The capabilities of market-driven organization," *Journal of Marketing*, 58 (October 1994) 37-52.
49 Shelby D. Hunt, *Foundations of Marketing Theory : Toward a General Theory of Marketing* (Thousand Oaks, CA: Sage Publications, 2002).
50 Shoshana Zuboff and James Maxmin, *The Support Economy: Why Corporations Are Failing Individuals and the Next Episode of Capitalism* (New York: Viking Press, 2002), p.323.

51 Jagdish N. Sheth and A. Parvatiyar, "Relationship marketing in consumer markets: antecedents and consequences," in Jagdish Sheth and A. Parvatiyar (eds.), *Handbook of Relationship Marketing* (Thousand Oaks, CA: Sage Publications, 2000), p. 126.
52 James A. Constantin and Robert F. Lusch, *Understanding Resource Management* (Oxford, OH: The Planning Forum, 1994).
53 Ravi S. Achrol and Philip Kotler, "Marketing in the network economy," *Journal of Marketing*, 63 (special issue) (1999), 146-163, p. 162.
54 Richard Normann and Rafael Ramirez, "From value chain to value constellation: designing interactive strategy," *Harvard Business Review*, 71:4 (1993), 65-77.
55 Robert F. Lusch, "Reframing supply chain management: a service-dominant logic perspective," *Journal of Supply Chain Management*, 47:1 (2011), 14-18.
56 Frederick E. Webster, Jr., "The changing role of marketing in the corporation," *Journal of Marketing*, 56:4 (1992), 1-17, p. 1.
57 George Day and David Montgomery, "Charting new directions for marketing," *Journal of Marketing*, 63 (special issue) (1999), 3-13, p. 3.
58 Sheth and Parvatiyar, "Relationship marketing in consumer markets," p. 140.
59 Edith Tilton Penrose, *The Theory of the Growth of the Firm* Oxford: Basil Blackwell, 1959).日高千景 訳『企業成長の理論』ダイヤモンド社,2010年。
60 Richard Nelson and Sidney G. Winter, *An Evolutionary Theory of Economic Change* (Cambridge, MA: Belknap Press, 1982).後藤晃・角南篤・田中辰雄 訳『経済変動の進化理論』慶應義塾大学出版会,2007年。
61 David Teece and Gary Pisano, "The dynamic capabilities of firms: an introduction," *Industrial and Corporate Change*, 3 (1994), 537-556, p. 537.
62 James Spohrer and Paul Maglio, "Fundamentals of service science," *Journal of the Academy of Marketing Science*, 36 (2008), 18-20.
63 Alderson, *Marketing Behavior and Executive Action*, p. 69.

第3章
公理と基本的前提

> 生産とは材料にツールを適用することではなく，作業にロジックを適用することである。
>
> ピーター・F・ドラッカー

はじめに

　すべてのロジックは前提や仮定に基づいている。しばしば，それらの前提や仮定は明示的なものではなく暗黙的なものであり，またそれらは言葉で表現されるものでもない。ロジックは，日々のプラクティスや言語の中に見ることができる。サービス・ドミナント（S-D）・ロジックを開発する中で，我々は，その前提，仮定，言語（すなわち我々が用語一覧と呼ぶもの）を明示的なものにしようと試みてきた。

　第1章で簡潔にレビューしたように，4つの公理がS-Dロジックの土台をなしている。これら4つの公理はさらに6つの基本的前提のプラットフォームとしての役割を果たし，それら6つの基本的前提は4つの公理と合わせてS-Dロジックの10の基本的前提（FP）を構成し，それらがS-Dロジックの基本構造を形成している。図表3.1には，これらの公理と基本的前提が示されている。

　図表3.1で示されているように，我々は「サービスが交換の基本的基盤である」という公理1（FP1）の下に「間接的交換は交換の基本的基盤を見えなくしてしまう」というFP2，「グッズはサービス提供のための伝達手段である」というFP3，「オペラント資源が競争優位の基本的源泉である」というFP4，そして「すべての経済がサービス経済である」というFP5の4つの派生FPを位置づける。「顧客は常に価値の共創者である」という公理2（FP6）の下には，「事業体は価値

62 第Ⅰ部 前　提

図表3.1　S-Dロジックの公理と基本的前提

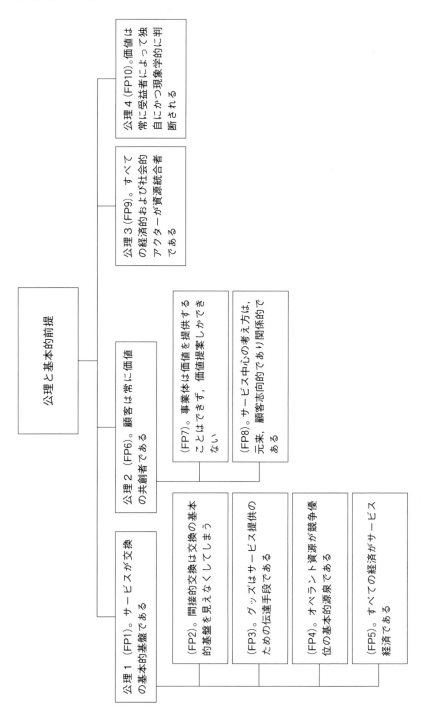

を提供することはできず，価値提案しかできない」というFP7と「サービス中心の考え方は，元来，顧客志向的であり関係的である」というFP8の2つの派生FPが位置づけられる。「すべての経済的および社会的アクターが資源統合者である」という公理3（FP9）と「価値は受益者によって常に独自にかつ現象学的に判断される」という公理4（FP10）は，直接的な派生FPのない独立した公理である。この4つの公理の構造と順序は，主に，教育学上の目的のために用いられる。これらのFPとそれらの込み入った状態のすべてにより精通するにつれて，FPのすべてが互いにどのように関連しているのか，さらには最も基本的なものとしての4つの公理と各々のFPがどのように関連しているのか理解し始めるだろう。簡潔に言うと，4つの公理の下に6つのFPが入れ子状になっているのだ。

また，すべてのロジックには用語一覧があり，その用語一覧はそのロジックを支持したり用いたりするコミュニティによって開発される。用語一覧は用語や概念から構成され，それは単語やシンボルによって表され，それを支持するコミュニティ内で意味を伝達したり思考を整理したりするのを手助けする。S-Dロジックおよびその公理とFPを理解するには，この用語一覧をしっかりと理解することが不可欠である。しかしそれは難しいことかもしれない。なぜならば，S-Dロジックで用いられる用語のいくつかはG-Dロジックの用語と類似しているからである。しかも，それらの類似した用語の間では微妙に意味が異なる。本章では，この用語一覧の本質的な部分のレビューから着手することにしよう。

サービス・ドミナント・ロジックの用語一覧

理論やモデルは，現実を抽象化したものである。この抽象化したものを開発するのに言語や用語が用いられ，その後，それらの抽象化したものは関心のある現象を描写したり説明したりするために互いに関連づけられる。その目標は，単純化することであると同時に，できる限り同形なものにすることにある。このことは，関心のある現象を記述したり説明したりする場合には最低限必要な概念を用いるのと同時に，理論およびモデルと現実世界とを一致させるように努めることを暗示している。予想される通り，単純化しつつ，かつ同一の理論およびモデルやロジックと同形なものにするのはかなり難しい。我々は，S-Dロジックはこの2つの目標の間で程よくバランスが取れていると提案する。

すでに述べたように，我々は，S-Dロジックはその用語一覧に関してかなり単

図表3.2　S-Dロジックの用語一覧

純化されていると確信している。実際に，S-Dロジックは中核をなす4つの基本概念（アクター，サービス，資源，価値）のみで論じられており，我々はそれら4つの基本概念から10の追加的な概念を演繹している。図表3.2は，S-Dロジックの用語一覧を示している。そこでまずは，S-Dロジックの用語一覧を構成する4つの基本概念について詳しく説明することにしよう。

アクター

　アクターとは，エージェンシーを保持するエンティティのことである。エージェンシーとは，目的を持って行動するための能力のことである。しかし，アクターたちは，構造の範囲内でしか行動できない。この構造には，例えば規範，経験的かつ社会的に獲得された態度，その他の制度といったものがあり，それらがアクターたちによる目的を持った行動を制限してしまう。アクターのすべての行動を決定づける度合は，エージェンシーの方が大きいのか，それとも構造の方が大きいのかといったことについては，何千年とまではいかなくとも何百年もの間にわたって論争が繰り広げられてきた。

　我々は，この論争に対する答えを出すのをここで試みるのではなく，エージェンシーが決定づけているように見える行動のほとんど，いや少なくともいくつかの行動は，恐らくはエージェンシーと構造が複合的に重なり合って決定づけられているのではないかと提案する。つまり実際には，エージェンシーは時に対立す

る構造との間での**個別の融和**を示すということかもしれない。重要な点は，エージェンシーと構造は絡み合っているということだ。すなわち，人間の思考力に限界があることを考慮すれば，ある程度のエージェンシーなしには構造は存在しないし，また制限された合理性を可能にする構造なくしては意義のある行動も起こりえないということだ。このエージェンシーと構造の相互影響はサービスとサービスの交換を通じた価値共創と関連があるので，以降の章において，我々は，プラクティスと制度と文脈の相互影響に関する議論する中で，このエージェンシーと構造の相互影響のいくつかについて探求していく。

　アクターたちは，いくつかの時間的な範囲で結びつけられる。第一に，すべてのアクターが独自の過去を持ち，一般にそれらの過去は，アクターたちの信念，価値観，観念形態に影響を及ぼす。次に，アクターは現在に身を置いており，日々の存在を特徴づける習慣の中におり，そして後に我々が学習するように，その習慣のほとんどはプラクティスを包含している。最後に，アクターは自らを将来に投影し，目標や将来の望ましい状態を設定することができる。それらの目標や将来の望ましい状態は，同時に，現在の自身の行動と交換に影響を及ぼす。

　図表3.2で示されているように，アクターは他のアクターたちと関係的に結びつけられるが，さらに共通の制度を通じて社会や他のコミュニティとも関係的に結びつけられている。第8章で議論するように，それらの共通の制度はサービス・エコシステムの中心をなすものである。また，すべてのアクターが資源を統合する。我々が議論するように，アクターたちは関連システムの生存可能性を高めるために資源を統合する。生存可能性とは，システムが有する複数の特徴を表しており，それには適応可能性，柔軟性，復元性，さらには福利といった要素が含まれる。関連システムは，単独のアクターとなる場合もあれば，アクターの集まりからなる1つのシステムの場合もある。

サービス

　サービスとは，他のアクターあるいは自身のベネフィットのために資源を適用することと定義される。サービスは，他のアクターに直接的に提供されたり（例えば，散髪），サービス提供のための装置あるいは伝達手段としての役割を果たすグッズ（例えば，自家用車による個人的な輸送サービス）または貨幣のいずれかを通じて間接的に提供されたりする。また貨幣には，最も一般的にはお金という観点から想起されるような，将来のサービスが得られる権利をもたらす経済的

貨幣以外にも，将来のサービスに対する義務から生じる社会的貨幣すなわち社会的資本も含まれる。

資　源

アクターが支援を頼るものはどんなものであれ資源となる。アクターはしばしば価値創造のために支援を頼る。**オペランド資源**とは，ベネフィットを提供するにはそれらに行為を施す別の資源を必要とする（潜在能力のある）資源のことである。オペランド資源は静的で，それらの多くは天然資源のような有形なものである。**オペラント資源**とは，ベネフィットを創造するために他の（潜在能力のある）資源に行為を施す能力を秘めている資源のことである。オペラント資源は多くが無形でかつ動的なものである。オペラント資源としてよく知られた例には，人間のスキルやケイパビリティがある。オペランド資源とオペラント資源は，ほとんど常に相互連結される。一般に，オペランド資源がベネフィットを提供するには，アクターたちはそれらのオペランド資源に行為を施す方法を理解する必要がある。アクターたちがオペランド資源に行為を施す方法には，簡単なものもあれば複雑なものもある。例えば，前者の例としては暖をとるために木材を集めてそれを折って火をつけることが挙げられ，後者の例としてはシリカを採り出してそれをマイクロプロセッサへと変換させることが挙げられる。つまり，オペラント資源をオペランド資源に適用することとは，人間にとってのベネフィットを創造することである。

価　値

価値とは**ベネフィット**のことであり，またそれはある特定のアクターの**福利の増大**でもある。価値はアクター特殊的で，かつ価値創造のすべての実例が文脈的にまったく異なるので，すべての出来事は独自のものとなる。価値はまた全体論的かつ現象学的に判断されるので，このことは，価値とは1人のアクターのサービスにあるいはある特定の資源に紐づけられるものではなく経験的な概念であることを暗示している。価値は常に**共創され**，かつ**現象学的なもの**なので，あるアクターから別のアクターに価値が提供されることはない。むしろ価値は単に提案されるだけである。**価値提案**とは，あるアクターが受益者アクターとの価値創造にどのように積極的に参画するのかを表現したものである。

ここで紹介した用語一覧は，図表3.1で示された10のFPをさらに発展させ精緻

化させるために用いられる。

公理1および基本的前提1：サービスが交換の基本的基盤である

　アクターは，身体的スキルと知的スキルという2つの基本的なオペラント資源を保持している。アクターたちは他の資源（オペラント資源およびオペランド資源）に行為を施すことによって有益な効果を創造するために身体的スキルと知的スキルという資源を利用するので，これらの身体的スキルと知的スキルは「オペラント資源」である。アクターは，それらのオペラント資源を開発したり適用したりし，そして自身のシステムの生存可能性を高めるために他のアクターたちと自身の資源の適用，すなわちサービスを交換する。それらの身体的スキルと知的スキルはすべての人々の間に均等に配分されているわけではないため，各々のアクターが保持しているスキルは彼または彼女のシステムの生存可能性にとって必ずしも十分なものとなっていない。このようなことからサービスの交換が必要となるのだ。この相互ベネフィットのためのサービスの交換は，それを統治するための社会的契約の開発や複雑な社会システムの構築を要請することになる。

　概して，アクターは特定のスキルやコンピタンスに専門化することで規模効果と学習効果を獲得する。専門化は交換を要求する。今日ではそれが真実となっており，またアクターとしての人間は単にセルフ・サービスするよりも互いにサービスすることの方がより満足のいく生活ができると理解しているので，そのことは今までもずっと真実であった。スキルやコンピタンスが向上したり，規模効果と学習効果が結びつくことによって，経済的アクターたちは交換に対する優位性の増大と互いにサービスしていることに気がつく。しかし第1章で議論したように，漁師と農家に関する議論の中で何が交換されるのかについての見方は，グッズ中心の観点からなのか，それともサービス中心の観点からなのかといったパースペクティブにかなり劇的に左右される。グッズ中心の観点の下では，専門化された活動を遂行した結果の**アウトプット**が交換されると信じられている。他方で，サービス中心の観点は，**専門化された活動を遂行すること**（すなわち，オペラント資源の適用）が交換されていると提案する。

　S-Dロジックの公理1（およびFP1）はアクターたちに何を示唆しているのか。それは本質的には，個人，家族，企業，非営利組織，あるいは政府機関だろうと，すべてのアクターは他のアクターとの交換を通じて提供しているものの根本的な

性質を理解しなければならないことを示唆している。例えば，すべての経済的アクターは，いくつかの身体的スキルと知的スキルを組合せることに相対的に上手くなる必要があるし，また専門化された優位性のあるサービス・オファリングを開発するのにそれらのスキルの組合せを活用することが求められる。

基本的前提 2 ：間接的交換は交換の基本的基盤を見えなくしてしまう

公理1で示されたようにサービスが交換の基本的基盤であるならば，またフレデリック・バスティアが主張しているようにサービスとサービスの交換が経済交換の本質であるならば，経済交換の世界を理解するのはかなり単純なはずである。しかし，サービスの交換が直接的に行われることは滅多にない。図表3.3において，我々は，サービスとサービスが交換されるという交換の本質を媒介手段がどのように見えなくしてしまうのか図示している。

現代の社会や経済においては，専門化されたスキルをワン・トゥ・ワンで取引することはほとんど歴史上の産物となっている。それに代わって，共通の媒介手段である貨幣を介した間接的交換が普及している。例えば，あるアクターがフィットネスのパーソナル・トレーナーから受けたサービスに代金を支払う時のように，他のアクターから受けたサービスに対して直接的なサービスを施す代わりに貨幣を差し出すようになっている。今日では，そのフィットネスのパーソナル・トレーナーは彼または彼女が必要としたり欲しているサービス（例えば，自動車保険）と交換することのできる貨幣を手にするようになっている。もちろん，例えばあるアクターがビタミンのサプリメントを購入する時のように，グッズと貨

図表3.3　媒介手段はサービスとサービスの交換という本質を見えなくしてしまう

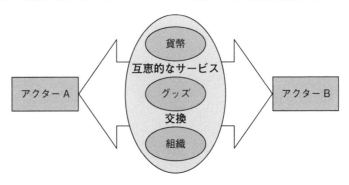

幣が交換されることもある。この場合，グッズとしてのサプリメントは栄養サービスを提供する。しかし，サプリメントに支払われた貨幣は，それを支払ったアクターが家の外に出て植物を収穫し，補完するビタミンをその植物から抽出することの代わりに用いられたものである。しかし繰り返すが，このサービスとサービスの交換は直接的なものでなく間接的なものである。（サプリメントの錠剤を通じて）受けた栄養サービスのお返しとして組織はそのアクターから貨幣を受け取り，貨幣を受け取った組織はその貨幣を他の様々なサービスを手に入れるのに使うことができる。その貨幣は，サプリメントの生産設備の賃料の原資として使われることもあるだろう。

　組織内でも多くのサービス交換が行われているので，サービスが見えなくなってしまうことがある。コースやウィリアムソンが提案していたように，組織は市場交換の代わりに用いられるものなので，組織内でのサービス交換が市場を通じて直接的に取引されることはない[6]。例えば，先ほどのフィットネス・サービスと貨幣を交換したパーソナル・トレーナーは恐らくはフィットネス・クラブに勤務していて，そのフィットネス・サービスを受けたアクターは実際にはフィットネス・クラブに代金を支払っていただろう。そのフィットネス・クラブは，会計担当者，雑用係，営業担当者，マネジャーなどの従業員も雇っており，それら各々の従業員は顧客であるアクターに直接的にサービスを提供するフィットネス・アドバイザーをサポートするのに役立つサービスを提供している。実際には，組織はミクロに専門化されたアクターたちの住処と捉えることができ，その組織内においてそれらのアクターたちはサービスの受益者からではなく企業から支給される給与または経済的報酬へのお返しとしてサービスを遂行している。残念なことに，しばしばそれらのミクロに専門化されたアクターたちが直接的なサービス交換ではないサービスを遂行する時には，彼らアクターたちはサービスとサービスが交換されているという本質を見失ってしまうことがある。しばしば，会計担当者や雑用係は，パーソナル・フィットネス・サービスと貨幣を交換しているアクターとの（間接的な）サービスとサービスの交換に自分たちが携わっていると認識していないことが多い。

　間接的交換およびそれによってサービスという交換の基盤を見えなくしてしまうこの傾向は，様々な社会に共通することのように思える。簡潔に言えば，すべての文明はアクターたちによるサービス交換が容易になるように貨幣，組織，グッズを創造することへと進歩しているように思える。以下では，それが生じる理

由について説明することにしよう。

　我々が示唆したように，人的アクターは予測したり，合理的に計画を策定したり，自身の行動を他のアクターと調和させたりすることがあまり上手ではない。しかし人的アフターは，問題を解決することには器用である。問題解決のためのソリューションのいくつかは一般化され，それが他のアクターに採用されると，そのソリューションは制度化されるようになる。制度は，人間が予測し，計画を策定し，自身の行動を他のアクターと調和させることに関して頻出する問題を解決するのを手助けしてくれる。アクターたちは，サービスとサービスの直接的な交換に際して，自分がサービスを提供することができ，かつ自分のサービス・オファリングを必要としているアクターの居場所や入手可能性を予測するのが困難である。相手がどこにいて彼らがいつ交換したいと感じるのかをたとえ予測できたとしても，自分のいる場所と相手がサービスを必要とする時間がうまく合致することはないだろう。そこで，貨幣，組織，グッズを通じた間接的交換によってアクターたちがこの問題をどのように解決したのか例証してみよう。この例証の中で，我々は，貨幣，組織，グッズがどのように制度化されるのかについても明らかにしてみたい。

　間接的交換の合理性を説明するため，我々は，再度，第1章での漁師と農家の事例について検討する。社会が交換媒体としての貨幣という制度を開発したことによって，漁師が必要としなくなった魚と農家が必要としなくなった穀物を手に入れることに（商人と呼ばれる）アクターが専門化し始めるだろう。その結果，その漁師や農家は，自身が保持している漁業や農業に関するスキルの適用を商人と交換することによって経済的価値（貨幣あるいはサービスの提供を受けられる権利）を貯蓄するようになる。同様に，商人は貨幣（サービスの提供を受けられる権利）を貯蓄するだけでなく，魚と穀物も貯蔵したり在庫したりするようになる。実際には，その商人は魚と穀物から提供されるタンパク質や炭水化物といったサービスを漁師と農家がいつどこで欲しがるのか予測するようになる。仮に商人が，上記で説明したサービスの遂行によって生計を立てることに成功した場合には，他の商人たちもそれを模倣するようになり，その結果，そのような取引が制度化され商人が一般的な媒介業者となっていく。今日，我々には，人間が予測し，計画を策定し，自身の行動を他のアクターに調和させることに関する問題を解決するのを手助けする2つの制度（交換の促進要因としての貨幣システムと中間媒介業者）があることに注目してほしい。

次に，漁師と農家が彼らのスキルやコンピタンスを向上させる際に彼らを手助けしたり彼らの身体的および知的な取り組みをテコ入れしたりするツール（グッズ）の発達について検討してみよう。ツールあるいはグッズはオペランド資源であり，漁師と農家による身体的および知的な取り組みはオペラント資源である。漁師に関しては，このツールやグッズには釣り針や網さらには帆船が含まれる。農家に関しては，このツールやグッズには鍬や鎌が含まれるだろう。実際には，（ちょうど商人が商取引に専門化したように）別のアクターがそれらのツールの開発や改良に専門化することに着手するだろう。それらのツールは何を提供するのか。いくつかの答えが示せるかもしれないが，最も重要な答えはそれらのツールはアクターたちが自身のスキルやケイパビリティを適用する際に彼らをより生産的にするということである。彼らがそれらのツールを持っていなかったら，彼らはその仕事をするのにより長い時間を要したり，あるいはその仕事を手伝ってもらうために別のアクターを補充する必要性が出てくるだろう。ツールがなければ，アクターたちは自身の身体的および知的スキルにより多く頼ることになり，その結果，彼らはより多くの予測，計画の策定，自身の行動の他のアクターへの調和を行う必要性が出てくるだろう。その理由は，すべてのツールがタスクの遂行方法を制度化するからである。したがって現代の我々には，貨幣や商人といった制度に加えてツールやグッズといった制度もある。これらのツールやグッズも時代と共に制度化されてきたものである。簡潔に言えば，釣り針や網だけでなく，鍬や鎌といったツールについても，一旦，それらが人間の問題を解決できると証明されれば，それらは制度化されることになる。言い換えれば，一般的な製品形態が，頻出する人間の問題へのソリューションとして制度化されるようになるということだ。

　貨幣，グッズ，組織は，とりわけ産業革命の時代に長い年月をかけて制度として普及してきたものである。産業革命の時代に，我々は分業の加速と市場経済の広がりを目の当たりにし，そしてそれはかなりの経済効率性を生み出した。労働に代わって資本（ツール）がますます用いられるようになり，市場経済が増殖し，オファリングの商品化がますます生じたことによって，資源の使用を予測し，計画を策定し，自身の行動を他のアクターと調和させるには大規模な官僚階層組織が最も重要であると結論づけるに至らしめた。しかし，この経済効率性は直接的なインタラクションを犠牲にしてしまった。組織が直接的なインタラクションなしにサービス提供の相手となるアクターに関する情報や知識を手に入れるのは困

難になっている。

　究極的には，サービスを提供する相手となるアクターと直接的なインタラクションがない時には，しばしばサービスの提供相手と想定していた受益者の声を聴くのは容易なことではない。仮に，想定していた受益者の声が聴けたとしても，その声は微かなものだったり歪められたりしてしまうだろう。そうしているうちに，従業員としての役割を遂行しているアクターたちは，自らが生産するアウトプットの単位に注意を向けるようになってしまい（すなわち彼らはG-Dロジックというレンズを採用してしまい），それによって所属組織の最終受益者にサービスを提供するという目的意識を失ってしまう。組織内の奥深くでミクロに専門化された仕事を遂行するアクターたちには内部受益者がいる。あるアクターはミクロに専門化されたタスクを遂行し，その後，そのタスクの成果物を組織内で別の活動を遂行しているアクターに引き渡す。このプロセスは，サービス・チェーンが終わるまで続く。このサービス・チェーンの途中にいるアクターたちは，互いに代金を支払うことがない。しかし彼らは，例えばコミュニケーションのような別の互恵的な交換形態に従事することもあるだろう。しかし一般には，彼らが外部の受益者アクターと直接的にインタラクションしたり交換したりすることはない。このようなことのすべてが，アクターが品質を軽視しがちなシステムを作り上げることになる。G-Dロジックに根差したこの問題を是正するために，「全社的品質管理」[7]というお題目の下で様々な管理技法が開発されてきた。この管理技法は，品質の決定者となりえる組織内外の受益者アクターの方に組織内のアクターの注意を再び向けさせるように意図されていた。

　上記のようなアクターたちが自らの仕事の目的であるサービスに注意を向けていないといった問題や，あるいはそれについて理解さえもしていないといった問題は，なにも製造業だけに限ったことではない。製造業でなく主に無形財を提供している企業という理由だけで，間接的交換によってサービス交換が見えなくなってしまうという状況が変わるわけではない。銀行，航空会社，電話会社，単科大学や総合大学，医療機関は，必ずしもより多くの焦点を受益者に当てているとは限らない。実際，グッズを製造していない多くの組織とりわけ大規模で官僚的なサービシィーズ組織は，グッズを製造している組織とまったく同じように，間接的交換によるマスキング効果の影響を受けやすい。その理由は，グッズを製造していない大規模官僚的組織はミクロに専門化された組織によってサービスを提供しているからだ。そのような組織の従業員たちは組織内部でのサービス提供の

些細な部分に注意を向けてしまい，組織として交換している外部のアクターと直接的に対面することは決してない。

労働者だけでなく組織全体も専門化することに留意する必要がある。例えば，乗用車やトラックのバンパーを生産している企業は，アウトプットの単位（バンパー）の製造だけでなく事故の際に衝撃を吸収したり怪我から身を守るといったサービスも提供しているのだと自社を認識する必要がある。彼らは，自社のバンパーの販売先企業のさらにその先にいるアクターたちにも目を向け，さらには最終受益者が受け取っているサービスにも目を向ける必要がある。

組織のタイプに関係なく基本的なプロセスは同じである。今も昔も変わらずに，多くは市場ベースでの貨幣化された交換の中で，アクターたちは，他のアクターの個人的あるいは集団的なスキルと専門化された自身の個人的あるいは集団的なスキルとを交換している。アクターたちは昔から変わることなく，他のアクターのサービスと自身のサービスを交換している。貨幣，組織，グッズは，単なる交換手段あるいは媒介手段に過ぎないのだ。

基本的前提３：グッズはサービス提供のための伝達手段である

G-Dロジックに対するS-Dロジックからの異論は，グッズの役割が低下していると見なされるものではないし，またそのように見なされるべきでもない。否定しようもないことに，経済交換の中でグッズは不可欠な役割を果たしており，また人類の文明が進歩する過程においても不可欠な役割を果たしている。皮肉なことかもしれないが，我々はG-Dロジックのパースペクティブからよりもs-Dロジックのパースペクティブからの方がグッズのこの不可欠な役割をより明白に捉えることができると主張する。

有形な製品は，伝統的には経済交換の根本をなす構成要素であると考えられてきた。そのことはよく分かる。基本的な生存と生き残りが最大の関心事である場合には，食料やシェルターおよび工具のような有形財の重要性を無視することはできない。しかし我々が心配しているのは，経済的な富を追求する過程で，有形な製品に焦点を当てることが企業だけでなく国にとっても最重要事項となってしまったことである。FP2で議論したように，間接的交換によってサービス交換が見えなくなってしまう場合には，その基礎をなすサービス提供プロセスも見失われてしまう。製品のイノベーションや生産に関心があったとしても，人類におけ

る文明全体を通じた重要なメッセージは，ツール（あるいは，より一般的にはグッズ）を製作するための天然資源の変換に必要なナレッジとスキルを獲得する中で，さらにはサービスの提供のためにそれらのグッズの使用に必要なナレッジとスキルを獲得する中で，人間は目覚ましい役割を果たしてきたということである。

　サービスは，直接的または間接的に提供される。アクターたちが自身のナレッジとスキルを直接的に交換する時に，直接的にサービスが提供される。例えば，あるアクターは，何らかの役割を遂行するナレッジ（あるいは時間），例えば病気を治すナレッジ（または時間）がないとしよう。この場合，そのアクターは医療サービスの必要性を感じ，他のアクターとサービスを交換することを頭に思い浮かべるだろう。もちろん，医療サービスの必要性を感じたそのアクターが医療の教育や訓練を受けることで，医療サービスを自分自身で直接的に提供することもできる。ナレッジとスキルを移転させる2つ目の選択肢は，間接的なサービス提供である。調剤薬のような有形財が提供される時に，間接的にサービスが提供される。この場合，調剤薬はサービス提供あるいはナレッジとスキルを移転させるための伝達手段あるいは装置として機能する。もちろん，医療サービスと調剤薬の提供というナレッジ移転の2つの選択肢が同時に用いられることもある。例えば，ある患者に開胸外科手術を執刀する心臓外科医は，(1)彼または彼女の外科医療に関する知識を直接的に活用したり，あるいは外科手術の前後に患者がセルフ・サービスを遂行できるように適切なダイエットや生活様式について患者を教育し，それと同時に，(2)例えば，外科ツール，手術台やリネン，調剤薬，コンピュータ，ロボット機器のような様々なグッズを使用する。それらのグッズは，サービス装置すなわち他のアクターが価値を創造するために自身のナレッジとスキルを活用したものと捉えるのが有用である。

　グッズとナレッジを絡めたものは，しばしば「活動が固形化された」[8]製品として，あるいは埋め込まれたナレッジで「満たされた」[9]製品として特徴づけられる。これは，物質に構造や情報を注入し，他のアクターがセルフ・サービスを行えるだけのキャパシティを持ったものとして提供されるのがグッズであると考えればよい。そのように捉えれば，産業革命は，ある部分，車輪，滑車，コンベアー・ベルト，エンジンによって育まれたものと考えることができるだろう。それらのグッズはすべて，ナレッジを具体化したもの，あるいはナレッジで「満たされた」物質である。

　産業革命期の工場のために開発されたツールから家庭のキッチンにある調理器

具に至るすべてのケースにおいて，適切にナレッジで満たされた物質が，適用されたスキル（すなわち，サービス）の伝達手段となる。コトラーが述べていたように，「有形な製品を所有することにほとんど重要性はなく，製品が提供するサービスを獲得することに重要性がある」[10]のだ。

　具体化されたナレッジあるいはナレッジで満たされた物質またはサービス提供の伝達手段として用いられるものとしてグッズを捉えること，またはより単純に装置としてグッズを捉えることで，製品デザイナーや起業家は新しいイノベーションの機会を発見しやすくなる。1800年代後半から今日にまで至る初期段階における自動車の進化と，より良いサービスを提供したりあるいは本質的にはより魅力的な価値提案を提示するのにどれだけ多くの革新的な自動車部品が導入され改良されてきたか考えてみてほしい。ここにそれらの短いリストを挙げるとすれば，ワイパー，自動始動装置，グローブ・ボックス，自動変速機，パワー・ステアリング，パワー・ブレーキ，チューブレス・タイヤ，シガー・ライター，灰皿，荷物固定用ストラップ，着座位置調整機能付き暖房シート，ドリンクカップ・ホルダー，シート・ベルト，エアコン，ラジオ，パワー・ウィンドウとドア・ロック，エア・バッグ，横滑り防止装置，ナビゲーション・システムなどがある。これらのイノベーションのいくつかは，人間がタスクを遂行するのを**軽減させる**ものである。例えば，自動変速機は，人間がギアを変更するというタスクの遂行を軽減させ，それによってギアの変更に関するナレッジとスキルを開発する必要性を低下させる。また上記で示した例以外にも様々なイノベーションがそれまで人間が不可能だったことを**可能にしている**。例えば，人間が自動車を運転しながら音楽を聴けるようにもなっている。

　グッズはサービスを提供するだけでなく，より高次のニーズを満たすこともできる[11]。アスレチック・シューズ，自動車，あるいはタブレット型コンピュータは，機能性以上のニーズ，例えば，承認，名声，ステータスに対するニーズも満たすことができる。プラハラッド＝ラマスワミは，製品のことを「顧客が経験を得るための道具」[12]と呼んでいる。本質的に，グッズは価値ある目標状態に到達するための手段としての役割を果たす[13]。

基本的前提 4：オペラント資源が競争優位の基本的源泉である

　オペランド資源は重要なものであり，S-Dロジックも有形な製品とその他のオ

ペランド資源の役割を認識している。しかし，アクターにオペランド資源の活用および利用を可能にする適切なタイプのナレッジとスキルがなければ，そのオペランド資源は有用なものとならない。例えば，十分な石油備蓄量を有するサウジアラビアについて考えてみてほしい。アクターたちが石油汚泥を資源へと変換することのできる石油採取や用途に関するナレッジを開発するまで，石油というオペランド資源は有用なものではなかった。それまで石油というのは，良くてもせいぜい何でもない単なる物質でしかなかった。[14] このことは，栄養のある食事を作るための食材貯蔵庫を持っているが，栄養のある食事を作るのに適切な方法で食材を活用するナレッジを持っていないアクターにも当てはまるだろう。

　これら双方のケースから例証されることは，アクターがオペラント資源を保有し，かつそれらの資源の適用方法を理解している場合にのみ，彼または彼女は優位性が得られるということである。基本的前提４は競争優位という概念に焦点を当てているが，一般に経験されているように，主として市場には他社と競争しながら競争優位を獲得する方法を探求している企業がいるので，競争優位という用語は少し近視眼的な言葉である。恐らく，包括的なA2Aという枠組みと上手く調和しそうなよりニュートラルな言葉は「戦略優位」という用語である。重要なことは，アクターたちが既存の資源を新しい資源と統合する新たな方法を革新したり発見したりする時，例えばマイクロプロセッサを創り出すためにコンピュータ・サイエンスと技術に関するナレッジとスキルがシリカと統合される時に，そのアクターたちは新しい市場を創造できたり，またあるいは既存市場を拡張できたりするということだ。

　サービスとは他のアクターあるいは自身のベネフィットとなるように資源を適用することなので，効果を生み出すことのできるオペラント資源だけが競争優位あるいは戦略優位の基本的源泉としての役割を果たすことができ，静的なオペランド資源だけではそのような役割を果たすことは決してできない。明らかに，個人，組織，あるいは国のいずれであれ，どんなアクターでも短期的には有形なオペランド資源を大量に保持しているかもしれないが，オペランド資源は長期的には使い費やされてしまい，かつ容易に移転されてしまうので，それらの静的なオペランド資源は相対的には重要でない。[15] それらのオペランド資源を補充したり育成させる能力なしに，オペランド資源が持続的優位の源泉になることはありえない。

　しかし，オペランド資源を補充したり育成したりする能力があったとしても，

焦点が市場に向けられている場合には，オペランド資源を育成したとしても，そのオペランド資源は**持続的**戦略優位の源泉とはならないだろう。S-Dロジックでは，アクターが明日の問題を解決したり明日の「仕事」を行うのを手助けするという点を考慮し，戦略優位という見方を採用する。例えば，石油と，石油燃料を発見し，精製し，流通させるためのナレッジとスキルに関する先ほどの事例について考えてみてほしい。アクターが直面する明日の仕事とは，非炭素系エネルギーを創造し，開発し，流通させる方法や，必要エネルギー量がより少ない市場オファリングを開発することである。あるいは，食材貯蔵庫から食材を取り出し，栄養のある食事を調理するためのナレッジを保有することに関する先ほどの事例について考えてみてほしい。この場合のアクターにとっての明日の仕事とは，家の中および外にある食材と精神的および肉体的な健康をどのように結びつけるかということになるだろう。明日行われるべき仕事に対応したり，具体化したりする伝統的な石油産業や加工食品産業に属する事業体は，無限のmarket-ingを目の当たりにするだろう。

したがって，現実感覚としては，今日の市場で競争相手を「打ち負かすこと」によって市場シェアを獲得できることを戦略優位と言うのではない。戦略優位というのは「持続的な市場創造」を促進させたり発展させたりできることを言うのである。言い換えれば，戦略優位とは市場や市場ポテンシャルに境界や限界があると捉えるのではなく，それらには境界も限界も存在しないと捉えるものである。その理由は，明日行われる仕事は絶えず変化したり拡大しているからである。

持続的な市場創造は，組織の資産と負債および資本を示す貸借対照表上のオペランド資源による成果では決してないだろう。組織は，貸借対照表に計上されている現預金，在庫，建物，設備，あるいは有形物に対して保持している権利（リース）のような静的な物質をたくさん保有しているかもしれない。しかし，この貸借対照表上の「価値ある」静的な物質のすべてが持続的な市場創造の源泉となることは決してない。本質的に価値があるのは，適切な戦略的買収や研究開発および人材への投資をするために現預金を活用する経営コンピタンスのような動的でかつ主として無形な資源の方である。事業体が次第に価値を共創するためにコラボレーティブに取り組むアクターからなるネットワークの一部になるにつれて，持続的な市場創造のためには，アクターのネットワークやコミュニティ全体がナレッジ生成機構およびナレッジ活用機構となる必要性が生じてくる。

基本的前提5：すべての経済がサービス経済である

　サービスが交換の基本的基盤であるという公理1から，すべての経済がサービス経済であるという第5の基本的前提が演繹される。経済学者たちは，狩猟，農業，工業のような「時代」あるいは「経済」の観点から経済発展を考えるように我々に教えてきた。形式的な経済思想はそれらの時代のうちの一時代（工業経済の時代）の中で発展してきたが，その経済思想はアウトプットのタイプ（猟の獲物，農産品，工業製品）という観点から経済を説明する傾向があり，その当時に急激に拡大していた市場と経済発展の段階を結びつけてしまっていた。しかし，より正確には「経済」はマクロな専門化としても捉えることができ，それらの経済発展の各段階は交換可能な何らかの特定のタイプのコンピタンスの拡大や向上としても描くことができたかもしれない。狩猟へのマクロな専門化は獲物を捜し出し狩りをするためのナレッジとスキルの向上と適用として描くことができたかもしれない。農業へのマクロな専門化は耕作のためのナレッジとスキルの発達と向上として描くことができたかもしれない。工業経済は大量生産と組織管理のためのナレッジとスキルの向上として描くことができたかもしれない。情報経済は情報とその交換に関するナレッジとスキルの向上および活用として描くことができたかもしれない。

　基本的な経済交換プロセスには身体的および知的スキルの適用（サービス提供）が直接的に関わっており，生産された製品はサービス提供のための手段でしかない。それにもかかわらず，経済科学さらにはその基礎をなす経済交換の分類のほとんどは，生産されたアウトプットに対するアダム・スミスの狭い関心に基礎を置いている（第2章参照）。その結果，第1章および第2章で述べたように，伝統的にはサービシィーズは生産された（あるいは，鉱物業，林業，漁業，農業での）アウトプットという結果にならないものと定義されてきた。ようやく最近（ここ50年間）になって，ほとんどの国々は非製造経済つまりサービシィーズ経済に突入したと結論づけることはそれほど無理なことではない。

　しかし，製造経済の時代からの移行がサービス経済の時代に突入したことを暗示するものではない。暫しの間，専門化の進展がより多くのミクロな専門化を増殖させるという考え方にもう一度立ち返ってみてほしい。長い歴史を経て，アクターたちはより特殊な専門化へと移行してきた。組織の場合も同様の傾向にある。単一の経済的アクターによってかつては日常的に社内で遂行されていた活動やプ

ロセスが細かく専門化されるようになり，その後それらの活動やプロセスはアウトソーシングされることで市場がさらに拡大していった。例えば，従業員用カフェテリア，人事記録の保管，給与支払いシステム，情報技術，あるいは法務調査やマーケティング調査をアウトソーシングしている製造業者について考えてみてほしい。このようなことが生じる時，ほとんどの国の政府内では，市場交換を通じてこれらの活動の遂行を担っている事業体は非製造企業または「サービィーズ企業」として明確に分類され，これらの「分野」での雇用が増加することになる。同時に，製造業者はこれらの活動を遂行しなくなるので，製造業での雇用が低下しているように見える。しかし長い歴史を経た今日においても経済活動の「真の性質」はずっと何も変わっていない。

　アウトプットのタイプに基づいた国民経済計算システム（例えば，農業，鉱業，製造業，卸売業，小売業，サービィーズ業）が統計上の数値に歪みを生じさせてしまった。世界中の国々の政府がアウトプットに焦点を当てた分類スキームを固守し続けているが，多くの国々の政府はこの統計上の数値に歪みが生じていることに気づいている。例えば，アメリカ経済分析局は次のように述べている。

　　まったく同じ活動であったとしても，塗装のような作業はグッズの生産またはサービィーズの生産のいずれかに分類される。その分類基準は，生産プロセスの全体編成に完全に依存する。塗装作業がその製品を製造する企業の生産部門の従業員によって行われる場合はグッズの生産の一部として扱われるが，その塗装作業が外部の塗装会社によって行われる場合は中間サービィーズのインプットとして分類されてしまう。このように，それまで生産施設内で遂行されていたサービスが専門のサービィーズ企業へと下請けに出される場合には，たとえ「塗装」という作業全体は変わらなくとも統計上の数値は経済活動におけるサービィーズ生産の増加を示すことになってしまう。[16]

　製造業によるアウトソーシングへの移行がどのようにしてサービィーズ経済への移行として認識され，かつ政府が統計的に認定するに至るのかについては，先進国での典型的な家庭の中でも理解することができる。身内や家族がサービス提供を行っていたものを外部からの提供に切り替えることは，ますます多く目にするようになっている。例えば，家族で外食に出かける時，親が子供を学校に送り出す時，家を掃除したり家の周りに植物を植えたりするのに作業員を雇ったりする時，あるいは娯楽のために映画館やスポーツ・イベントに出かけたりする時

にはアウトソーシングが行われており，それがサービシィーズ経済の成長として現れることになる。しかしそれらの活動は，100年以上も前から家族や親戚たちによって行われてきたものである。その当時からサービスは提供されていたのだ。サービスは昔から普遍的なものであり，時代が経つにつれてアクター間で専門化が進展し，それによってますます多くのサービスが出現し，しばしば組織（ビジネスや家族）の境界線を越えて専門化が進展し，その結果としてより多くのサービスが交換されるという結果に至ったのである。

経済活動の分類と経済発展の時代区分の双方において，共通分母になっているのは，専門化されたナレッジとスキルすなわちオペラント資源の改良と交換が増大してきたということである。今日行われている活動のほとんどすべては，何らかの形で昔からずっと行われてきたものである。しかしそれらの活動は専門的なものへとますます拡大し，市場で交換されるまでになっているのだ。

これまでの議論はすべて，経済発展の伝統的な分類体系は歴史の役割とサービシィーズの高まりを過小評価していると主張しているように思われるかもしれない。ある意味そうである。しかしここでの主張は，今日になってサービスが重要になっているということではなく，またさらには経済において専門化が増大し，市場で交換されているのは生産されたアウトプットであるという経済活動における支配的な分類体系に適合しなくなってきたために，サービシィーズの重要性がより明白になってきたということでもない。いつの時代においても，サービスさらにはそのサービスのために行為を施すオペラント資源が経済活動の本質を特徴づけていたということである。

公理2および基本的前提6：顧客は常に価値の共創者である

事業体が価値を生み出し提供するという発想がはっきりと分かるものは「付加価値」という概念以外にない。付加価値という用語は，企業が物質を製品という形態に変換させ，そしてその製品の時間，場所，所有権を移転させるプロセスを描写するために用いられてきた。周知のように，それらの変換や移転には労力つまりコストがかかり，それらのコストは「付加価値」と名付けられ，それはしばしば「効用」の源泉と認識されてきた。しかし実際には，（有形または無形な）オファリングに価値（交換価値）あるいは効用が埋め込まれるのではなく，オファリングが使用される時に価値が生み出されるのだ。会計士は，販売される前の

製品に価値があると信じているかもしれないが，それは経済的価値のことである。アクター中心的でサービス・ドミナントの観点からは，市場オファリングやその他のオファリングが使用される時，すなわちアクターの生活の中のある特定の文脈でそのアクターの福利にそれらのオファリングが寄与する時にのみ価値創造が唯一可能となるのだ。

G-Dロジックによれば，事業体からのオファリングの受益者となるであろうアクターが関与することなく，生産と流通／マーケティングの過程でオファリングに価値が埋め込まれる。サービィーズ・マーケティングの初期の研究者たちは，G-Dロジックが抱えるこの問題点にずばり気づいていた。例えば，グメソンは，「マーケティングの焦点が消費者にあるならば，価値創造は製品またはサービィーズが消費される時に唯一可能となる。販売される前の製品に価値はなく，顧客がいなければサービス・プロバイダーは何も生産することができない」[17]と主張している。同様に，グルンルースも以下のように述べている。

> 顧客にとっての価値は，その顧客によるリレーションシップのどこででも，また一部は顧客と供給業者またはサービス・プロバイダーとのインタラクションの最中に顧客によって創造される。焦点は製品にあるのではなく，顧客にとっての価値が生み出され，顧客によって知覚される顧客の価値創造プロセスにある。マーケティングの焦点は価値流通にではなく価値創造にあり，また，単に出来あいの価値を顧客に流通させることにではなく，価値創造プロセスを促進させたり支援したりすることにあるのだ。[18]

G-Dロジックに基礎を置く企業は生産活動と流通／マーケティング活動の最中に価値が創造され付加されると信じきっていたため，それらの企業は顧客志向を醸成するように教えられたり指図されたりしなければならなかった。[19]

第1章では交換パートナーたちを包括的なアクターとして考えることへの簡潔な根拠が示され，アクター・トゥ・アクターあるいはA2Aという専門用語の採用が提案された。しかしよく知られているように，経済科学やビジネスに関する様々な学問分野はそのような包括的なアクター・トゥ・アクターという概念枠組みに基づいて発展してきたわけではない。それらの学問分野は，区別され，そしてしばしば対立関係となる，企業の役割対顧客の役割，生産者対消費者，売り手対買い手，従業員対雇用者，さらには区別して名付けられる他の多数のアクターたちを基礎として発展してきた。

経済学，マーケティング，経営学における科学の発展や進歩を成し遂げる過程で，アクターが遂行する様々な役割に基づいてそれらのアクターを表す専門用語が出現し，採用され，増殖してしまったことが間違いなく影響している（それらの影響のいくつかは，かなり重大なものだった）。用語一覧には，アクターに対する考え方や彼または彼女たちの世界観を方向づけてしまう一面がある。例えば，「生産者」という呼称は企業，「消費者」という呼称は家庭というようなごくありふれた関係について考えてみてほしい。

この近視眼的で断定的な見方によって，価値を生産するのは企業で，価値を破壊するのが顧客（「消費者」）という発想を基礎としたマインドセットが育まれてしまった。[20] この考え方に従えば，顧客は企業の価値生産活動の妨げになると結論づけてしまうのは自然なことである。そのため，その必然的な成り行きとして，製造あるいは生産の効率性を最大化するために企業と顧客の間で主要な活動が区分されるようになってしまった。産業革命によって経済効率性の膨大な向上が引き起こされたため，生産者と消費者という区分を通じて得られた生産効率性はしばしばマーケティングの効果性を犠牲にして獲得されていたものだと企業が学習するまでに長い時間を要した。企業を価値の生産者と捉え，顧客をその価値の受容者と捉えるG-Dロジックが抱えるこの問題を克服するには，顧客を価値の共創者と捉えるのが有用である。

サービス中心の考え方は，G-Dロジックでは消費と見なされていたプロセスも価値創造活動プロセスに含めて，生産と消費を合わせた全体的なプロセスを考察するように仕向ける。より長くかつより全体論的なプロセスとして価値創造活動を捉えるサービス中心の考え方に従えば，貨幣あるいはサービス権利を得るために交換される有形および無形な市場オファリングの生産は経済的価値（交換価値）しか表していないと理解できるだろう。しかし，価値創造活動は受益者としてのアクターへの製品オファリングの販売および流通によって終了するものではない。受益者アクターは，その後も「生産」のプロセスを継続する。言い換えれば，生産は製造と流通で終わらないということだ。製品の製造と流通は中間プロセスである。既に述べているように，グッズは受益者アクターのために彼らと力を合わせながらサービスを提供するための装置である。しかし，このサービスが提供されるためには，受益者側も彼または彼女の独自のニーズ，使用状況，さらには行動にその装置を使用し，維持し，修理し，適応させるための学習をしなければならない。要するに，受益者は製品を使用する中でマーケティングや価値の

創造および提供というプロセスを継続しているのだ。したがって，価値の共創とは，常に資源の使用と統合の過程で価値を創造することと理解することができる。

　包括的なアクターやA2Aという枠組みを採用することで，すべてのアクターが価値の共創者であると理解するのが容易になる。A2Aネットワーク内のアクターたちが何を行っているのかというと，彼らは自ら決定した関連システムの福利すなわち生存可能性を高めようと努力しているのである。その関連システムには，アクター自身の他に彼らが支援を頼る他のアクター（例えば，家族）を加えた小さな資源の集まりが含まれるだろう。あるいはまた，他のアクターたち（例えば，コミュニティ）や非常に大きな資源の集まりが含まれることもある。あるアクターが仕事で出張したり，買い物に行ったり，子供を学校やイベントに連れて行ったりするのに機動力が求められる単純な例を考えてみてほしい。当然のこととして，輸送は，家やアパートがどこにあるのか，さらには学校，小売店，職場がどこにあるのかと関連がある。例えば，あるアクターがそれらのうちの1つを変更する場合には，関連システム内の他のアクターに影響が出る。あるアクターが街の中心地で働きながら街から遠く離れた郊外に住むことを決定した場合には，彼または彼女はより多くの時間を移動に費やすことになり，かつ輸送サービスとの交換に彼または彼女が持つ多くのサービス権利（貨幣）を使う必要性が出てくる。それによって，そのアクターは子供たちや配偶者と一緒に過ごしたり，また彼らや他のアクターにサービスを提供したりする時間が少なくなってしまう。このことは，そのアクターが即席料理や調理済食品のための時間節約型家電製品にいくらかのサービス権利を使用する原因となるだろう。このように，それらの即席料理や調理済食品の価値は他のアクターたちや資源と共に創造されるので，価値は共創されるということが明白となる。

　上記の単純な事例において，孤立した1人の人的アクターだけが関連システムとなることは決してない。その理由は，人間であるということは，そのアクターが他の人的アクターたちからなるネットワークの一部となるからだ。そのネットワーク内には他の資源とのつながりがあり，それらの他の資源はネットワークの外にアクターを波及させたり他のアクターと結びつけたりできる。他の資源とのつながりに関しては，この後の基本的前提9（すべての経済的および社会的アクターが資源統合者である）の中で簡潔に精緻化されることになる。このように抽象度の高いレベルで考えれば，価値の共創とは，アクターたちが専門化し，そして適用されたナレッジとスキルの開発，サービス交換，資源統合を通じてシステ

ムの生存可能性を向上させるプロセスということになる。システムの生存可能性は福利よりも広い概念であり，それには福利以外にシステムの適応可能性，柔軟性，復元性も含まれる。

　顧客は常に価値の共創者であるというこの公理2からは，さらに2つの基本的前提が演澤される。基本的前提7は，事業体は価値を提供することができず，価値提案しかできないと定めており，基本的前提8では，サービス中心の考え方は，元来，顧客志向的であり関係的であると定めている。そこで次は，この2つの基本的前提をレビューすることにしよう。

基本的前提7：事業体は価値を提供することができず,価値提案しかできない

　前節で例証したかったのは，アクター中心的なパースペクティブによれば，企業は他のアクターのために価値を生産し提供することができないということである。基本的前提7は，ビジネス事業体あるいはその他のどんなアクターであっても他のアクターのために価値を提供することはできないことを明確に示している。事業体は価値提案しかできない。価値提案とは，ベネフィットのために企業と関わりを持つことへの招待状と考えることができる。しばしば価値提案とは，予測されるコストとの比較の中での約束したベネフィットの集まりと捉えられている。またそれらは必ずしも経済学の用語で表現される必要はない。伝統的に捉えられているマーケティング・ミックスは，直接的あるいは間接的に企業の価値提案の一部である。それには，製品，価格，マーケティング・コミュニケーション（プロモーション），流通（プレイス），さらにはブランディングが含まれる。しかし，それらすべての要素の焦点は，受益者アクターによって遂行される仕事に合致していなければならない。言い換えれば，企業からのオファリングの焦点は受益者アクターによる仕事の遂行をどのように手助けできるのかに当てられなければならない。受益者のパースペクティブから見れば，受益者たちは，仕事をしてもらうために企業を雇ったり企業のオファリングを購入したりするのである。[22]

　価値提案を構成する前述のいくつかの側面や要素のすべては，企業のブランド・コミュニティ，サプライ・チェーンのパートナー，さらに政府のような社外の他のアクターからなるコミュニティとの間で共創される。例えば，企業のブランド・コミュニティは，ソーシャル・メディアやその他のコミュニケーションを通じて，その企業のブランド・イメージにかなりの影響を及ぼすだろう。また同時に，供

給業者たちによる品質やサポートに対する焦点の当て方，ブランド提携の許可方法，価格設定方法，さらには保証方法も企業の価値提案に影響を及ぼすだろう。また政府についても，特定のオファリングや企業の利益に課税したり，特定のオファリングの市場交換を統制したり，さらには広告，製品の形態や内容物，企業が交換することのできる市場セグメントを規制したりすることで企業の価値提案に影響を及ぼすだろう。実際，ほとんどの政府機関は企業の価値提案の方向性を決定づける何千とまではいかないが何百にも及ぶ法律を制定して規制をかけている。

　したがって，S-Dロジックの下での価値提案とは，あるアクターが他のアクターに肯定的な感情を持ってもらうためにどのように共同提案するのかということである。これは，あるアクターが企業との関わりを持ちながら相互作用的な市場オファリングの具現化を経験する時に価値が得られると認識している。[23] 言い換えれば，企業やその他のアクターたちは価値提案を通じて潜在的な価値を提示できるということである。しかし企業やその他のアクターたちは**価値を創造することはできず**，価値を共創することしかできない。

　それ故に，価値提案とは約束であり，企業やその他のアクターたちはその約束を果たさなければならない。一般的には，交換リレーションシップを進展させるに当たって，企業やアクターたちは一般に競合関係にある他のアクターたちよりも魅力的な価値提案をすることが自身の役割であると捉えなければならず，また受益者が経験した実際の価値が約束した価値と合致するかまたは上回ることを可能な限り確実なものにしなければならない。

基本的前提8：サービス中心の考え方は,元来,顧客志向的であり関係的である

　サービス中心の考え方は，元来，顧客志向的であり関係的であるという基本的前提8は，顧客は常に価値の共創者であるという公理2からの論理的な派生である。顧客志向やリレーションシップ・マーケティングといった概念が，G-Dマーケティング・マネジメントのモデルの綻びに継ぎ当てを施す際の中心的な話題となっていた。その後，顧客志向やリレーションシップ・マーケティングは中心的な概念となったが，その理由は，伝統的なG-Dロジック・モデルは元来からあるいは相対的に顧客に焦点を当てておらず，また事業体の価値創造活動にとって外生的なものとして顧客を扱っていたからである。そのため，事業体は顧客志

向となるように**指図**されなければならなかった．さらに，G-Dロジックでは取引交換に焦点が向けられており，そのため事業体は「関係的」で長期的な顧客パースペクティブを採用するように仕向けられなければならなかった．様々な顧客関係管理（CRM）ソフトウェアによってこの長期的なパースペクティブが推進され，しばしばそのソフトウェアは顧客生涯価値（CLV）を推計するために用いられている．[24] 重大かつ不幸にも，顧客管理やリレーションシップ管理に対するCRMやCLVといったアプローチは，受益者アクターをオペランド資源として扱っており，それらは依然としてG-Dロジックのアプローチを採用し続けている．CRMやCLVといった技術は，顧客の生涯価値から利益を得るために単発的な取引から長期間におよぶ複数回の取引へと事業体を移行させる．重要なことに，CRMやCLV導入による結末はG-Dロジックの欠損部分や限界への「継ぎ当て」となっただけで，G-Dロジックは元来から顧客（再）志向であったわけでも関係的であったわけでもない．

　G-Dロジックに関するもう1つの重大な問題は，「特殊なケース」に適用できるように絶えず修正する必要性（と困難性）があったことだ．そのため，マーケティングや経営学の中に下位学問領域の増殖を引き起こしてしまった．そのような下位学問領域には，サービシィーズ・マーケティングとB2Bマーケティングの2つがある．サービシィーズ・マーケティングはサービシィーズをグッズから区別するために用いられる「不可分性」という特徴にある程度の基礎を置き，主として相互作用性に焦点を当てていた．[25] 規範的には，交換とサービス提供において相互作用性が支配的な場合には，アクターたちとのリレーションシップが育まれ，構築されなければならない．[26] 他方で，B2Bマーケティング志向に関して，リレーションシップという考え方は，アクターたちのネットワーク内に価値創造を**埋め込む**ことにいくぶん多くの焦点を向けていた．さらにB2Bマーケティングでは，ネットワーク内でのアクター間の交換は，親密な連携，相互水平的なコミュニケーション，関係上の規範，団結に基礎を置いており，それらのネットワークは「内部化市場」[27] と呼ばれるようになっている．

　アウトプットを生産（さらには流通／マーケティング）する過程で価値が付加されたり埋め込まれたりすると仮定するアウトプット生産志向のG-Dロジックとは異なり，リレーションシップに対するS-Dロジックのパースペクティブ[28]はアクターたちによる価値共創に基礎を置いている．S-Dロジックのパースペクティブからは，価値は生産と消費という別個のイベントの中で付加されたり埋め込

まれたりするのではなく，時間の流れの中で創発され具現化されると見なされる。価値を共創するために，交換アクターたちの活動だけでなく他のアクターたちの活動も時間の流れの中で相互作用的かつ相互依存的に組み合わされるという意味において，徐々に具現化されかつ（直接的およびグッズを通じて間接的に）共創される価値は関係的であるという性質を有している。S-Dロジックのパースペクティブからは，リレーションシップは選択的なものではない。価値の共創とサービス交換は，複雑に絡み合った価値創造リレーションシップを暗示している。またそれは反復的な経済取引を意味するというものでもない。サービス志向を採用するアクター間での単発的な経済取引は，リレーションシップを暗示している。

サービス中心の考え方は，元来，顧客志向あるいは受益者志向でもある。その理由は，サービス中心の考え方は企業が受益者のために物事を行うことだけでなく受益者と協力して物事を行うことにも焦点を当てているからだ。サービス中心の考え方は，サービスを提供するアクターとそのサービスの受益者が不可分なモデルなのだ。この考え方は，ネットワーク・アクター（企業，供給業者，顧客，利害関係者）の間での継続的な対話によって育まれる。そしてそのような継続的な対話によって，各々のアクターの声と市場および社会の声がより明確に聞こえ理解されるようになる。サービシィーズは顧客から離れた所で均一な品質で生産できないため，サービシィーズはグッズよりも劣位であるという批判があるが，S-Dロジックのパースペクティブからは，実際には，それらの性質はサービスの弱みでも不利な側面でもなく，それはグッズに対する強みであり有利な側面でもある。グッズの生産者やグッズ中心の事業体は，製品を生産することに努力を払うのではなく，価値あるリレーションシップを創造することに相当な努力を払わなければならない。

FP8に関する議論を終えるに当たって，FP3で示したように，グッズは交換のためさらにはリレーションシップのために重要であるということが述べられなければならない。しかし，生命体以外の交換主体同士がリレーションシップを持つことはない。人間にはリレーションシップがある。一般に，アクターたちはグッズを必要としているわけではない。人間がベネフィットを得るには，自分自身で身体的活動や知的活動を遂行するか，身体的活動や知的活動を他者に遂行してもらうか，あるいは身体的活動や知的活動の遂行を手助けするグッズを手に入れる必要がある。アクターたちがベネフィットを得るのに有効な方法は，自身がサービスを提供する相手の受益者と関係的になりかつ受益者志向になることだ。

最後に，S-Dロジックでは，サービスは他者のベネフィットのためにナレッジとスキルを適用することと定義されているので，サービスは，元来，顧客志向的であることが指摘されなければならない。ここで，「他者」とはしばしば顧客と呼ばれる人のことである。このように，サービス志向は元来からサービスの受益者の方を向いているのだ。

公理3および基本的前提9：すべての経済的および社会的アクターが資源統合者である

　サービス中心の考え方は，元来，顧客志向的であり関係的であるというFP8は，サービス志向にとって不可欠なものであり，またそれは，リレーションシップは共同的で，相互作用的で，コラボレーティブであることを示唆している。このFP8に基づけば，価値共創における互恵的な役割を明らかにするには，図表3.4で描かれているように，より広範な価値創造パースペクティブを採用するために焦点の範囲をズームアウトする必要がある。図表3.4では資源を統合する2つの包括的なアクターが示されているが，彼らは生産者とも消費者とも呼称されるものではない。彼らは資源を統合する包括的なアクターであり，また各々のアクターは相手のアクターとの交換の中でベネフィットを獲得する受益者でもある。さらにこの図では，サービスと交換される貨幣（サービス権利）も示されている。しかしこの図では，2つのアクター間でのサービス交換に焦点の範囲をズームインして狭く捉えてアクターたちを資源統合者と見なした場合のパースペクティブと，2つのアクターによるサービス交換よりも焦点の範囲をズームアウトして広く捉えた場合のパースペクティブを示している。資源統合者とは，他の資源を組み合わせることによって資源を創造するアクターのことである。他の資源とは，市場で取引される資源，私的な資源，公的な資源のことである。市場で取引される資源とは，市場を通じて調達可能な資源のことである。私的な資源とは，主に社会的な交換ネットワークを通じて交換される有形および無形な資源のことで，例えば，友人に自動車を貸すこと，家族に助言を与えること，親切な行為を要請してそれを施してもらうことが挙げられる。最後に，公的な資源とは，政府あるいは準政府機関が特定の個人やグループに提供する有形および無形な資源のことで，例えば，国防，道路，さらには通行量を規制したりする法律が挙げられる。これらの資源は，市民から徴収される貨幣と引き換えに提供される。市民から徴収される貨幣とは，一般には税金として知られているものである。納税はサービス権

図表3.4 資源統合を通じた交換と価値共創

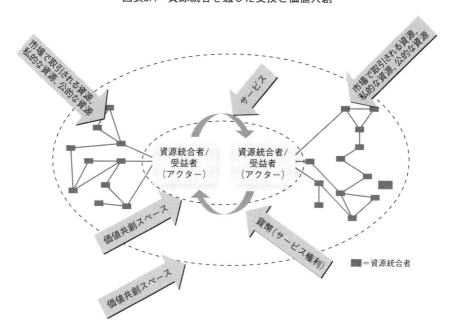

利を放棄することを意味しており，納められた税金は公共の利益のために他のアクターやアクターのコミュニティに再割り当てされたり再配分されたりする。概して，S-Dロジックでは，包括的なアクターたちを交換と資源統合を通じてシステムの生存可能性を高めようと試みる者と見なしている。簡潔に言うと，包括的なアクターたちは価値を共創している。

目前でのサービスやサービス権利の交換に向けられた焦点の範囲をズームアウトしてアクターたちを捉えたり，ネットワークに埋め込まれて資源を創造する者としてアクターたちをより現実主義的に捉えたりすることは，「マーケティング近視眼[29]」の中でレビットが提唱していたことを完全に超越している。より明確に言えば，それは，企業は「マーケット」近視眼になってはならないことを示唆している。すなわちそれは，市場交換は価値共創に必要な資源の源泉や制度的枠組みのほんの一部しか提供していないと企業は理解する必要があることを示唆している[30]。

しかし驚くことでもないが，ビジネス事業体はアウトプットを販売して収益を増大させることへの絶え間ない必要性に直面しているので，受益者アクターは主

に企業のアウトプットについて購買意思決定することに関心があるとマネジャーたちは考え始めてしまう。実際，消費者の意思決定や選択を中心にしてすべての研究分野が発展を遂げてきたし，しかもその研究の大部分はブランド選択に関するものであった。このように，マネジャーたちは消費者の意思決定や選択に関心を持っているが，しかし買い手から見れば意思決定や選択は優先事項でも最大の焦点でもない。買い手は意思決定や選択よりもずっと大きなことに従事しており，企業は買い手が何に従事しているのかを理解することによって，その買い手だけでなく社会も含めた他の利害関係者たちに対してもより良いサービスを提供できるように自社組織を転換させることができる。

朝食用にシリアルや他の食料品を購入する家族について考えてみてほしい。文脈を設定するために，ここでは3歳と11歳の2人の子供のいる夫婦を想定してみよう。恐らく，朝食用シリアルや他の食料品を扱っている企業はその家族がどのように朝食を選択するのか，さらにはシリアルのブランドをどのように選択するのかを理解しようと努力するだろう。しかし，その親は，妊娠・出産および育児といった経験を中心に資源を統合することに，より高い関心を寄せている。このパースペクティブからは，先ほど示した3つのタイプの資源の各々にかなり多くの資源が存在する。そこには間違いなく市場で取引される資源も含まれ，それは例えば加工食品メーカーから提供されている朝食用シリアルのようなそれまで家族が購入してきたものも含まれるだろう。しかし，シリアル以外の朝食用オファリング，至る所にある大手レストラン・チェーンのような自宅以外で朝食を食べられる場所，さらにはそれら以外の飲食店もある。また，自宅の庭で野菜や他の食物を栽培する可能性もあるが，一般にそのようなことを行うにはいくつかの市場で取引される資源が必要となる。この場合には，市場で取引される資源の統合と私的な資源の統合を区別することはできない。親は11歳の子供に3歳の子供のために朝食の準備を手伝ってくれるように頼むかもしれない。またひょっとしたら，その家では祖父母も一緒に生活していて，祖父母がサービスを提供してくれるかもしれない。このような私的な資源を無視することはできない。さらには，11歳の子供が通っているパブリック・スクールに朝食提供プログラムがあるかもしれない。またあるいは，州政府や連邦政府が就学期にある子供を持つ家庭への所得税控除額を増額することで，子供たちに食事を与えたり世話したりするための資源をより多く提供するかもしれない。もちろん，育児経験においては政府が示す栄養指針も役割を果たすだろう。これ以上，この事例の詳細について精緻化

することはしないが，この事例からのメッセージは明白である。家族は，企業が販売しようと試みているサービス・オファリングよりもずっと大きなことのために資源を統合しようとしているのだ。当然のこととして，ビジネス事業体にも同様のことが当てはまる。ビジネス事業体は，供給業者から単にサービス（資源）を購入しているのではなく，他のアクターたちのために魅力ある価値提案を反映させた市場オファリングを創造するために供給業者からのサービス（資源）と社内および公的な資源とを統合しているのだ。

　資源統合という概念は，イノベーションのプロセスを説明するのにも用いることができる。資源統合概念を用いてイノベーションのプロセスを説明するには，互いに関連のある3つのシンプルなアイデアを組み合わせる必要がある。そのアイデアとは，(1)すべての社会的および経済的アクターが資源統合者である，(2)資源統合は資源創造という結果に至る，(3)新しい資源が創造されると，それらの資源は他の資源と統合され，資源統合と資源創造のプロセスが繰り返されるというものだ。前のプロセスが，技術および技術進化の本質としてブライアン・アーサーが説明するものの基盤を形成する。彼は，以下のように示唆している。

　　　新しい技術は，その構成要素としての既存の旧式技術を用いて生み出される。やがてその新しい技術は，さらなる新しい技術を生み出す可能性を持つ構成要素（基礎的要素）となる。そして今度は，それらのいくつかがさらに新しい技術を生み出す可能性を持つ基礎的要素となっていく。このように，ゆっくりとした時間の経過の中で，少数の初期の構成要素から多くの新しい技術が生み出され，より単純な技術を構成要素として用いることで，より複雑な技術が生み出されていく。それらの技術全体が少数のものから多数のものへ，さらには単純なものから複雑なものへと自動的に技術を進化させていく。我々は，技術それ自体から新しい技術が生み出されると述べることができる。[31]

　つまり本質的には，資源と資源統合がさらなる追加的な資源を生み出すということである。それらの追加的な資源はしばしば漸進的イノベーションとなるが，時にそれらは新市場を生み出すような急進的イノベーションとなることもある。言い換えれば，市場は静的なものでも固定的なものでもなく無限なものである。人間による資源統合の範囲には際限がないので市場は無限であり，また統合される資源が多いほど統合するための資源も多く存在しているので，実際には市場は常に拡大していく。

イノベーションのプロセスを合理的に計画することはできない。これまでに我々が述べてきたように，人的アクターは予測し，計画を策定し，自身の行動を他のアクターと調和させるのが上手ではない。第1章で説明したように，人的アクターは合理的ではなくエフェクチュアルな存在である。エフェクチュエーションは，資源統合アクターたちは不確実性の下で活動しており，将来を予測することはできないが，成果を生み出す行動をとることはできる（しかし一度にほんの1〜2歩先に成果が出る行動しかとれない）という考え方をする。資源統合プロセスや資源創造プロセスが進展するのに合わせて，エフェクチュアルなアクターは調整していくが，それは常に限定的なマスター・プランあるいは少なくともある程度は上手くいくマスター・プランによって漸進的に行われる。結果として，資源統合や資源創造の成果や，またより広範には革新的な技術の発展と進化の成果は，常に不確実でかつ思いもよらないものとなる。S-Dロジックは，アクターたちが不確実性をナビゲートしたり，掘り出し物を見つけ出したりできる才能に投資するのに役立つ。

公理4および基本的前提10：価値は常に受益者によって独自にかつ現象学的に判断される

最後の公理4（および基本的前提10）は，サービス交換という出来事は顧客に対してその都度異なる経験を生じさせ，また価値に対する（受益者にとって）独自の事実と評価を生み出す。その理由は，各々の事実が異なる文脈の中で生み出されるからだ。そこでの文脈の違いには，資源とアクターとの様々な組合せの利用可能性や，資源の統合状況および利用状況などが含まれる。サービス交換から得られた経験や価値はシステム（アクター）の生存可能性に異なるインパクトを及ぼす結果となり，また同時にそれらの経験や価値は受益者によって独自に評価されることになる。ビジネス事業体や政府機関のような他のアクターたちは受益者に価値評価を強要しようとするかもしれないが，その価値評価はビジネス事業体や政府機関が掲げた目標や目的さらには彼らの文脈といったパースペクティブから行われるので，ビジネス事業体や政府機関による評価内容と受益者による評価内容が常に一致するわけではない。ビジネス事業体や政府機関のような組織は，顧客による価値評価の代わりに経済効率性や生産性といった指標について測定できるかもしれないが，それらの組織が実際の価値を評価することはできない。

家族またあるいは友人たちと3人で休暇を取って美術館を訪れる時のことを考

えてみてほしい。あなたは有名な彫刻作品の前で立ち止まり，しばらくの間その作品を眺め，そして次の展示品へと進んでいく。その日の晩に夕食を取りながら，午後に美術館を訪ね，ある特定の彫刻作品を眺めたことに会話の話題が移るとしよう。この会話からあなたは，各々の友人たちは自分とは違うふうにその彫刻作品を眺め，異なる経験をしていたことを学習する。有形な芸術作品は言ってみれば石の塊で品質は均一なので，グッズ・ドミナント・パラダイムに基づけば，その彫刻作品からもたらされる価値はまったく同一であると示唆されることになる。しかし，夕食での会話はそれと異なることを示していた。

ロジックの対比

　S-Dロジックによって導かれる時に醸成されるマインドセットと，G-Dロジックによって導かれる時に醸成されるマインドセットはまったく異なる。図表3.5では，S-Dロジックの公理と基本的前提から導き出されたいくつかの核心的な違いが要約されている。第一に，伝統的なグッズ中心のロジックの下では，最も重要な交換の単位あるいは基盤はアクターたちが交換するグッズである。他方で，サービス中心のドミナント・ロジックでは，アクターたちは専門化されたコンピタンス（ナレッジとスキル）からのベネフィットを得るためにサービスを交換すると捉える。すなわち，S-Dロジックでは，サービスが最も重要な交換の単位あるいは基盤である。

　第二に，伝統的なグッズ中心のロジックの下では，グッズの役割はオペランド資源あるいは「最終製品」と捉えられる。S-Dロジックの下では，グッズはオペラント資源の伝達装置である。グッズには知識が埋め込まれていると捉える。グッズは中間「製品」であり，それは価値創造プロセスにおける装置として別のオペラント資源（受益者または顧客）によって使用される。

　第三の違いは，オファリングの顧客あるいは受益者の役割である。伝統的なグッズ中心のロジックに従えば，受益者（顧客）はグッズの受け手となる。グッズを購入してくれる潜在的な顧客を獲得するために，オペランド資源すなわちマーケティング（market-ing to）を施す必要のある対象者としてアクターを扱う。S-Dロジックの下では，受益者は価値の共創者となる。したがって，マーケティングは顧客とのインタラクションの最中に行われるプロセス（すなわち，market-ing with）として捉えられる。受益者であるアクターは主としてオペラン

図表3.5　パースペクティブの対比

代替的な考え方	G-Dロジック	S-Dロジック
交換の基盤	グッズ	サービス
グッズの役割	最終製品	装置（手段）
顧客	オペランド資源	オペラント資源
価値	オファリング（グッズ）に埋め込まれる	受益者によって判断される
企業と顧客のインタラクション	取引的	関係的
経済成長	余剰な有形資源	専門化されたナレッジとスキルの適用

ト資源である。

　第四に，G-Dロジックというレンズを用いた場合，価値は生産者によって決定される。価値はオペランド資源（グッズ）の中に埋め込まれ，「交換価値」と定義される。S-Dロジックというレンズを用いた場合，価値は「使用価値」に基づいて受益者（顧客）によって知覚され判断される。そのため，価値は常に文脈的である。価値は，顧客が事業体からのオペラント資源を有益に適用した結果として生じる。時には，オペランド資源を通じてオペラント資源が顧客に伝達されることもある。したがって，事業体は価値提案しかできない。

　第五の違いは，企業と顧客のインタラクションに関するものである。G-Dロジックのパースペクティブからは，企業は取引を生じさせるために顧客に行為を施す。他方で，S-Dロジックのパースペクティブからは，すべてのアクターがリレーションの中で密接な関係を持っている。しかし時には，それらのリレーションは取引が行われるまで一時的に中断することもある。さらに，顧客は受動的な存在でもオペランド資源でもなく，彼らは関係的な交換や価値の共創への能動的な参加者（すなわち，オペラント資源）である。

　最後に，第六の違いは，経済成長の主要な源泉に関するものである。伝統的なG-Dロジックでは，余剰となった有形資源やグッズから富がもたらされると捉える。富は，オペランド資源の所有，コントロール，生産として表現され，それらを通じて獲得される。対照的に，S-Dロジックでは，どんな富よりも福利の方が重要であると見なされ，福利は専門化されたナレッジとスキルの適用や交換を通じて獲得される。

おわりに

　公理および前提とは，真実であると想定される言明のことである。公理および前提は，より深い解釈や知識を発展させるための基盤を形成する。周知のように，この前提は理にかなったものでなければならないが，同時にそれらは過度に厳密なものであってはならない。S-Dロジックの公理および基本的前提の役割は，交換プロセスにあるすべてのアクターを捉える枠組みあるいはレンズを提供することにある。アクターたちは，より専門化するようになり，それによって自身が埋め込まれた関連システムの生存可能性を高めるために，より大量かつ広範囲にサービスを交換し，資源を統合し，さらには資源を創造したり使用したりする必要があると見なされる。そうしたことから，すべてのアクターが価値中心的で，エフェクチュアルで，進取的な資源統合アクターであると見なすことができる。

(注)

1　基本的前提の体系化には別のやり方もある。例えば，しばしば我々は学会等でのプレゼンテーションにおいて，公理1（FP1）の下にFP4とFP5，公理2（FP6）の下にFP3とFP7，公理3（FP9）の下にFP2，公理4（FP10）の下にFP8を位置づけている。

2　S-Dロジックの用語一覧は現在も開発が続けられており，第9章で議論されるようなサービス・エコシステムといった新たに出てきた他の多くの用語もS-Dロジックの用語一覧に含まれる。

3　アクターたちは，ある程度，より上位の社会制度や社会構造からコントロールされるが，彼らアクターたちの遺伝子構造のような小さな生態系内部の下位構造からもコントロールされると主張できるかもしれない。例えば，Edward O. Wilson, *Sociobiology: The New Synthesis* (Cambridge, MA: Harvard University Press, 1975). 坂上昭一ほか 訳『社会生物学』思索社，1983年を参照されたい。

4　Herbert A. Simon, "Rational decision making in business organizations," *American Economic Review*, 69 (September 1979), 493-513.

5　Adam Smith, *An Inquiry into the Nature and Causes of the Wealth of Nations* (London: Printed for W. Strahan and T. Cadell, 1904 [1776]). 山岡洋一訳『国富論―国の豊かさの本質と原因についての研究―（上・下）』日本経済新聞社出版局，2007年; Ian R. Macneil, *The New Social Contract: An Inquiry into Modern Contractual Relations* (New Haven, CT: Yale University Press, 1980).

6　Ronald H. Coase, "The nature of the firm," *Economica*, 4 (1937), 386-405; Oliver E. Williamson, *Markets and Hierarchies: Analysis and Antitrust Implications* (New York: Free Press, 1975). 浅沼万里・岩崎晃 訳『市場と企業組織』日本評論社，1980年。

7　William E. Cole and John W. Mogab, *The Economics of Total Quality Management: Clashing Paradigms in the Global Market* (Oxford, UK: Blackwell, 1995).

8　Richard Normann and Rafael Ramírez, "From value chain to value constellation: designing interactive strategy," *Harvard Business Review*, 71 (July-August 1993), 65-77.

田村明比古 訳「価値付加型から価値創造型企業への変革」『DIAMONDハーバード・ビジネス』第18巻第6号,1993年,pp.4-21.
9　Ravindranath Madhavan and Rajiv Grover, "From embedded knowledge to embodied knowledge: new product development as knowledge management," *Journal of Marketing*, 62 (October 1998), 1-12.
10　Philip Kotler, *Marketing Management: Analysis, Planning, and Control*, 3rd ed. (Upper Saddle River, NJ: Prentice-Hall, 1976), p.8. 稲川和男・浦郷義郎・宮沢永光 訳『マーケティング・マネジメント―機会分析と製品戦略―』東海大学出版会,1979年。
11　Jeremy Rifkin, *The Age of Access: The New Culture of Hypercapitalism, Where All of Life Is a Paid-For Experience* (New York: Putman, 2000). 渡辺康雄 訳『エイジ・オブ・アクセス―あなたは「アクセス富者」か「アクセス貧者」か―』集英社,2001年。
12　C.K. Prahalad and Venkatram Ramaswamy, "Co-opting customer competence," *Harvard Business Review*, 78 (January-February 2000), 79-87, p.83. 中島由利 訳「カスタマー・コンピタンス経営」『DIAMONDハーバード・ビジネス・レビュー』第25巻第6号,2000年11月,pp.116-128.
13　Jonathan Gutman, "A means-end chain model based on consumer categorization processes," *Journal of Marketing*, 46 (Spring 1982), 60-72.
14　この事例は,Erich W. Zimmermann, *World Resources and Industries* (New York: Harper & Row, 1951) で紹介されていたものを修正したものである。
15　オペランド資源とオペラント資源という分類は,James A. Constantin and Robert F. Lusch, *Understanding Resource Management* (Oxford, OH: The Planning Forum, 1994) で提案されたアイデアに由来する。これらのアイデアのいくつかは,Erich W. Zimmermann, *World Resources and Industries* (New York: Harper and Row, 1951) の研究に基づいている。
16　アメリカ商務省経済分析局経済分類政策委員会イシュー・ペーパーNo.6「サービス分類」(ワシントンDC: アメリカ商務省,1993年9月).さらには,T.P. Hill, "On goods and services," *Review of Income and Wealth*, 23 (December 1977), 315-338も参照されたい。
17　Evert Gummesson, "Implementation requires a relationship marketing paradigm," *Journal of the Academy of Marketing Science*, 26 (Summer 1998), 242-249, p.247. 原文では強調文。
18　Christian Grönroos, *Service Management and Marketing: A Customer Relationship Management Approach* (Chichester, UK: John Wiley & Sons, 2000), pp.24-25.
19　Donald F. Dixon, "Marketing as production: the development of a concept," *Journal of the Academy of Marketing Science*, 18 (Fall 1990), 337-343.
20　顧客は価値を創造するのであって価値を破壊するのではないというアイデアは,Rafael Ramírez, "Value co-production: intellectual origins and implications for practice and research," *Strategic Management Journal*, 20:1, 49-65で議論されている。
21　Michael Lanning and E. Michaels, *A Business Is a Value Delivery System*, McKinsey Staff Paper No.41 (July 1988); Michael Lanning and L. Phillips, *Building Market-Focused Organizations*, Gemini Consulting White Paper (1992); Michael Lanning and L. Phillips, *Delivering Profitable Value: A Revolutionary Framework to Accelerate Growth, Generate Wealth and Rediscover the Heart of Business* (New York: Perseus Publishing, 2008); Pennie Frow and Adrian Payne, "The value proposition concept: evolution, development and application in marketing," working paper, Discipline of Marketing, University of Sydney (2008).

22 Lance A. Bettencourt and Anthony W. Ulwick, "The customer-centered innovation map," *Harvard Business Review* 86, (May 2008), 109-114. 鈴木敏昭 訳「ジョブ・マッピングでイノベーションを見出す」『DIAMONDハーバード・ビジネス・レビュー』第33巻第12号，2008年12月，pp.18-27.
23 Roderick J. Brodie, Linda D. Hollebeek, Biljana Juric, and Ana Ilic, "Customer engagement: conceptual domain, fundamental propositions and implications for research," *Journal of Service Research*, 14:3 (2011), 252-271.
24 Sunil Gupta and Donald R. Lehmann, "Customer as assets," *Journal of Interactive Marketing*, 17 (Winter 2003), 9-24; Sunil Gupta, Donald R. Lehmann, and Jennifer Ames Stuart, "Valuing customers," *Journal of Marketing Research*, 41 (February 2004), 7-18; Sunil Gupta and Valarie Zeithaml, "Customer metrics and their impact on financial performance," *Marketing Science*, 25 (November-December 2006), 718-739; Sunil Gupta, Dominique Hanssens, Bruce Hardie, William Kohn, V. Kumar, Nathaniel Lin, Nalini Ravishanker, and S. Siram, "Modeling customer lifetime value," *Journal of Service Research*, 9:2 (2006), 139-155.
25 Valarie A. Zeithaml, A. Parasuraman, and L. Berry, "Problems and strategies in services marketing," *Journal of Marketing*, 49 (Spring 1985), 33-46; Christian Grönroos, *Service Management and Marketing: A Customer Relationship Management Approach* (Chichester, UK: John Wiley & Sons 2004); Evert Gummesson, "Relationship marketing: its role in the service economy," in W. J. Glynn and J. G. Barnes (eds.), *Understanding Service Management* (New York: John Wiley & Sons, 1995), pp.244-268.
26 Leonard L. Berry, "Relationship marketing," in L. L. Berry, G. L. Shostack, and G. Upah (eds.), *Emerging Perspectives on Services Marketing* (Chicago, IL: American Marketing Association, 1983), pp.25-26.
27 Johan Arndt, "Toward a concept of domesticated markets," *Journal of Marketing*, 43:4 (1979), 69-75.
28 Stephen L. Vargo and Robert F. Lusch, "From repeat patronage to value co-creation in service ecosystems: a transcending conceptualization of relationship," *Journal of Business Market Management*, 4:4 (2010), 169-179.
29 Theodore Levitt, "Marketing myopia," *Harvard Business Review*, 38 (July-August 1960), 45-56. DIAMONDハーバード・ビジネス・レビュー編集部 訳「マーケティング近視眼」『DIAMONDハーバード・ビジネス・レビュー』第26巻第11号，2001年11月，pp.52-69.
30 市場を研究するのに制度的パースペクティブを用いている研究者には，L. Araujo and M. Spring, "Services, products, and the institutional structure of production," *Industrial Marketing Management*, 35 (2006), 797-805; Michel Callon, "Techno-economic networks and irreversibility," in J. Law (ed.), *A Sociology of Monsters: Essays on Power, Technology, and Domination* (London: Routledge, 1991); A. Venkatesh, L. Penaloza, and A.F. Firat, "The market as a sign system and the logic of the market," in R.F. Lusch and S.L. Vargo (eds.), *The Service-Dominant Logic of Marketing: Dialog, Debate, and Directions* (Armonk, NY: M.E. Sharpe, 2006), pp.251-265.が含まれる。
31 Brian W. Arthur, *The Nature of Technology: What It Is and How It Evolves* (New York: Free Press, 2009), p.21. 有賀裕二 監修『テクノロジーとイノベーション―進化／生成の理論―』みすず書房，2011年。

第4章
指導枠組みとしてのサービス

> 顧客はグッズやサービシィーズを購入するのではない。彼らは価値を創造するサービシィーズをもたらすオファリングを購入するのだ。グッズとサービシィーズといった伝統的な区分は，かなり時代遅れである。これは，サービシィーズを再定義したり，顧客のパースペクティブからサービシィーズを捉えるといった問題ではない。**活動とモノの両方がサービシィーズを提供する**。サービシィーズへと焦点をシフトさせることは，手段や生産者のパースペクティブから使用や顧客のパースペクティブへとシフトさせることである。
>
> エバート・グメソン（1995年）

はじめに

　何人かの批評家たちは，サービス・ドミナント（S-D）ロジックについて学習するとすぐにS-Dロジックの公理と基本的前提に賛同してはくれるが，彼らは「なぜ「サービス」なのか」[1]というより基本的な質問を投げ掛けてくる。すなわち彼らは，この「新しいドミナント・ロジック」に対する名称や説明として「サービス」という言葉が適切なのかと質問してくるのだ。時に彼らは露骨に質問してきたり，また別の時にはそれとなく質問したりしてきた。

　「なぜ「サービス」なのか」という質問は潜在的には重要なテーマであり，それは市場やマーケティングの本質的な問題やビジネスの目的に焦点を当てた質問でもある。より広範なレベルでは，この質問は人間によるインタラクションの根本的な性質を扱っている。その根本的な性質とは，人間によるインタラクションによって，社会，市場，さらにはビジネスおよびマーケティングのプラクティス

が構築されるというものである。言語はアクター間での共同行動の一形態で，それはアクターたちが思考や意味を行動と調和させるのを手助けするものである[2]。手短に言うと，少なくともある程度は，単語やそれらの（共通の）意味によってアクターたちの行動が駆動されるということである。それ故に，サービスがどのように概念化されるかということと，「サービス」という概念を中心として我々が開発する共通の意味が，S-Dロジックとその発展およびインパクトにとって重要なものとなる。

　我々は，「なぜ「サービス」なのか」という質問や，サービスに代わる名称の理論的根拠について注意深く耳を傾けてきた。何人かの批評家たちにとっては，我々がこの新しいロジックの名称を彼らが提案したサービスとは別の名称に改めなかったことは不快なことだったかもしれない。我々は，この新しいロジックを命名するに当たって，早まってサービスという名称を付けてしまったわけではないし，かつ誤って命名してしまったわけでもないと確信しているし，また今でもそうであったと主張し続けている。むしろ我々は，すべてのアクターが交換に携わる時にお互いのために行っていることを「サービス」という用語が正確に描写していると確信している。また我々は，「サービス」という用語はかなり規範的に有益な情報を与えてくれるので，このサービスという用語が正しい表現であるとも確信している。

サービスに対する誤解を招いた従来の考え方

　「**サービス・ドミナント・ロジック**」という名称に少数の人たちが反対している大きな要因は，恐らくは「サービシィーズ」に対する従来のパースペクティブや考え方と関係があるのかもしれない。そのような要因に基づけば，サービスという用語の使用に懸念が生じるのも理解できる。第2章で議論したように，どうすれば国富を増大できるかということへのアダム・スミスの関心が，結局のところサービスをどのように認識するのかについての基盤を形作ってしまった。スミスにとって，彼の心を捕えたのは「生産性」という概念だった。彼は，貿易のために輸出可能な有形の余剰生産物を創り出す活動という観点から生産性を定義した。それ以外の活動も個人と国の福利にとって有用かつ不可欠なものだが，有形性と輸出可能性という基準から考えた場合には，余剰生産物を創り出すこと以外の活動は不生産的なものだった。その後，この生産的活動と不生産的活動という

分類は，今日のグッズ（製品）とサービシィーズという分類に姿を変えていき，サービシィーズは特殊なタイプの「製品」（すなわち，無形財），あるいはグッズでないものとして定義されるようになった。

　グッズでないものとしてサービシィーズを概念化してしまったことで，マーケティングを誤って実践することへと企業を導いてしまった。それにもかかわらず，マーケティングやマネジメントの専門家たちがこの思考経路に乗っかるやいなや，彼らはグッズとの対比によって，グッズとサービシィーズを分類する属性を識別することに注意を集中させてしまった。そのような注意の集中は，サービシィーズはグッズと異なるという基本的な考え方を採用したサービシィーズ・マーケティングやマネジメントの専門家たちによる研究や，実務家たちによる仕事の中に経路依存性を生み出してしまった。

　マーケティングやマネジメントの専門家たちはグッズとサービシィーズの属性の違いを区別することがサービシィーズ・マーケティングにとっての課題であると認識していたため，そのような支配的な思考によってサービシィーズの特徴を考慮しながらサービシィーズをよりグッズのようにすることへと注意を導いてしまった。このような特有の課題をマーケターたちにもたらしたサービシィーズの特徴は，無形性，異質性，不可分性，非貯蔵性として識別され，それらはIHIPと呼ばれている。グッズは有形で触れることができ，それらは相対的に貯蔵可能なため，在庫するのを可能にするという理由から，サービシィーズよりもグッズが優位にあると見なされた。グッズのこれらの特徴は，需要サイクルが変動するにもかかわらず，規則的な一定の生産サイクルを下支えすることで効率性に寄与すると考えられていた。同様に，グッズは消費者から「離れた場所」で生産することができるため，生産効率をより高めるために標準化したり管理したりすることも可能である。グッズを標準化（同質化）する能力は，規模の経済性を通じても生産効率に寄与した。生産効率にとって理想とされたこれらの特徴にそぐわないものはすべて，生産効率を低下させ，それらは克服されるべき問題と見なされた。驚くことでもなく，「サービシィーズ」・ビジネスに属する組織は，自社のオファリングをより有形でかつより同質なものにしようと試みたり，高い効率性を生み出すために可能な限りたくさんのオファリングを生産しようと試みたりした。

　過去50年間にわたってマーケティングにおける有名な神話の1つとしてグッズとサービシィーズの特徴が区別されてきたが，図表4.1が暗示しているように，少なくともS-Dロジックのパースペクティブからは IHIP について想定されてき

たサービシィーズの劣位性は消え去ることになる。

図表4.1　価値創造に対するロジックの変化

IHIPの特徴	G-Dロジック	S-Dロジック
無形性	生産と流通の過程で製品に価値が埋め込まれる。企業は，新しい形態を創造するために天然資源を変換したり，グッズを入手できる場所や時間を変換したりできる。これらは，グッズをより価値あるものにする。	価値は，触れることができない。価値は，アクターたちによって共創される。価値は，資源を使用したり統合したりする際にのみ創造される。価値は経験的あるいは現象学的であり，そのような価値は元来，触れることができない。
異質性	標準化の利点と大量生産による効率性を享受するために，製品は同質化されるべきである。同質な製品は，より高度な設計品質を有している。	各アクターは独自で異質な存在なので，カスタマイズされたオファリングが提供されるのが自然なことである。効率性も重要だが，最も重要なことはアクターのニーズを効果的に満たすことである。
不可分性	最大の効率性のために，企業と顧客は分離されるべきである。	アクターのインタラクションは自然に生じる。対話や会話を通じたインタラクションが，サービス・オファリングの効果性を高める。価値が共創されるのはインタラクションにおいてである。
非貯蔵性	グッズはサービシィーズよりも貯蔵しやすいので，製品は在庫することができる。製品を生産する場所および時間と顧客がその製品を必要とする場所および時間には乖離があるので，その課題を克服するために在庫が活用される。	経験を貯蔵することはできないが，思い出したり共有したりはできる。オファリングが有形な場合には，グッズを使用することが重要なのであって，そのグッズの使用を貯蔵しておくことはできない。価値は在庫できない。

　S-Dロジックは，アウトプットを生産することから，顧客と一緒になって顧客にとってのベネフィットを共創することへと焦点をシフトさせる。それはすなわち，効率性から効果性へと焦点をシフトさせることを意味する。顧客価値の創造というパースペクティブから見た場合には，サービシィーズについてこれまで負の性質と思われていたものが，理想あるいはベネフィットとまではいかないまでも探求されるべき現実となる。価値それ自体は触れることができず，また価値とはしばしば価値提案の触れることのできない諸側面（例えば，ブランド，意味，使用時の快適性）の関数でもある。価値は個人に特異なもので，またそれは動的な文脈の中で常にある程度の顧客インタラクションを伴うものなので，異質で，不可分で，貯蔵することができない。

このパースペクティブのシフトにおいて，効率性は重要でないと示唆するものは何一つない。S-Dロジックの顕著な特徴は，サービスとサービスが交換されるということであり，価値を創造し流通させることではなく，アクター・トゥ・アクター（A2A）パースペクティブは，しばしば余剰サービス（例えば，貨幣）の獲得から効率的な事業運営に至るまで，価値創造プロセスは企業のためにも機能しなければならないと主張する。しかし，**効果性のない効率性**は，元来，非効率である。効果性がなければサービスとサービスの交換のための基盤もなく，それによって効率性の問題も無意味なものとなってしまう。S-Dロジックにおける「サービス」はベネフィットを強調し，また重視もしているので，それは（企業と顧客の双方にとっての）相対的な効率性を抑えて効果性の方が優位となる性質も強調し，また重視しているということである。図表4.2は，この価値と生産というほとんど対称的となるイメージ間のトレード・オフを示している。

S-Dロジックは，これまでサービィーズの負の側面あるいは劣位となる側面と見なされてきたものは，実際にはサービスを通じた直接的なものであろうとグッズを通じた間接的なものであろうと，すべての価値と価値創造プロセスの現実の姿を表していると主張する。したがって，それらの主張を採用することによって，より魅力的な価値提案に導くことができる。簡潔に言うと，**無形性**は，実現したすべての価値提案に対する使用価値の経験的な性質を反映している。**異質性**は，価値は常に独自で受益者特殊的であるというS-Dロジックのパースペクテ

図表4.2　価値(効果性)と生産(効率性)の間のトレード・オフ

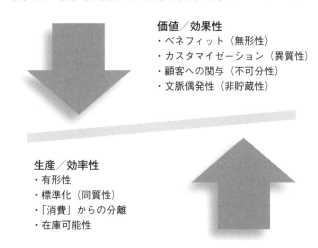

価値／効果性
・ベネフィット（無形性）
・カスタマイゼーション（異質性）
・顧客への関与（不可分性）
・文脈偶発性（非貯蔵性）

生産／効率性
・有形性
・標準化（同質性）
・「消費」からの分離
・在庫可能性

ィブを反映している。**不可分性**は，使用価値（および文脈価値）という概念によって暗示されるように，受益者中心的で統合的な価値創造という性質を捉えており，それは受益者により多く関与し，受益者と会話し，対話し，そして受益者に適応することを指し示している。そして最後に**非貯蔵性**は，グッズを通じてサービスが間接的に提供される時でさえも（多くの場合，そうであるが），価値は常に貯蔵不可能なものであるという本質的な現実を捉えている。

　非貯蔵性は，有形な物質のエントロピーに関してではなく，価値の非貯蔵性という性質に関して述べたものである。これは有形なグッズを貯蔵することができないと提案するために，グッズに価値が埋め込まれるという考え方に反論するものである。アクターは自動車のようなグッズを所有していたとしても，その自動車を使用する権利（運転免許証）がない場合，自動車の使用を継続できない（燃料がない）場合，（あちこち自動車を運転するのに）他のアクターたちとの社会的なつながりがない場合，さらには他のアクターからサービスを提供してもらうのにそのアクターを雇うだけのサービス権利（貨幣すなわちお金）がない場合には，その自動車に使用価値はないので，より現実的には，その自動車をそのまま貯蔵しておくことはできない。時にアクターは既に使用しなくなったグッズを所持していることもあるが，それは使用後も有形なまま存続できているために，G-Dロジックの観点から見れば，そのグッズは長期間貯蔵されることになるが，S-Dロジックの使用価値や現象学的に定義された価値という観点から見れば，そのグッズは価値を長期間貯蔵していないことになる。

　この主張は，我々が「文脈偶発性」という概念を提案することへと導いた。この文脈偶発性という概念は，資源の価値は状況要因とりわけ他の資源の入手可能性（と入手不可能性）という状況要因に依存するという発想である。したがって，文脈は常に変化しているので，価値は**文脈的に特殊なもの**であり，そのため価値は**潜在的には常に貯蔵できない**ものである。

サービスに対するより包括的な見方

　S-Dロジックでは，「サービス」はグッズとの対比によって定義されるのではなく，また（有形または無形な）アウトプットの単位という観点から定義されるものでもない。そうではなく，「サービス」は，あるアクターが他のアクターのベネフィットのために自身の資源を適用する**プロセス**として定義される。したが

ってS-D志向は，他のアクターからの互恵的なベネフィットへのお返しとしてその相手にベネフィットを提供することに焦点を当てることから始まる。それは，サービスのためのサービスというマインドセットから始まる。このマインドセットの下では，交換の過程にあるアクターたちは，サービス・プロバイダーでもありサービス受益者でもある。このマインドセットは，事業組織，政府組織，非営利組織，家族，個人を含むすべてのアクターに適用可能である。

　S-Dロジックは，複数形の「サービシィーズ」という用語から暗示される**アウトプットの単位**（無形のグッズ）ではなく，他のアクターと協力して彼らのベネフィットになることを行う**プロセス**を反映させるために単数形の「サービス」という用語を用いる。それは，**S-Dロジックには「サービシィーズ」は存在しない**という結論に至らしめるので（図表4.3参照），この単数形のサービスと複数形のサービシィーズを区別することは重要である。S-Dロジックでは，グッズとサービスは代替的な製品形態ではない。グッズは，しばしば直接的なサービス提供の代替手段としての役割を果たす**装置**（ツール，伝達手段）である。この装置としてのグッズは，サービス提供の機能を高めることもできる。例えば，アンプはギタリストが音響を増幅させるのを可能にする。すなわちグッズは，それがなければ遂行できなかったことをアクターがセルフ・サービスで遂行できるようにしてくれる。例えば，電子顕微鏡は人間の視力では見えない物も見えるようにしてくれる。貨幣はサービス権利に相当するもので，それは直接的なサービス提供への代替経路と見なすことができる。したがって，サービスが一般的かつ普遍的なケ

図表4.3　S-Dロジックには「サービシィーズ」は存在しない

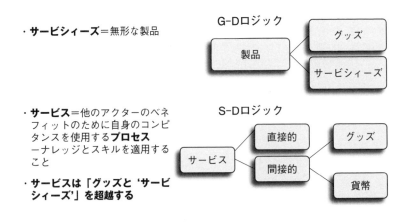

ースであり,それはサービスが交換プロセスの共通分母であることを表している。交換されるのは**常にサービス**である。グッズや貨幣が交換に用いられる場合,それらはサービス・プロセスを手助けするものとなる。

　サービスが交換の基盤であるという前提に限界があるとしたら,それはどんな限界だろうか。この前提は経済的交換にのみ適用されるのか,それともより普遍的なものなのか。多くのタイプの交換システムがあるが,我々は第5章でより代表的なものを扱っている。ここでは差し当たり,互恵主義,再配分,市場交換,ハイブリッド交換システムという4つの制度化された交換システムについて検討する。**互恵主義**とは,贈り物や好意を差し出したり受け取ったりすることである。**再配分**とは,他のアクターが所有しているものをあるアクターが手に入れて,それをさらに別のアクターに再配分することである。徴税は再配分の一般的な形態である。**市場交換**とは,しばしばアクターが共通の交換媒介物(例えば,貨幣,サービス権利)を用いて行われる自発的な交換のプロセスのことである。[5] **ハイブリッド交換システム**とは,上記の交換システムの要素を組合せたものである。S-Dロジックに関する著作物や研究のほとんどはハイブリッド交換システムに焦点を当てているが,S-Dロジックの公理と基本的前提は一般にすべての交換に適用できる。すなわち,サービスのためのサービスの交換およびS-Dロジックは,自発的な市場交換,ギフトの贈呈,徴税,生活保護,合弁事業なども含めたアクター間での多くのタイプの交換を研究するための枠組みとなりえるだろう。[6]

「サービス」思考からのインプリケーション

　S-Dロジックによる「サービス」という呼称には,より統一的な市場論やマーケティング理論を開発するためのインプリケーションと,アクターたちがどのようにコンピタンスを開発しそれらのコンピタンスを他のアクターと交換するのかについてのインプリケーションがある。それらのインプリケーションには,(1) S-Dロジックの単純化特性,(2)交換価値から使用価値への移行,(3)学習焦点,(4)資源中心的な再定義され統合された焦点,(5)規範的な処方箋,(6)利害関係者の統一化が含まれる。

サービス・ドミナント・ロジックの単純化特性

　S-Dロジックが提案される以前は,恐らくは市場とマーケティングを完全に理

解するのにグッズとサービシィーズの間の違いとそれらを区分する属性（IHIPという特徴）を認識することが求められた。このことは，グッズのための市場と対比させてサービシィーズのための市場を理解しようとする試みや，グッズとの対比の中でサービシィーズをどのように販売したら良いかについて理解しようとする試みへと至らしめた。言い換えれば，有形な製品のmarket-*ing*のナレッジは無形な製品のmarket-ingに直接的には十分に移転できないため，この特殊なタイプのグッズを扱うサービシィーズ・マーケティングという下位学問分野を創り出す必要があった[7]。そうしたことから，それぞれ別個の大学授業科目，キャリア・ルート，研究組織，ジャーナル，カンファレンス，コンサルティング会社などが生み出されてきた。それらはすべて，グッズとサービシィーズという区分を基礎として生み出されたものである。我々は，グッズとサービシィーズという区分は誤った方向を指し示し，かつ初めから誤った情報を伝えてしまったと主張する。そのように主張する理由は，社会全体ではないにしても，すべての経済活動の基本的な基盤は，サービスとサービスの交換だからである。すなわち，すべての社会的および経済的アクターが，A2Aネットワークを通じて直接的あるいは間接的に互いにサービスを提供しているのだ。

　S-Dロジックと，オペランド資源およびオペラント資源，価値の共創，価値提案，資源統合といったS-Dロジックに関連する概念は，マーケティングの思想と実践を単純化するための手段を提供する。すべてのアクターはサービスとサービスを交換し，組織，貨幣，グッズはその過程での単なる媒介手段でしかない。したがって，組織，家族，個人は，他のアクターたちと一緒に価値を共創する資源統合者と見なすことができる。

　S-Dロジックのアプローチは，適用された専門的なスキルとナレッジ（サービス）の交換が交換の中心をなすという認識に単純化するためである。それは実際には，交換に対するアダム・スミスの正確な認識を取り戻すためである。考え方は単純だ。それは，**サービスとサービスが交換される**ということだ。第1章で我々が述べたように，サービスは専門化されたスキルとナレッジを持ったアクター間で直接的に提供されたり，あるいはS-Dロジックでは「装置」と呼ばれる有形なグッズの中にスキルとナレッジを埋め込むことによって間接的に提供されたりする。したがって，サービスはグッズにとっての劣った継子などではなく，交換に対する統一的な焦点となる。S-Dロジックの中でもグッズは依然として中心的な役割を有しているが，サービスが共通分母である。

図表4.4　S-Dロジックからナレッジを付与されたG-D原則

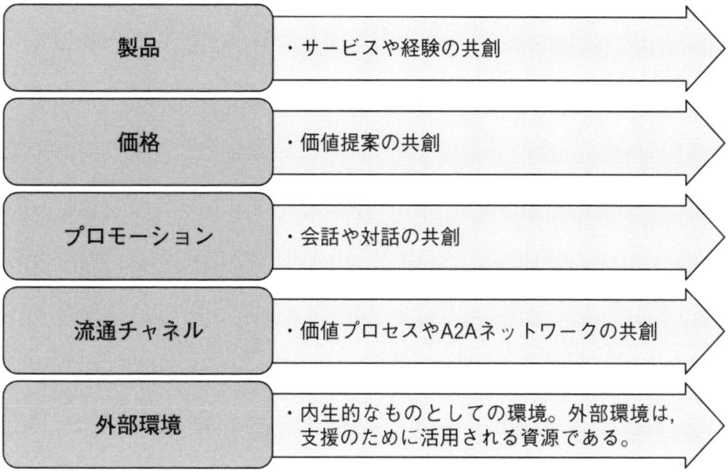

製品	・サービスや経験の共創
価格	・価値提案の共創
プロモーション	・会話や対話の共創
流通チャネル	・価値プロセスやA2Aネットワークの共創
外部環境	・内生的なものとしての環境。外部環境は，支援のために活用される資源である。

　また，グッズ・マーケティングの原則はS-Dロジックからナレッジが付与され，また精緻化され，そしてS-Dロジックの部分集合となる。もしかしたら，企業業績を最大化するには，4Ps（製品，価格，プロモーション，流通チャネル）というマーケティング・ミックスを管理すること以上に堅牢な原則はないかもしれない。図表4.4が示しているように，S-Dロジックがレンズとなる時には，戦術的なものに焦点を当てている伝統的なマーケティング・ミックスは，より戦略的なものとなる。S-Dロジックは，製品からサービスや経験の共創へ，価格から価値提案の共創へ，プロモーションから会話や対話の共創へ，流通チャネルから価値プロセスやA2Aネットワークすなわち第8章で我々が「サービス・エコシステム」と呼ぶものの共創への移行を促進させる。さらに，S-Dロジックは，法律環境，政治環境，社会環境，経済環境，競争環境，技術環境，生態環境のような外部環境として考えられているものは外生的なものではなく，むしろそれは価値共創プロセス全体の中で統合される資源の一部であるというパースペクティブを採用する。

交換価値から使用価値への移行

　ベネフィットを提供するということは，元来から（元来は経済学の概念である）**交換価値**に対して単一の焦点を当てるのではなく**使用価値**にも焦点を当てること

を指し示している。我々は第2章でレビューしたように，初期の哲学者たちは使用価値の方が（交換価値よりも）高次な概念であると認識していたし，アダム・スミスや他の政治経済学者たちもこの2つの価値の関係を支持していた。しかし，その後の経済科学の発展過程において，交換価値の観点から価値（「効用」）が理解されるようになってしまった。会計やファイナンスだけでなくマーケティングでさえも，製品に価値が埋め込まれているという交換価値の概念を採用してしまい，同様の観点（例えば，「付加価値」）から価値創造における交換価値の役割を論じていた。こうした活動は，マーケティングの実践を誤った方向に導いてしまい，またそれらは恐らくはある程度，マーケティングにおいては価格，割引，プロモーション，流通業者向けの特別優遇に過度な焦点を当てさせ，またファイナンスにおいては四半期ごとの事業収益や日々の株価に過度な焦点を当てさせてしまい，それが現代のビジネス実践の大部分となっている。特に，この焦点は，グッズを生産する事業体と，航空会社，ホテル，健康施設，弁護士，銀行のようなサービィーズを提供する事業体の双方の間で支配的なビジネス実践となっている。

　新しいドミナント・ロジックを説明する際に「サービス」という用語を中核に据えることで，サービスが上位概念となる。サービスを上位概念へとシフトさせることで，使用価値が交換価値の上位概念となる地位を占め，それによってサービスとグッズの関係も明確になる。すなわち，サービスはアクターが定めたベネフィットの観点から定義されるので，直接的にサービスが提供されようが，グッズを通じて間接的に提供されようが，サービスは必然的に使用価値とつながっている。しかし現代社会では，サービスの多くはサービス権利（貨幣）と交換されることが多く，またそれらのサービス権利はさらなる交換のための手段となるので，交換価値も依然として重要な概念である。さらに，市場交換が支配的な社会制度である時には，アクターは，サービス権利や一定期間でのサービス権利の累積額として市場から収集した財務フィードバックによって自身がどれほど上手くサービスを提供しているのかについて，ある程度の感触を得ることができる。しかし，それでもなお使用価値がS-Dロジックの最大の焦点であり，またこの使用価値は，**元来，受益者志向**または**顧客志向**なので，この交換価値から使用価値への焦点のシフトには，価値創造にアプローチするに当たっての学術上および実践上のインプリケーションがある。恐らく最も重要なのは，使用価値への焦点のシフトは，受益者アクターはオペラント資源であり，彼らは価値創造プロセスで

中心をなす一員であると暗示していることである。

学習焦点

　サービスとサービスが交換されるというS-Dロジックの公理1は，元来，学習焦点的でナレッジ発見焦点的である。このS-Dロジックの学習焦点やナレッジ焦点は，2つの根拠に由来する。第一に，サービスとサービスの交換では，アクター間のインタラクションが支配的であり，このインタラクションを通じて，サービスを提供するアクターたちとサービスからベネフィットを得るアクターたちは彼らの価値提案で魅力を感じる特性について互いにフィードバックを得て，そしてそこから学習する。第二に，交換それ自体には，双方のアクターが自身の状態を変化させることを伴う。その理由は，双方のアクターがそれまで所有していなかったものを手に入れ，所有していたものを手放すからである。したがって，すべての交換には変化が伴う。興味深いことに，ラテン語には，交換の派生語として「変化から」という言葉がある。このように，サービスとサービスの交換は，ナレッジを発見するためのものである[8]。

　アクターたちは彼らのシステムの生存可能性を高めるために交換に従事するので，サービス交換はナレッジを発見するためのものである。アクターたちは，行動または行為に従事することが自らのシステムの生存可能性を高めることになるだろうという仮説または期待を持っている。アクターたちは，自らの状況をさらに悪くするためや，自らのシステムの生存可能性を低下させるために行動に従事することはしない。アクターたちの仮説は行動や交換を引き起こし，彼らはそれらの行動や交換の成果を経験することになる。場合によっては，仮説が間違いだったと立証されることもある。各アクターは，このプロセスの過程で価値に対する自身の現象学的な評価を修正するので，価値それ自体は動的なものである[9]。したがって，他のアクターにサービスを提供するアクターたちは，彼らがサービスしたいと思っている他のアクターたちが価値の定義をどのように変更しているのか絶えず学習する必要がある[10]。

　サービス交換プロセスの過程で，アクターたちはモノの相対的な交換価値を学習する。交換価値に対するナレッジは，より多くの情報に基づいてアクターたちが資源統合やサービス権利を手に入れたり手放したりする意思決定を可能にするので，モノの相対的な交換価値を学習することは重要である。サービス交換がなければ，アクターが交換価値に関する情報を保持することはほとんどない。単純

な物々交換システムでは，アクターはBを1単位を手に入れるのにAが何単位必要なのか学習することができる。そのような物々交換システムは，コンピタンスやスキル（すなわち，適用される資源）の様々な適用を交換する際の相対的な価値をアクターに学習させ，それと同時に，システムの生存可能性を高めるために労力と時間にどのように焦点を当てたらよいのかアクターにシグナルを送る。しかし，物々交換という状況での様々なサービス・オファリングの相対的な経済価値に関するナレッジを得るには，アクターのコンピタンスやスキルの適用の独特な組合せのすべてが交換される必要があるので，コンピタンスやスキルの適用を交換する際の相対的な価値を学習するという観点から見れば，物々交換はかなり非効率となる。だがしかし，貨幣つまりS-Dロジックでサービス権利と呼ばれるものの利便性によって，様々なサービス・オファリングを交換する際の価値をより直接的に判断することができる。すなわち，貨幣が交換の共通媒介物となって，互恵的交換の価値に関しては，金額という共通の測定規準によってすべてのサービス権利が比較される。貨幣を介して間接的にサービス交換が行われる場合，フィードバック・プロセスはより迅速になり，それによってアクターたちは同じことを繰り返し継続すべきか，それともより創造的になって新しいあるいは改良型のスキルとナレッジを開発すべきかについてより迅速に学習する。

　マクロ・ベースでは，A2Aネットワークを越えてサービスとサービスの交換が展開される場合には，バラエティが減少するのではなくむしろ増大する[11]。簡潔に言うと，受益者アクターたちの欲求やニーズに仕えることでバラエティが豊富になるのだ。その理由は，アクターたちの欲求やニーズは異質だからである。互いのアクターに仕えることに専門化する2つのアクターは，お互いから学習し，互いのオファリングを相手の受益者アクターのニーズや欲求に適合させようと試みるために，このバラエティの増大が生じるのである。そのため，サービスを交換するアクター同士のダイアド関係の範囲を超えたより広い範囲で交換を捉えると，オファリングは新古典派経済学が想定したような同質なものでなく異質なものとなる。

資源中心的な再定義され統合された焦点

　既に述べたように，S-Dロジックでの「サービス」は，他者のベネフィットのためにオペラント資源を適用するという点から定義される。このような資源の重視および分類は，いくつかの理由から重要である。第一に，この資源の分類は，

交換のリソース・ベースト・ビューや企業論に向けて様々なビジネス学問分野を越えた継続中の研究動向とS-Dロジックを結びつけ，またそれは優位性を得るために用いられる資源の束として企業を見なすこととも一貫性がある。しかもそれは，他者のベネフィットのために資源が適用されるべきだという重要なメッセージを提供する。また，「適用される」という表現は，オペラント資源（ベネフィットを提供（価値を創造）するために他の資源に行為を施したり，また他の資源と協力したりできる資源のことで，オペランド資源と区別される資源）を最も重要なものにしている。それらのオペラント資源は，時々，スキル，ナレッジ，ケイパビリティ，コンピタンスと呼ばれることもあるが，いずれにせよ他者のベネフィットのために資源の適用が用いられるべきであるというのが重要なメッセージである。最後に，この「適用される」という表現は，資源の現実の束および潜在的な束としてすべてのアクターを見なしている。それらのアクターのいくつかは，サービスおよびサービス権利とサービスを交換する際に，さらにはシステムの高い生存可能性を追求する際に，他者にサービスを提供するためにそれらの資源の束を使用する。

　第二に，この資源の分類は，アウトプットの単位としての製品（グッズとサービシィーズ）から相互に満足となる相互作用的なプロセスへと焦点をシフトさせる。アクターたちは，一方が受動的なアクターで他方が能動的なアクターと分類されたり，あるいは一方がオペランド資源で他方がオペラント資源と分類されたりするのではなく，彼らは価値の共創者と見なされる。このような見方は，市場に販売するモノを確保すること（to market）から，「顧客にモノを販売すること（market-ing to）」へ，さらには「他のアクターと一緒にマーケティングすること（market-ing with）」へと焦点をシフトさせる。

　第三に，この資源の分類は，同様に，設備や備品（貸借対照表に計上される資産）のような静的な資源から，従業員，事業体のコンピタンス，他の価値創造アクター，さらには既に述べたように受益者アクターすなわち顧客へと焦点をシフトさせる。簡潔に言えば，貸借対照表に計上される資産にではなく，貸借対照表には計上されない資産へと焦点をシフトさせる。

　最後に，サービスは，資源統合を通じた価値の共創を指し示している。価値の共創は，企業と顧客の役割は機能的には同等であると再定義し，システムの生存可能性を高めるための協同的な価値創造を中心に据える。このパースペクティブから見れば，マーケティングの役割は伝統的な製造モデルと異なるものになる。

伝統的な製造モデルは，製造だけでなくマーケティングに対しても，その主要な役割は静的なオペランド資源を組合せることであると見なしていた。しかし価値共創モデルは，マーケティングおよびアクターの主要な役割はサービス・プロバイダーとサービス受益者の両方を担うことであると見なし，またさらにはそれらアクターを価値創造の中心に据えている。価値の共創というパースペクティブは，従来のより伝統的な価値流通という役割の中にマーケティングを位置づけるのとは対照的である。従来の伝統的なパースペクティブでは，企業が価値を生み出して提供するという役割を担い，顧客や受益者は価値の受け手という役割を担うと見なしていた。価値の共創というパースペクティブは，顧客にモノを販売する（market-ing to）という哲学から顧客と一緒にマーケティングする（market-ing with）という哲学へとマーケティングを移行させる。

規範的な処方箋

経済的交換の目的が相互的なサービス提供だとしたら，G-Dロジックからはほとんど規範的な処方箋は出てこないことになる。すなわち，サービスが交換の基本的概念であるという発想には，他のアクターたちと接したりあるいは交換の中にいるすべてのアクターたちに対して，とりわけマーケティングおよびビジネス全般に対して，いくつかの強力でかつほぼ間違いなくかなり重要となる規範的な処方箋を暗示している[16]。この発想は，市場およびマーケティングでの活動やビジネス事業体に対してG-Dロジックとはかなり異なるタイプの目的とプロセスを提示する。それはすなわち，それらに対して，顧客，従業員，株主，その他の利害関係者も含めた受益者アクターにサービスを提供するという目的とプロセスを提示する。それはほとんど直接的には，人間（オペラント資源），長期的なリレーションシップ，上質なサービス・フローに投資するといった規範的な考え方を指し示しており，またさらには「いくぶん直接的ではないが」，透明性，交換への倫理的アプローチ，持続可能性という考え方も指し示している。恐らく，指し示したそれらの方向には事業体と社会の双方にとってのメリットがあるだろうし，またこれらの考え方はG-Dロジックでは見出せなかったものであり，さらにそれはサービス以外の他のどんな用語を使っても表現することができない。

G-Dロジックや新古典派経済学の企業論に比べて，S-Dロジックのサービス重視には倫理的および規範的な行動に関して重大な優位性がある。G-Dロジックや新古典派経済学の企業論では，アクターたちは事業体を運営するための理論や

倫理規約を**導入する**必要があるが，ラクスニャク＝サントスが発展途上国の貧困層向けにマーケティングを適用するために開発した統合的正義モデルによって例証しているように，S-Dロジックの実証的な公理や基本的前提は規範的な処方箋を**暗示している**。[17] 実証的な公理や基本的前提に基づけば，アクターたちは以下のことを行うべきだとS-Dロジックは示唆している。それは，(1)アクターの財産やその他の権利を適切に保護しながら，情報および交換プロセスの相対的な透明性と対称性に努力を払う，(2)自身のシステムと他のアクターたちのシステムの双方の長期的な生存可能性を高めるために，A2Aシステム内の他のアクターたちとのリレーションシップを発展させる，(3)他のアクターたち（例えば，従業員，顧客，供給業者といった役割の中でサービスを提供しているアクターたち）を価値あるオペラント資源と認識し，彼らのスキルとナレッジの育成のために投資する，(4)グッズそれ自体ではなくサービス・フローを提案するということを検討するということである。

利害関係者の統一化

　交換の過程において，アクターは，相互に満足する価値提案を共創するために振る舞ったりインタラクションしたりできる。[18] しかし第１章で述べかつ第５章でも例証するように，現代社会での交換のほとんどは，直接的なワン・トゥ・ワンによる限定的な交換をはるかに超えた複雑なA2A交換ネットワークの中で行われている。これらの状況下では，価値提案という観点から交換相手にオファーを提示しているアクターは，別のアクターたちから価値提案を受け取ったり，またその後で，サービスを提供するための資源をそれらの別のアクターたちに頼ったりもするアクターである。同時に，それらのアクターたちは，資源を提供する別のアクターたちともつながっている。活動やサービス交換を通じて自身のシステムの生存可能性にプラスあるいはマイナスの影響を及ぼすアクターはすべて利害関係者であると見なすことができる。それらの利害関係者の多くは，サービス交換を通じてアクターに有形および無形な資源を直接的に提供する。したがって，アクターが提示する価値提案は，自社に資源を提供する利害関係者たちに対して訴求されなければならない。それらの利害関係者たちは，彼らの資源統合システムおよび価値創造システムの生存可能性を高める可能性を目にするはずだ。価値提案は，意図的であろうとなかろうと伝達される。資源を提供する利害関係者たちのネットワーク全体に価値提案が理解されるには，価値提案を効果的に伝達す

交換価値に焦点を当てたG-Dロジックの下での事業運営は，外部性を見落としがちである。ほとんどの場合，アクターたちは複雑なA2Aネットワークや依存関係および相互依存関係というウェブの一員となっているので，市場オファリングの購買や使用の過程にあるアクターたちは，たいていは他のアクターたちにプラスまたはマイナスの影響を及ぼす（すなわち，外部性が生じる）。外部性や第8章でより詳細に議論するようなより完全なサービス・エコシステムを事業体が探索し始める時に，その事業体は使用価値に関する新たな洞察を得ることができ，そしてまた新たな方法で価値を共創する機会を手に入れることができる。

おわりに

　「サービス」という用語は，アクターたちにベネフィットを与え資源を用いるプロセスを捉えるのに適切な用語である。その上，我々が提案した新しいドミナント・ロジックの公理1は，**サービスが交換の基本的基盤である**ということである。したがって，「新しいドミナント・ロジック」を描写するために「サービス」という用語を使用するというのは，用語選択の怠慢以上に正確性への願望によるものである。

　皮肉にも，アダム・スミスは，S-Dロジックが示した焦点が意図していたものと非常によく似た意味を伝えるために「サービス」という用語を用いていた。結局はG-Dロジックという思考ルートに導いてしまったが，もちろんこのサービスという用語は，輸出のために余剰な有形財を生産することに基礎を置いた国富創造のための規範的理論の開発に向けてスミスが2本の思考ルート（第2章参照）に分岐させる以前から存在していたものである。したがって本当の意味で，交換の中心的概念としてのサービスに回帰するということは，経済科学が発展する過程で採用されてきた規範的な経済哲学よりも，根本的かつ実証的な経済哲学に回帰するということである。それ故に，S-Dロジックは，サービスという用語に新しい意味を付与するものではなく，何人かが主張していたように，サービスという用語を使用するのは，サービスに対する古い意味を再び捉え直し，経済的および社会的交換におけるサービスの中心性を理解することへの呼び掛けを広めるためのものである。

　単純な発想は強力であり，また産業や国にも変換可能である。民主主義，自由，

正義のような発想は単純だが強力でかつ多面的である。サービスという発想は，そういうものである。サービスという用語は，創発的でかつ収束的なマーケティング思想を描くためだけでなく，G-Dロジックというレンズから見落とされている関連研究分野，プラクティス，公共政策を正確に指導し動機づけるためにも相応しい呼称である。そこに「なぜ「サービス」なのか」という質問への回答がある。その回答は，サービスという用語の正確性とその指導力の中にある。

(注)

1 Stephen L. Vargo and Robert F. Lusch, "Why 'service'?," *Journal of the Academy of Marketing Science*, 36 (Spring 2008), 25-38.
2 Herbert H. Clark, *Using Language* (Cambridge University Press, 1996).
3 Stephen L. Vargo and Robert F. Lusch, "The four services marketing myths: remnants of a goods-based, manufacturing model," *Journal of Service Research*, 6 (May 2004), 324-335.
4 Vargo and Lusch, "The four services marketing myths."
5 市場交換は，交換の媒介物を通じて行われずに物々交換によって行われることもある。人々は，マーケットプレイスに行くこともできるし，自身のサービス・オファリングを交換するための市場を開設することもできる。そのうちのいくつかは，今日ではインターネット上で行われている。
6 交換システムを研究するためにS-Dロジックを拡張した例については，Anthony Pecotich, Don R. Rahtz, and Clifford J. Shultz Ⅱ, "Systemic and services dominant socio-economic development: legal, judicial and market capacity building in Bangladesh," *Australasian Marketing Journal*, 18: (2010), 248-255. を参照されたい。
7 Raymond P. Fisk, Stephen W. Brown, and Mary Jo Bitner, "Tracking the evolution of the services marketing literature," *Journal of Retailing*, 69 (Spring 1993), 61-103.
8 Robert F. Lusch and Stephen L. Vargo, "Service-dominant logic as a foundation for a general theory," in Robert F. Lusch and Stephen L. Vargo (eds.), *The Service Dominant Logic of Marketing: Dialog, Debate, and Directions* (Armonk, NY: M.E. Sharpe, 2006), pp.406-420.
9 Robert F. Lusch and Frederick E. Webster, Jr., "A stakeholder-unifying, co-creation philosophy for marketing," *Journal of Macromarketing*, 31: 2 (2011), 129-134.
10 Robert F. Lusch, Stephen L. Vargo, and Mohan Tanniru, "Service value networks and learning," *Journal of the Academy of Marketing Science*, 38 (February 2010), 19-31.
11 Lusch and Vargo, "Service-dominant logic as a foundation for a general theory," p.412.
12 Edith Tilton Penrose, *The Theory of the Growth of the Firm* (Oxford: Basil Blackwell, 1959); Jay Barney, "Firm resources and sustained competitive advantage," *Journal of Management*, 17: 1 (1991), 99-120; S. A. Lippman and R. P. Rumelt, "Uncertain imitability: an analysis of interfirm differences in efficiency under competition," *Bell Journal of Economics*, 13: 2 (1982), 418-438; Birger Wernerfelt, "A resource-based view of the firm," *Strategic Management Journal*, 5:2 (1984), 171-180.
13 Shelby D. Hunt, *A General Theory of Competition: Resources, Competences, Productivity, Economic Growth* (Thousand Oaks, CA: Sage Publications, 2000).

14 Robert F. Lusch, "Marketing's evolving identity: defining our future," *Journal of Public Policy and Marketing*, 26 (Fall 2007), 261-269.
15 Robert F. Lusch and Michael Harvey, "The case for an off-balance-sheet controller," *Sloan Management Review*, 35 (Winter 1994), 101-105.
16 S-Dロジックの規範的および倫理的な側面に関するより多くの洞察については, Gene R. Laczniak, "Some societal and ethical dimensions of the service-dominant logic perspective of marketing," in Robert F. Lusch and Stephen L. Vargo (eds.), *The Service-Dominant Logic of Marketing: Dialog, Debate, and Directions* (Armonk,NY: M.E. Sharpe, 2006), pp.279-285; Gene R. Laczniak and Nicholas J. Santos, "The integrative justice model for marketing to the poor: an extension of S-D logic to distributive justice and macromarketing," *Journal of Macromarketing*, 31 (June 2011), 135-147.を参照されたい。
17 Laczniak and Santos, "The integrative justice model for marketing to the poor : An Extension of S-D Logic to Distributive Justice and Macromarketing."
18 利害関係者, 価値提案, S-Dロジックに関するより多くの洞察については, Pennie Frow and Adrian Payne, "A stakeholder perspective of the value proposition concept," *European Journal of Marketing*, 45;1-2 (2011), 223-240.を参照されたい。
19 Lusch and Webster, "A stakeholder-unifying, co-creation philosophy for marketing."

第Ⅱ部
パースペクティブ

第5章
すべてアクター・トゥ・アクター(A2A)である

> 　私が考えるに，人類が抱くニーズから国家というものが生まれる。我々は皆，多くの欲求を持っているが，欲するものすべてを自給自足できる人はいない。我々は多くの欲求を持っており，また，それらの欲求されたものを供給することが多くの人々に求められている。ある人はある目的のために助力者を迎え，また別の目的のために別の助力者を迎える。そして交換相手と助力者を含む3人がある居住地に一緒に集まる時，その居住地は国家と呼ばれるようになる。そして彼らは，交換が自分たちの幸福のためになるという発想の下に，互いと交換をし，ある人は他の人に何かを与え，また別の人は他の人から何かを与えてもらう。
>
> プラトン『国家』

はじめに

　2000年以上も前に，プラトンは，アクターたち（例えば，人々）はサービス・ドミナント（S-D）・ロジックがサービスすなわち適用されたスキルやコンピタンスと呼ぶものの交換を通じて互いに依存していると説明した。1800年代中頃，バスティアは，この現象を**サービスとサービス**の交換と認識し，それが経済学や経済を理解するための基盤であると主張した。グローバルにつながっているビジネス事業体，政府，人々を含むアクターやそれらのコミュニティのネットワークがより拡大するにつれて，社会や経済といった世界を理解するには，より複雑な理論，枠組み，概念，モデルが求められると信じるのは容易なことである。しかし第1章で我々が主張したように，S-Dロジックは，人間による交換と交換システムを理解するためのより抽象的で，より単純（だがより広範）で，より一般的で，かつ超越的な枠組みである。グローバルに相互依存的で相互接続的な世界では，プラトンの言葉の背後にある単純な真実，それはすなわち，我々は皆，互い

の福利のために交換を通じて互いにサービスしている²ということが, しばしば見過ごされてしまう。

　アクターを包括的に捉えることで, 経済や社会も含み, かつ学問分野を超越した人間の交換システムのロジックの開発が可能になる。我々は, このことは学問分野に堅牢な実践的適用性を持たせることも可能にすると主張する。しかしこのことは, 一般に, マーケティング・サイエンスやマーケティング理論にとって十分な論拠となっていなかった。むしろ, アクターたちは, 典型的には別個の役割や機能という観点から識別されている。恐らく, アクターたちを区別する最も一般的な表現は, しばしば「B」と短縮表記されるビジネスあるいは生産者と, しばしば「C」と短縮表記される消費者あるいは顧客というものだろう。また, アクターのこの単純な区分法は, 実際には理論やその他のナレッジ枠組みの堅牢性を抑制, 制限, 限定してしまう。

　包括的な名称を付すのに「B」と「C」のいずれかを選択しなければならないとしたら, 我々は「B」を選択する。その理由は, すべてのアクターに共通する特徴を捉えるには「ビジネス」が最もぴったりくる表現だからだ。すなわち, BであれCであれ, 他のアクターたち（他の「B」あるいは「C」）と市場で交換できる新たな資源を創造するために様々な源泉から獲得した資源を統合し変換するという点を考慮すれば, BとCの双方ともビジネスであると理解できる。要するに, 「顧客」に関しても, 資源を統合し, 変換し, 交換するアクターという観点から特徴づけることができるということだ。したがって, それ以外の経済的（および社会的）アクターについても同じように特徴づけることができる。例えば, 真の意味で家族がそうである。家族は, 様々な他のアクターたちとの交換を通じて資源を獲得し, そしてさらなるサービス交換を通じて新たな資源を創造するために, それらの資源を統合したり変換したりする。実際, 「経済学」という用語は, 古代ギリシャに由来し, それは家庭を治めたり管理したりすることを意味している。ビジネス事業体や家族だけでなく, 政府機関, 学校, 大勢の他の非営利組織も同様に資源の統合や変換, さらにはサービスの交換に従事している。

　広くかつ抽象的なパースペクティブから見れば, ビジネス, 家族, その他の組織は, 新たな資源を創造するために資源の獲得, 統合, 変換に従事し, そして価値を共創するために他のアクターたちと交換を行う際にそれらの新しい資源を用いている。このパースペクティブは, ビジネス, 家族, 非営利組織や政府も含めたその他の組織は本質的かつ抽象的には同じものだと捉えることへと注意を向け

第5章 すべてアクター・トゥ・アクター（A2A）である　　121

始める。この洞察は，交換と交換システムをアクター・トゥ・アクター（A2A）・インタラクションという観点から定義することに我々を導いた。重要なことに，この考え方は，約40年前に交換の組織された行動システムとしてバゴッジがマーケティングについて議論した記述内容と類似している。バゴッジは，「社会的アクター，それらのアクターの互いとのリレーションシップ，それらのリレーションシップ内での社会的アクターたちの行動に影響を及ぼす内生的および外生的な変数の集まり」[3]として交換システムを定義した。他の研究者たちも，市場交換システムの一部であるエンティティの多様な集まりを特徴づけるために「アクター」という用語を使用する慣例を受け容れた[4]。

　S-Dロジックを理解するには，A2A交換におけるアクターたちは交換システムの一部であると認識することが極めて重要である。我々が第3章で議論したように，S-Dロジックの公理2は，価値は常に共創されるというものである。価値が常に共創されるとしたら，リレーションシップという概念は，リレーションシップの本質は生産者あるいは企業と顧客との間で繰り返される取引であると主張するグッズ・ドミナント（G-D）な見方を超越するものとなる。さらに，このパースペクティブは，価値は線形かつ順序立てて創造され，流通され，破壊されるという価値に対する誤った概念化から，アクターたちによるかなり複雑で動的な交換システムが存在するという概念化へと移行する。これらのアクターたちは，関係的に価値を共創し，それと同時に集団的かつ個人的に「価値」が評価される文脈も共同的に提供する[5]。本章の後半で様々なタイプの交換制度について議論する際に説明するが，このパースペクティブは，リレーションシップはA2Aネットワーク内のアクターたちの共通の制度から切り離すことができないことも示唆している。本質的には，これは制度的な構造の中に埋め込まれた包括的なアクターのシステムズ・ビューを指し示している。そのようなシステムズ・ビューは，ビジネス事業体のようなある特定のアクターはどうすれば他のアクターたちや社会にサービスをより効果的に提供できるのかということに関して，より狭くよりミクロなパースペクティブのみから提供できる洞察よりも豊かな洞察をもたらすことができる。

　そうだとしたら，このパースペクティブは，A2Aという世界では企業と顧客という呼称は無用であることを意味しているのだろうか。この質問への答えは，間違いなくノーだ。依然としてそれらの呼称は，ある特定の視点から包括的なパースペクティブを論じる際には一定の役割を果たすことができるし，また果たさ

なければならない。ある特定の視点とは経済的交換という視点のことで，経済的交換の視点から包括的なパースペクティブを論じる際には，伝統的に呼ばれてきた企業と顧客という呼称で呼ぶことが有用である。その際には，相対的に直接的なサービスを提供する（すなわち，直接的にあるいはグッズを通じて間接的に提供する）アクターは「企業」と呼ばれ，経済的な媒介物（例えば，貨幣）を通じて企業に間接的にサービスを提供するアクターは「顧客」と呼ばれる。したがって，他のアクターにサービスを提供するという意図の下にある特定のコンピタンスを伴って「市場に行く」アクターは企業と見なせる（さらには生産者と呼ぶこともできる）だろうし，サービスの提供を受けて，それに対してお金で報いるアクターは顧客と見なせる（さらには消費者と呼ぶこともできる）だろう。しかし，より広範なパースペクティブからは，生産者と消費者の双方とも同じ包括的な活動に従事する資源統合アクターであるということと，すべての顧客は本質的には生産者あるいは企業（すなわち，事業体）でもあるということが明らかにされなければならない。「生産者」と「消費者」という用語はほとんど有用なものではないし，また恐らくS-Dロジックの中にそれらの用語の存続を許可するのはかなり不適切である。要するに，焦点企業は，ある特定の視点から見た時にだけ「企業」となる。生産者と消費者という区分は，アクターが置かれている状況や相対的な役割，さらにはそのアクターのパースペクティブに依存する。

区分の撤廃

　人類文明の進化を通じた専門化と分業（ナレッジとスキル）の高まりに関連して，アクターたちは，より相互依存的になっている。アクターたちがより専門化するようになると，アクターたちにはますます交換の必要性が増し，この傾向は，一方のアクターがより優越的かつ支配的な立場となり，他方のアクターが受動的な立場となることを生じさせた。このことは，支配的な立場にあるアクターはオペラント資源で，受動的な立場にあるアクターはオペランド資源であるというのに似ている。例えば，顧客に対する生産者およびビジネス事業体，従業員に対する雇用者，患者に対する医師，学生に対する教師，信者に対する牧師はすべて，後者の方がより経験があり，豊富なナレッジを持ち，革新的で進取の気性に富み，より賢明で，主導的であるということから，サービス・プロバイダーとしての彼らの地位を手助けしていた。ある意味，それがどのように進展してきたのかを理

解することは理にかなっている。なぜならば，間接的交換によって，サービス・オファリングを提供するために適用したナレッジとスキルを用いるのがサービス・プロバイダーとなり，（交換が間接的な場合には）そのオファリングとの交換にサービス権利（経済的貨幣）を用いてそのオファリングを単に受取るだけなのがもう一方の受益者アクターとなるからだ。そのため，サービス・プロバイダーは，受益者がサービス権利を得るために用いる適用したナレッジとスキルを目にすることはなく，単に適用したナレッジとスキルの代替をなすサービス権利を目にするだけである。サービス・プロバイダーをオペラント資源と見なし，受益者をオペランド資源と見なすこの伝統的な見方が，G-Dロジックや，あるアクターによって価値が生産され，別のアクターにその価値が引き渡されるという価値創造に対する線形的な考え方を構成している。しかし，我々がこれまで主張しているように，顧客は常に価値の共創者である。

S-Dロジックでは，サービス受益者は，自身の関連システムの生存可能性を高めようと試みる進取の気性に富む資源統合者として理解される。すなわち，サービス受益者は，価値を共創するために，他の資源と統合される資源を提供するサービス・プロバイダーを通じて利用可能となった資源を統合する。それらの他の資源には，アクター自身の経験，ナレッジ，創造的な革新能力が含まれる。B2B取引に関する伝統的な研究は，長い間，サービスを提供するビジネス・アクターが自社のサービス・オファリングを開発したり再編成したりするに当たって，オファリングの受益者はそのビジネス・アクターを手助けする経験やナレッジの重要な源泉となりえると認識していた。サービスを供給するビジネス・アクターのオファリングを使用したり統合したりすることによって，受益者はそのオファリングの不十分な点を学び，そして価値共創を強化するためにオファリングを改良したり修正したりする創造的な方法を発見するというのが，そのように認識していた理由である。しかし，しばしばB2C取引に関する伝統的な研究では，オファリングの受益者は経験やナレッジの重要な源泉と見なされていない。言い換えれば，B2C取引に関する伝統的な研究では，顧客はオペラント資源としてではなくオペランド資源として見なされているのだ。[6]

組織という文脈においては，G-Dロジックの下では，従業員は（顧客に対する企業の扱い方と同じように）オペランド資源として扱われている。経営学の分野では，マグレガーはX理論Y理論を開発した。この理論は，本質的には従業員をオペラント資源としてではなくオペランド資源として扱うことを説明してい

図表5.1　G-Dロジック─区分と分離─

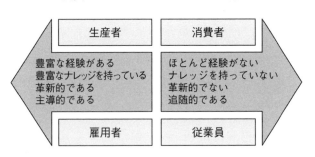

た。X理論の下では，雇用者は，従業員アクターは仕事が嫌いなので，元来，彼らは怠け者で仕事をやる気がないというパースペクティブを保持している。そのため，雇用者は，従業員アクターの活動をしっかりと管理して指導するための監督およびコントロールの仕組みを開発し，従業員アクターにやりたくない仕事をさせる必要がある。簡単に言えば，従業員アクターは，オペランド資源と見なされているのだ。X理論とまったく正反対のものがY理論である。Y理論は，従業員アクターは仕事を楽しみ，仕事の中に激励や報酬を見出し，それによって彼らは自己動機づけしたり，さらには自己コントロールしたり彼または彼女のサービス提供活動を容易に管理したりできると仮定する。また，これらの従業員アクターは，ある特定の状況への最善のソリューションを雇用者が従業員に押しつける場合よりも上手く問題を解決するのを手助けする創造的なスキルを含むナレッジとスキルを有しているとも見なされている。つまり，従業員アクターはオペラント資源なのである。図表5.1は，G-Dロジックでの人的アクターの扱い方について，消費者と従業員の双方の間には，いずれもオペランド資源として扱われ，元来のオペラント資源としては実際には扱われていないという驚くべき類似点が存在することを示している。繰り返すが，このG-Dロジックによる扱いのほとんどは，言語やそれらの用語が意味するものの支配力によるものだった（パフォーマティビティのもう1つ別の事例）。

包括的なアクター・トゥ・アクター交換

　A2A交換ネットワークは，実際には，いくつかの一般的な交換のタイプからなるだけでなく，いくつかのタイプの交換制度からもなっている。我々は，第8

章において，それらのA2A交換ネットワークがより全体論的なサービス・エコシステムにそれ自体をどのように組み入れるのかを示している。しかし，差し当たりA2A交換の理解に着手する手段としては，人的アクター間での3つの一般的な交換のタイプをレビューするのが役に立つ。さらに人的アクターが交換を促進させるために開発した3つの制度と，さらにハイブリッド交換システムとして考えられている第四の制度を加えた4つの制度について議論することも有用である。

一般的な交換のタイプ

　3つの一般的な交換のタイプには，限定的な交換，一般化された交換，複雑な交換がある[8]。各々のタイプは資源を交換する方法であり，またそれはアクター・ネットワークと関連づけられる。しかし，他のアクターから資源を獲得するのは，交換という形態がすべてではなく，資源共有というケースもある。資源共有の例には，家庭の資源を共同で負担することや子育てすることが含まれる[9]。

〈限定的な交換〉

　限定的な交換とは，あるアクターがもう一方のアクターと交換するというダイアディックな交換のことである。アクターAはアクターBと受け渡しを行い，同時にアクターBもアクターAと受け渡しを行う。このため，限定的な交換は，しばしば互恵的交換と呼ばれることもある。これまでに議論したように，それらのアクターは，企業，組織，雇用者，従業員，顧客，クライアント，卸売業者，小売業者，生産者，投資家，株主といった様々な名称の役割を負っている。図表5.2のAは，限定的な交換を示している。

　経済学，経営学，マーケティング，さらにはビジネス全般でのほとんどの研究の焦点は，明示的ではないにしても暗黙的には限定的な交換に置かれていた[10]。マーケティングという学問分野には，消費者行動，戦略的マーケティング，サービシィーズ・マーケティング，B2Bマーケティング，国際マーケティングを含む様々な下位分野がある。それらの様々な下位分野に共通するのは，限定的な交換すなわちダイアディックな文脈での交換と呼ばれるものに対して一般的な焦点を当てていることである。

　限定的な交換に関しては，各々のアクターが相互主義の一形態である交換から利益を得たり，交換によってより豊かになることに一般的な焦点がある。双方の

図表5.2 交換のタイプ

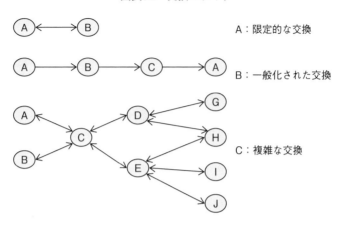

当事者がより豊かになり，かつリレーションシップを発展させるために，しばしば相互信頼，平等，公平性のような概念に焦点が置かれる。しかし，反復的な交換を反復的な経済取引と同一と見なし，それを「リレーションシップ」と呼称している点において，この焦点はほとんどG-Dロジックのままである。しかし，リレーションシップに対するS-Dロジックのパースペクティブは，限定的な交換を超越する。信頼，平等，公平性とは，限定的な交換を基にアクターによって独自に評価されるものでなく，それはむしろ多くの場合，社会システムにまで至るより大きなA2AネットワークやA2A交換システムの一部をなす規範，文化，その他の共通の制度に照らして評価されるものである。またそれは，価値が創造される範囲よりも広いシステムの中にもある。その理由は，価値共創に統合される資源の少なくともいくつかは，制度や社会的資源だからである。

〈一般化された交換〉

一般化された交換では，少なくとも3つのアクターが暗示される。3つのアクターは互いが直接的に交換を行うことはないが，他のアクターを通じて間接的に交換を行う。この状況では，直接的な交換は共生的でも相互的なものでもないが，終局的には各々のアクターがベネフィットを得ることになる。簡潔に言えば，共生関係は終局的なものであり，相互的なものではないということだ。この交換の連鎖は，アクターAはアクターBにベネフィットを与え，アクターBはアクターCにベネフィットを与え，その後，アクターCがアクターAにベネフィットを与

える。したがって，アクターたちは互いに直接的にベネフィットを与えるのではなく，間接的にそれを行う。図表5.2のBは，一般化された交換を図式化したものである。

　アクターたちは，しばしば組織内で一般化された交換に従事することが多いが，それは（組織の一形態である）家庭内で行われることもある。例えば，家庭内でよく行われている一般化された交換について考えてみてほしい。一方の親（アクターA）は，配偶者である他方の親（アクターB）が普段行っている家庭内の雑用のいくつかを手伝うことがあるだろう。また，他方の親（アクターB）は，数時間の間，公園に子供（アクターC）を連れて行くこともあるだろう。その子供（アクターC）は，普段は一方の親（アクターA）が行っているスイミング・プールの掃除を週末にやってあげることで一方の親（アクターA）を驚かそうと決心することもあるだろう。一般化された交換という概念は，組織内の職場でも常に生じている。それは，組織内で遂行されるサービスの多くが，ダイアディックな関係での直接的な交換価値取引によって効率的かつ直接的に報いることができないためである。より正確に言えば，一緒に仕事をしながら互いとサービスを交換する相互依存的なアクターたちはその組織のチーム・メンバーとして理解され，メンバーが他のメンバーに直接的に報酬を支払うことはなく，彼らが所属している組織が各々のメンバーに対して直接的に報酬（サービス権利）を支払っている。また，一般化された交換は，組織独自の文化や制度を通じて，組織が労働者たちに対して，直接的に市場と接点のない仕事をさせたり，実際には互恵的でないこともさせたりできる。例えば，大学が教員にサバティカルを認める場合や，ビジネス事業体が自社のエンジニアや科学者に対して彼らの属するプロジェクトに一定時間のみを費やし，それ以外の時間は学術ジャーナルへの投稿に充てることを許可する場合などが該当する。後者の例の活動の多くは，実際には，組織内のアクターたちに新しいスキルとナレッジを探求させたり育成させたり，また資源統合の可能性やそのような活動なしには発見できない創造の可能性を発見させたり認識させたりすることを可能にする。[11]

　一般化された交換は，ビジネス内あるいは家庭内での内部交換に特有のものではない。そのような交換は，市場でも見ることができる。地域の自動車ディーラー（アクターA）がその地域の子供聖歌隊（アクターB）に慈善寄付をすることによって，その子供聖歌隊主催のホリデー・コンサートの後援者（アクターC）はその自動車ディーラーの気前の良さに心を打たれ，その自動車ディーラー（ア

クターA）からより多くの自動車や自動車向けサービスを購入するといった事例を考えてみてほしい。この場合，共生関係や互恵関係は相互的（直接的）なものでなく，終局的（間接的）なものとなる。

〈複雑な交換〉

　複雑な交換では，先ほどと同様に少なくとも3つのアクターが必要とされる。アクター間での直接的な交換は，各々のアクターに対して少なくとも一回は行われる。しかし重要なことは，複雑な交換システムは，「相互連結されたリレーションシップのウェブ」[12]によって編成されるということだ。我々は，流通チャネル，マーケティング・チャネル，あるいはサプライ・チェーンとして歴史的に呼ばれてきたものではなく，S-Dロジックが価値星座あるいはサービス・エコシステム（これについては第8章でより十分に議論する）と呼ぶものによってそれを例証する。ブランドの付された部品を供給するアクターAとBという供給業者がアクターCにその部品を販売し，そのアクターCは購入したその部品をシステム・ソリューションに組み付けてアクターDとEに卸売し，さらにアクターDとEはそのシステム・ソリューションをアクターG，H，I，Jに保守サービス契約付きの掛取引で販売するという状況を考えてみてほしい。図表5.2のCは，この複雑な交換というタイプを示している。

　特に，時代が経つにつれてアクターと他のアクターたちがより専門化するようになると，アクターたちはほとんどが複雑な交換の一部となる。しかしそれは，それらのアクターが交換システムの複雑性を認識していることを意味するものではない。この複雑性は，アクターたちが交換システムをズームアウトし，そして他のアクターや資源との関係についてその交換システム内での自身の居場所を確かめる時に観察することができる。これについては，第3章の図表3.4の資源統合を通じたサービス交換と価値共創の図の中に示されている。

交換制度

　交換が進化するのに併せて，人間は交換のための少なくとも3つの主要な制度を開発してきた。それは，互恵主義，再配分，市場交換である[13]。やがてその後，第四の制度が出現した。それは，上記3つの純粋な形の制度の様々な組合せからなるハイブリッド交換システムという制度と考えることができる。

〈互恵主義〉

　恐らく最も古い交換制度は互恵主義だろう。この制度は，贈答や祝宴，贈答フェスティバル，原始的な経済システムをその起源とする。互恵主義には，アクター間での義務の交換も含まれる。それは，他のアクターを手助けしたり支援したりするのは利他的なことではなく，一般には，直近での直接的な手助けおよび支援と将来への間接的な手助けおよび支援に対する期待を相手に植え付けるという考えに基づいている。S-Dロジックの用語一覧において，交換されるのはサービスすなわちサービス義務である。

　贈答のような互恵主義の諸形態は古代文明の中で行われていただけでなく，それらは現代社会でも行われている。互恵主義は，家庭内や組織内でいつでも行われる。例えば，家庭内のあるアクターは夕食の調理をし，その家庭内の別のアクターはテーブルを掃除したりお皿を洗ったりして，夕食の調理をしてくれたアクターに報いる。組織内のあるマネジャーは入社間もない若手の同僚に助言し，その若手の同僚はクライアントからの予測していなかったいくつかの要求にそのマネジャーが応えるのを手助けすることによって，そのマネジャーに報いる。中央政府の若手上院議員は法案を通す際に先輩上院議員を支持し，その先輩上院議員は重要な委員会にその若手上院議員を加入させることによって，その若手上院議員に報いる。S-Dロジックの大部分とリレーションシップに対するS-Dロジックの見方は，アクターたちがお互いを適切に扱う時には彼らは互いに報いるだろうし，そのアクター間のリレーションシップは団結や相互関係の1つとなるだろうという発想に基づいている。予想されるように，それは，反復的なインタラクションや交換がアクター間で行われるという発想にも基づいている。

〈再配分〉

　もう1つの交換制度は再配分で，これは権威者や中心的なアクターが他のアクターたちが持つグッズやサービス・キャパシティを集結させたり保持したりして，それを何らかのタイプの習慣，伝統，ルール，あるいは単に法令に従ってアクターたちに配分し直す時に生じる。現代社会では，再配分は租税制度の中で良く知られている。例えば，売上税あるいはいくつかの国々が「付加価値税」と呼ぶものの場合，政府によって各々の経済的交換の一部（サービス権利）が税金として徴収され，その後，直接的あるいは間接的のいずれかの方法で別のアクターたちにそれが再配分される。しかし，国からのサービシィーズがその社会のアクター

全体に平等に再配分されることはなく,むしろそれは困窮状態や身体的な弱さのような何らかの別の基準によって行われる。例えば,経済的に困窮しているアクター,子供,さらに高齢者たちは,より多くのニーズを有していたり,より身体的な弱さがあるため,より多くのサービスを受けたり,より多くのサービス権利を与えるのに値する存在と見なされるだろう。

再配分は,政治制度だけでなく,企業や家庭の中でも良く知られている。例えば,大企業では,経営幹部が余剰のキャッシュ・フローや資源を集めて,戦略計画,成長に必要な資本の量,その他の理論的根拠に従って事業部門や戦略事業単位(SBU)にそれらを再配分するのは珍しいことではない。また,そのような再配分は,非営利組織でも行われている。例えば,公立大学では徴収した授業料やその他の収入源から資金を集めて,それぞれの学部や学科にそれらを再配分している。家庭では,親が財務的資源,給与,その他の収入を貯蓄し,必要に応じて家族のメンバーにそれらを再配分している。いくつかの家庭では,すべての子供が自家農場で仕事をしたり家業を手伝ったり,あるいは家の外で働いて収入を得て,それらの子供たちが生み出した資源を世帯主が受け取ってその家族またあるいは家族以外のアクターに再配分している。

〈市場交換〉

アクターたちの専門化に伴って生じた交換の必要性に対処するために開発された最後の制度は,市場交換である。市場交換においては,アクターたちは取引可能な資源の交換価値を見定めることに直面する。経済学者たちはこれを市場の「見えざる手」と呼んでおり,市場交換においてはこの見えざる手が資源の価格を決定し交換を手引きする。また,市場とは1つの制度でもあり,それは資源の利用がより少なく,かつより多くの資源を使わずに済むものは何かをアクターたちが理解するのに便利な方法を提供するために開発されたものである。例えば,石油や銅のような資源の市場価格が上昇した場合には,アクターたちにはその資源を大切に使わなければならないというシグナルが送られる。したがって,価格(交換価値)は希少な資源を配分するに当たって重要な役割を果たしている。しかし,市場で取引されない私的な資源や公的な資源の統合については,市場交換や市場価格では明らかにされない。しかしそれらの資源は,アクターたちが彼らのシステムの生存可能性を維持したり高めたりするのに不可欠なものである。

市場や市場価格は,組織内,家族内あるいはその他の集合体,そしてさらには

アウトソーシングの際に行われる交換にも影響を及ぼす。マネジャーたちがアクターたちの給与や賃金を設定する時に，そのアクターの市場価値を考慮せずに彼らの給与や賃金を設定するのは難しい。家族内には，より多くの市場価値を有するアクターがいるかもしれない。例えば，家族内にいるそのようなアクターがサービス権利（給与や賃金）を得るために家の外で働く場合には，彼または彼女は家の中の掃除や庭の手入れのようないくつかの家事を他の人にアウトソーシングするだろう。簡潔に言えば，アクターたちがより専門化し，別のアクターたちがその適用した専門化されたナレッジとスキルを必要とするにしたがって，専門家たちは自身のスキルやコンピタンス（サービスの潜在能力）を金銭的報酬やサービス権利と交換し，他に必要なサービスまたは欲していたサービスを手に入れるためにその手に入れたサービス権利を使うだろう。

〈ハイブリッド交換システム〉

　最後に，ハイブリッド交換システムというのは，基本システム（互恵主義，再配分，市場交換）のうちの2つあるいは3つすべてを様々な割合で組み合わせた交換制度のことである。実際は，多くの先進経済圏や第8章で議論されるようなほとんどのサービス・エコシステム内での市場交換システムとして説明されているものは，それらの制度化された交換形式の3つすべてを組み合わせたものである。これを認識したのはハーバート・サイモンで，彼がこれを認識したのは，アメリカ合衆国は市場経済ではなく市場・組織経済であると観察した時だった。市場・組織経済では，組織が市場ベースではない多くのタイプの交換のための入れ物となっており，それは経済的な特徴を持つものもあれば社会的な特徴を持つものもある。さらに一歩進んで，アメリカ合衆国や他の多くの国々は，市場・組織・政府経済と考えることができる。言うまでもなく，サービスを手に入れたり他のアクターに自身のサービスを提供したりする際のアクターたち（企業や家族）による経済的取引の多くに見られるように，市場交換も確かに存在するが，自然災害に直面した時や援助が必要な時のような，あるアクター組織が他のアクター組織を手助けする場合など，アクター組織の中には互恵主義の事例も多く見られる。また，先ほど説明したように，それらのアクターの組織内には資源やサービス権利の再配分も存在している。

要　約

　包括的なA2Aネットワーク・パースペクティブは，サービスとサービスの交換を理解するのにかなりの潜在性を提供する。しかし，サービスとサービスの交換を理解するには，G-Dロジックのいくつかの概念を置き換える必要がある。その理由は，G-Dロジックの概念のいくつかは思考を制限してしまう性質を有しており，またG-Dロジックの概念は人的アクター間での交換を限定的に捉えてしまうように思考や意味づけを導いてしまうからである。真っ先に置き換えられる必要のあるG-Dロジックの考え方の中には，一方のアクターを価値の創造者である生産者と見なし，他方のアクターを価値を使い果たしたり破壊したりしてしまう消費者と見なす考え方が含まれる。また，G-Dロジックの最前線には，リレーションシップを市場経済における反復的かつ互恵的な経済交換の一種と捉える考え方もある。包括的なA2Aパースペクティブは，S-Dロジックの公理や基本的前提と相まって，すべてのアクターを潜在的にオペラント資源を統合する価値の共創者と見なす。サービス交換は互恵的あるいは直接的なものではなく，その多くが間接的なものである。それ故に，交換を一般化された交換，複雑な交換として理解し，そして交換制度を互恵主義，再配分，市場交換，ハイブリッド交換システムとして理解することもまた重要である。第8章で我々が議論するように，サービス・エコシステムは，そのほとんどが互恵主義，再配分，市場交換からなるハイブリッド交換システムである。

図表5.3　リレーションシップ階層

リレーションシップ階層	内容
共通の上位制度としてのリレーションシップ	・宗教的な ・文化的な ・政治的な（地位）
共通の制度としてのリレーションシップ	・ブランド ・交換の規範
価値共創としてのリレーションシップ	・資源統合 ・文脈 ・反復的な愛顧
互恵的な交換としてのリレーションシップ	・サービスとサービス

したがって究極的には,「リレーションシップ」という概念は,入れ子状の意味階層という観点から理解されるべきである(図表5.3参照)。リレーションシップは取引によって生じるのではなく,それはむしろA2Aネットワークの中に浸透しているものである。取引とは,それらのA2Aネットワーク内でのリレーションシップの中で,時折,生じるものである。宗教,文化,政治のような共通の上位制度が存在するので,リレーションシップはA2A交換ネットワーク内で常に行われていると捉えることができる。共通の上位制度は,すべてのA2Aネットワークを通じてその制度自体を作り上げていく。この入れ子状の意味階層の下には,共通の制度があり,それにはブランドや交換の規範が含まれる。[16] さらにこの入れ子状の意味階層の下では,資源統合や反復購買によって生じる価値共創を基礎としたリレーションシップが構築される。最も下位の階層には,互恵的なサービスの交換としてのリレーションシップがある。

アクター中心の交換システム

先ほど議論したことによって,包括的なA2A交換パースペクティブは,単一のアクターやダイアディックなアクターの交換関係にのみ焦点を当てるのは限定的で,アクターたちやダイアディックな交換関係はアクターのより大きなネットワークに埋め込まれており,それらアクターたちはサービス・システムの中や社会の制度構造の中で交換を行っているという主張を支持し始める。さらに,S-Dロジックの他の中心をなす発想と併せてA2Aパースペクティブを採用した場合には,伝統的に採用されてきた「顧客中心性」や「顧客志向」は無意味ではないにしても不要なものとなる。G-Dロジックでは,企業だけに顧客がいる。それは,企業は顧客中心的になる必要があることを暗示しており,またそれは自明であるとされている。したがって,企業が採用しているG-Dロジックというパースペクティブを取り除くと,顧客はいなくなる。(少なくともS-Dロジックでは)顧客に焦点を当てることは限定的な目的でしかない。その目的とは,受益者アクターが顧客になるように(より最近では,アクターを顧客として維持するために)それらのアクターを十分に理解することである。

アクター中心性

企業とそれらの顧客たちが,経済や社会を理解するための基盤ではない。それ

らはもちろんビジネスを理解するための基盤でもない。むしろ、経済、社会、ビジネスを理解するための基本的な基盤は、アクター間、アクターのネットワーク内、サービス・システム内、さらにより広範には社会の中でのサービスとサービスの交換である。すべてのアクターが彼ら自身の関連システムの中心にあり、自身の関連システムの生存可能性を高めようと試みている。また、すべてのアクターが他のアクターや資源と直接的に結びついており、またネットワークや、あるいは次第に離脱したりリレーションシップや複雑な交換の入り組んだウェブを通じて加入したりする他のアクターやネットワークからなるシステムと間接的に結びついている（図表5.2のCおよび図表3.2参照）。このことは、アクター中心の交換システムを暗示している。そのような交換システムでは、すべてのアクターが互いの関連システムのノードになっている。すなわち、すべてのアクターが彼ら自身のシステムの中心にいるが、しかしその場所はかなり遠く離れた他のアクターのシステムの縁でもあるということだ。

　アクターは彼ら自身の関連システムの生存可能性を高めようと試みているので、当然のこととして、**アクター中心的なパースペクティブは価値中心的なパースペクティブ**でもある。しかし重要なことに、アクターと資源は互いに結びついているため、アクターが彼ら自身の関連システムの生存可能性を高めようと行動する時には、彼らは他のアクターのシステムに影響を及ぼしたり作り変えてしまうといったトートロジカルなものになってしまう[17]。言い換えれば、あるアクターが役割を果たす文脈が別のアクターの文脈に影響を及ぼし、また同様に、別のアクターが役割を果たす文脈があるアクターの文脈にも影響を及ぼしてしまう。アクターたちの離脱や加入といった行動を通じて、アクターたちはよりマクロなシステムを共創したり、あるいは彼らの環境を共創したりする。これは、アクターたちは環境内のニッチな領域に上手く溶け込むという進化の伝統的な考え方といくぶん異なり、むしろアクターたちはエフェクチュエーションを通じて少なくともある程度は彼らの環境を創造すると考える。これはさらに、サービス・システムや社会にとってかなり不可欠な部分をなす制度は社会的に構築されるということも示唆している。

　これは、アクターたちは制度や制度が提供する構造化されたソリューションからの制約を受けないことを示唆するものではない。制度は、アクターたちの行動を封じ込めたり、少なくともかなり制約してしまう「鉄の檻」を創造することがある[18]。しかし同時に、アクターたちはエージェンシーを保持しており、それらの

アクターが彼らの環境を創造するのを手助けするものの一部が市場あるいはマーケットプレイスであり，それはますますサービス（サービシィーズ）の交換のためのプラットフォームとなっている。

包括的なアクター：行動的なパースペクティブ

　S-Dロジックは，人間とアクターたちを関係的でかつ目的を持った存在と見なすが，人間もアクターも，他のアクターや制度によって可能性を与えられたり制約を受けたりする。一般に，人的アクターは，あまり制約されていない状況下や，またあるいはある程度の制約の下で行動するために，ある程度のエージェンシーあるいは能力を保持している。それらの関係的でかつ目的に駆動された行動の中で，人的アクターたちは，自身をより良い状態にしたり，あるいは自身の関連システムの生存可能性を高めるように意図された非強制的なサービス交換を通る経路を追求しようと試みる。しかしアクターたちは，新古典派経済学が主張するような完全に合理的で，洞察力に満ち，利潤最大化を目指すエージェントではない。アクターたちは，自身が明らかに完全に埋め込まれているネットワークやシステムを理解する能力も，遠い将来に良い利潤最大化アクターになっているか完全に理解する能力も保持していない。しかしアクターたちは，自身の周りの1歩ないし2〜3歩と前方の2〜3歩先まで，あるいはより直近の問題を解決する方法を理解したりすることはできる。洗練された計算法に関して，アクターたちは問題解決に関してほど堪能ではない。アクターたちは，集団的に制度を構築することによって多数の頻出する問題を解決する。例えば，互恵主義は人類で最も古い制度の1つである。互恵主義は，強制的かつ一方が損失を被るような交換ではなく，関係的で，共同的で，双方が利益となる交換の基盤を形成する。制度化されたソリューションは，アクターたちが特定のルールすなわち後に我々が人間の行動を調和させるための「巧妙な人的トリック」と呼ぶものに従うことで頻出する問題を解決する必要性を低減できるようにする。

　人的アクターたちは，完全なネットワークや構造を理解することができないかもしれないが，彼らの文脈や，システムの生存可能性のために新たなポジションに道案内する方法はかなり正確に理解することができる。しかしそれは，動的なA2Aネットワークという坩堝の中よりも静的な感覚の中の方がより当てはまる。アクターは，しばしば前進するために制度化されたソリューションを採用することが多い。しかし，制度化されたソリューションを特徴づけるルールには変動性

があるため，制度化されたソリューションの採用にはアクター間に相違があるのが一般的である。その上，システムの生存可能性の向上は，どんな場合でも一時的なものとなる。その理由は，これまでに説明したように，A2Aのネットワークおよびシステム内では，アクターたちは自身の文脈だけでなく他のアクターの文脈までも絶えず作り変え，それによって資源への彼らアクターたちのアクセスも作り変えてしまうからだ。

サービスとサービスの交換に中心的な焦点を当てることに関しては，アクターたちは利己的で，他のアクターに配慮することなく，自分に最も都合の良いことに焦点を当てるということを暗示するものではないと述べられなければならない。一般に，アクターたちが自身の関連システムの生存可能性を高めようと努力する時には，彼らは自分たちのために自身の参照枠組みを形作る「関連」システムを定義することになるが，その定義は他のアクターや制度によって影響を及ぼされることが理解される必要がある。個々のアクターたちは，しばしば自身の範囲を超えて関連システムを定義することが多く，またしばしば，より大きなコミュニティ，社会，あるいはより高い目的に上手く役立ちたいと思っている。

交換としての行動

あるアクターによる行動は，既にとった行動とそれまでに気づくことのなかった行動との間のトレード・オフと見なすことができる。このような考えは，機会コストという概念が基礎となっている。このような考え方は，少なくとも19世紀後半のオーストリアの経済学者だったフリードリヒ・フォン・ヴィーザーにまで遡ることができる[19]。

また，アクターたちが構造化されたシステム内にある程度のエージェンシーを保持しているとしたら，彼らの行動は一種の交換である。彼らは，次善の代替的な行動と（好ましいと考えて）とった行動とを交換しているので，その行動をとったアクターがそれを機会コストであると認識していようとなかろうと，そこには常に機会コストが存在する。このことは，行動中のアクターを認識し理解するための重要なポイントである。簡潔に言うと，交換の意味は，交換されなかったものの中で，あるいは代替的な行動として見送られた行動，すなわちしばしば機会コストと呼ばれるものの中で常に絡み合っているということだ。

あるアクターがレストランや映画館に行こうと決断する時の人間の行動を観察するのは容易なことである。そのアクターがレストランで食事をしたり映画館で

映画を見たりといった娯楽のための交換の際になぜサービス権利を手放すのか，そしてなぜサービス義務が生じたのかを理解するのも容易なことである。しかし，それらのサービス権利とサービス義務との間のトレード・オフは経済的な機会コストの観点から常に言い表せないため，それらがはっきりと目に見えるわけではない。その理由は，現象学的な価値はかなり複雑でかつ市場価格または交換価値と等しくならないことが多いためである。例えば，あるアクターが，週末に仕事に行く必要性があると判断し，孫あるいは最愛の人と計画していた旅行の予定を見送ると決断しなければならない時には，旅行を見送ったことによる機会コストを貨幣価値に置き換えるのは容易なことではない。要するに，ある程度のエージェンシーを保持しているアクターである人間のすべての行動には交換が含まれており，そのため行動には暗黙的にトレード・オフが含まれているということである。

密度探求としてのアクター

　資源密度という概念はノーマンの研究に基づくものだが，この資源密度とは，ある特定の時間と場所で，あるアクターが価値創造するために資源を集結させることを意味している。最大密度とは，ある特定の時間と場所で，あるアクターが実現しうる最大の価値を創造するために集結させた最も上手な資源の組合せのことである。新古典派経済学のモデルは，市場交換を通じて売り手のアウトプットと買い手の需要が具現化され，それによって価格が形成され，社会全体で効率的に資源が配分されると主張しているが，アクター中心的な経済の見方はそれとはまったく異なる。アクター中心的な経済の見方は，他のアクターたちと交換を行う進取の気質に富み，資源を統合する専門化したアクターたちは，より高い密度を得て，それによって自身の文脈的な価値共創システムの生存可能性を高めるために，アクターおよび資源ネットワークを活用していると考える。

おわりに

　A2Aネットワークに対する理解を促進させ，企業中心的な経済学の伝統的な考え方ではない，個々のアクターを取り巻く経済や社会に関する理論を構築するに当たっては，以下のような思考実験を検討してみてほしい。実験の場面設定は，ニューヨーク，パリ，モスクワ，東京，ラゴス，サン・パウロのような大都市で

の現在の資源密度と200年前の資源密度とを比較するという状況とする。200年という時間枠をより理解しやすくするため，人間が10回世代交代することを考えてみてほしい。200年というのは間違いなく短い期間である。この思考実験をさらに文脈化するため，食事の準備をアウトソーシングする際に典型的なアクターが保持している選択肢について考えてみてほしい。我々は，典型的なアクターにとっては現在の資源密度の方が200年（10世代）前よりも相対的に高いと結論づけられそうだ。現在では，家から出て，通常は家から2～3マイルの範囲内に，魅力的な価値提案を伴うほとんどすべてのタイプの外食産業のサービスオファリングを見つけ出すことができる。このオファリングには，中華料理，メキシコ料理，イタリア料理，インド料理，アメリカ・バーガーとフライ，ファストフード・レストラン，素晴らしい食事のレストラン，カフェテリア，フード・コート，ファミリー・レストラン，中食や惣菜を扱っていたり席に座って食事のできるカフェが併設されたスーパー・マーケットが含まれるだろう。これらのアウトソーシングというイベントにおいて，このアクターは多くの他の資源を統合する。それらの資源には，公共の道路や交通規則，クレジット・システム，輸送システム，他の家族活動や仕事活動が含まれる。このアクターは，彼または彼女のシステムの生存可能性を高めるために，これらの資源やその他の資源の統合をエフェクチュアルなやり方で絶えず行っている。

　しかし，この思考実験の文脈がわずかに変わるだけで，これとは異なる結果が生じる。食事の準備をアウトソーシングすることに直面する典型的なアクターの選択肢について考えるのではなく，アクターが市場交換を通じてサービスを購入したいと思っていない状況について考えてみてほしい。例えば，彼らが自分自身で食材を育て，それを調理して食べると決断する場合はどうだろうか。この状況では，現在の家庭の資源密度は，200年前の家庭よりも低くなるだろう。その理由は，ナレッジとスキル，時間，あるいは農場へのアクセスや農場で食物を育てるための他の資源を保有していないかもしれないからだ。ここでの重要なポイントは，S-Dロジックや資源密度およびシステムの生存可能性といった概念は，諸問題に対していかなるタイプの市場ソリューションも押し付けるものではなく，アクターたちにA2Aやサービスとサービスの交換が「強制」されない限り，他の交換制度や社会制度で対応するということである。強制されたあるいは非自発的な交換は興味深い研究領域だが，そこはまだS-Dロジックが焦点を当てていない研究領域である。

すべてのアクターが，自身のシステムの生存可能性を高めるために資源密度を高めようと探求する。アクターたちは，資源を統合し，価値を共創し，自身のパースペクティブや文脈から独自に現象学的に価値を判断する。そうしたことから，マーケティングやビジネスに関する他の学問分野にとって，アクターを消費者，生産者，政府機関と見なすことを超えて，アクター中心的で価値中心的な枠組みの中でそれらのアクターを捉えるべき時がまさに到来している。アクターをそのように捉えることで，経済や社会の進化および機能，そしてそれによるビジネスの進化および機能に対する我々の理解を促進させるに当たっては，**資源配分**よりも**資源統合**や**資源密度**といった概念の方が役立つと認識するのを容易にさせるだろう。

(注)

1　Frédéric Bastiat, *Harmonies of Political Economy*, Patrick S. Sterling 訳（London: J. Murray, 1860）.
2　Stephen L. Vargo and Robert F. Lusch, "It's all B2B…and beyond: toward a systems perspective of the market," *Industrial Marketing Management*, 40 (2011), 181-187.
3　Richard P. Bagozzi, "Marketing as an organized behavioral system of exchange," *Journal of Marketing*, 38 (October 1974), 77-81, p.78.
4　例えば，エバート・グメソンが我々との個人的な会話の中や最近のプレゼンテーションの中で述べていたように，彼はA2Aという枠組みを用いている。またそれは，Industrial Marketing and Purchasing (IMP) グループに属するほとんどの研究者の慣例でもある。その中には，J.シェスとA.パーバティヤーによる編著 *Handbook of Relationship Marketing* (Thousand Oaks, Sage Publication, 1995年) の第3章でH.ハカンソンとI.スネホタが著した "The IMP Perspective" (pp.171-208) も含まれる。
5　Vargo and Lusch, "It's all B2B…and beyond"; A. Giddens, *The constitution of Society* (Berkeley: University of Californis Press, 1984).
6　すべてのアクターをオペラント資源とする考え方は，オープン・イノベーションの文献の中で支持されている。例えば，Eric von Hippel, *Democratizing Innovation* (Cambridge, MA: MIT Press, 2006). サイコム・インターナショナル 監訳『民主化するイノベーションの時代―メーカー主導からの脱皮―』ファーストプレス，2006年。
7　Douglas McGregor, *The Human Side of Enterprise* (New York: McGraw-Hill, 1960). 高橋達男 訳『企業の人間的側面』産業能率短期大学，1966年。
8　3つの交換のタイプに関するさらなる議論については，Richard P. Bagozzi, "Marketing as exchange," *Journal of Marketing*, 39 (October 1975), 32-39を参照されたい。
9　Russell Belk, "Sharing," *Journal of Consumer Research*, 36 (February 2010), 715-734.
10　Peter Moran and Sumantra Ghoshal, "Markets, firms, and the process of economic development," *Academy of Management Review*, 24:3 (1999), 390-412.
11　Moran and Ghoshal, "Markets, firms, and the process of economic development."
12　Bagozzi, "Marketing as exchange," p.33.
13　さらなる議論や洞察については，Karl Polanyi, "The economy as instituted process,"

in Karl Polanyi, Conrad M. Arensberg, and Harry W. Pearson (eds.), *Trade and Market in the Early Empires* (Glencoe, IL: Free Press, 1957), pp.243-269を参照されたい。

14　Aldona Jonaitis, *Chiefly Feasts: The Enduring Kwakiutl Potlatch* (Seattle: University of Washington Press, 1991); David J. Cheal, *The Gift Economy* (New York: Routledge, 1988); R. Kranton, "Reciprocal exchange: a self-sustaining system," *American Economic Review*, 86:4 (1996), 830-851.

15　Herbert Simon, *The Sciences of the Artificial* (Cambridge, MA: MIT Press, 1996). 稲葉元吉・吉原英樹 訳『システムの科学』パーソナルメディア, 1999年。

16　W. Richard Scott, *Institutions and Organizations*, 2nd edn (Thousand Oaks, CA: Sage Publications, 2001). 特に第3章および第4章を参照されたい。

17　これは, 群衆理論からの重要な洞察でもある。Manuel DeLanda, *A New Philosophy of Society: Assemblage Theory and Social Complexity* (London: Continuum, 2006).

18　P. J. DiMaggio and W. W. Powell, "The iron cage revisited: institutional isomorphism and collective rationality in organizational fields," *American Sociological Review*, 48:2 (1983), 147-160; E. S. Clemens and J. M. Cook, "Politics and institutionalism: explaining durability and change," *American Review of Sociology*, 25 (1999), 441-466.

19　Israel M. Kirzner, *Subjectivism, Intelligibility and Economic Understanding: Essays in Honor of Ludwing M. Lachmann on His Eightieth Birthday*, illustrated edn (Basingstoke, UK: Macmillan, 1986).

20　アクターがエージェンシーを保持していなかったり100％構造化されていると仮定した際には, その選択肢は利用不可能なために, ある行動と他の行動は交換されず, その行動は見送られることになる。構造がそのアクターの行動をコントロールしてしまう。

21　Richard Normann, *Reframing Business: When the Map Changes the Landscape* (Chichester, UK: John Wiley & Sons, 2001).

第6章
資源の本質・範囲・統合

> 同じ資源であっても，その資源が異なる目的で用いられる場合や，異なる方法で用いられる場合，または資源が異なる種類や異なる量との組合せで用いられるとき，異なるサービスや一連のサービスを提供する。
> エディス・ペンローズ（1959, p. 25）

はじめに

　資源という概念は，経済的交換と社会的交換の議論で用いられる概念として，多くの学問分野にまたがって存在している。サービス・ドミナント（S-D）ロジックでは，アクターが支援のために利用できるものとして資源を考える。資源には市場で取引される少数のものと，取引されない多数のものもある。有形なものもあるが，ほとんどの資源は無形である。また，アクターに内在する資源もあるが，ほとんどではないにしても，その多くがアクターの外部に存在する。オペランド資源もあるが，オペラント資源もある。他のアクターにサービスを提供するために資源（主としてナレッジとスキル）を適用する場合，アクター自身が「オペラント資源」である。サービス受益者も，彼らが価値を共創するために他の資源を統合するためのナレッジとスキルを利用する場合，「オペラント資源」である。資源をアクター，サービス提供，そして共創された価値と結びつけるこのような見解は，サービス交換，アクター・トゥ・アクター（A2A）ネットワーク，人類の経済的，社会的進歩における資源の役割に対してシステムズ・ビューを提供することとなる。

　資源を議論する場合，多くの人々は，相変わらず，資源を主として有形（通常，天然資源）で，静的なものと考えている。我々はそれを「オペランド資源」と呼んでいる。これらの静的なオペランド資源は，多くの場合，「生産者」が創造し，

消費者に引き渡される「効用」（つまり価値）の埋め込まれているものと考えられている。このような考えは，それらの静的な価値物が，ゆくゆくは消耗され使い果たされるだろうというパースペクティブへとつながっていく。本章の目的は，より完全で，視野が広く，包括的で，動的な資源に関する視点を提示することである。そこでは，広くは経済から個々の事業体まで考察でき，さらには，オペラント資源と資源統合を適切に中心においたアクターの（例えば，事業体の，あるいは国の）戦略を開発できる概念的なツールを提示する。

資源の説明

　第1章で説明したように，資源は必ずしも有形ではない。つまり，資源は必ずしも誰かが保持し，保有し，所有できる何かであるとは限らない。資源は，組織の貸借対照表で報告されるもの以上であり，あるいはアクターの家，部屋，車庫，地下室とオフィスに入れるもの以上のものである。資源はさらに地球の天然資源を超越するものである。では，資源とは何か。

　第1章では，農家と漁師の例を紹介し，アクターはその中でタンパク質を提供しようとするサービスと炭水化物を提供しようとするサービスを交換するということを述べた。大切なことは，サービスとサービスの交換のための条件は，それぞれのアクターが他の資源を創造し，統合し，適用することに基礎を置いているということある。それらの資源の簡単で事例的なリストをあげると次のようになる。(1)魚採集と穀物を育てることと収穫に使用された知的・身体的なスキルとコンピタンス，(2)魚釣りや農業で使う有形の人工品，例えば，ボート，ネット，すき，荷車，運搬用滑車，または籠など，(3)役割の割り当ておよび資源の共有や交換を可能にする規準あるいは統治機構のような制度，(4)栄養素を提供する土，海洋と生物圏，そして(5)他人と共に，また他人の中で，相互作用と交換を可能にする言語あるいは他のコミュニケーションおよびシンボルのシステムである。

　上述した資源のセットは，次のような状態になるまでは，資源として存在しない。つまり，人類が，支援のために潜在的な（有形，無形の）資源を利用する方法を学び，これら資源を共創し，自分たちのシステムの生存可能性の改善，広く言えば，人類の置かれている状況の改善のためにそれらの資源を用いるというかたちで行動することによって，エージェンシーを行使するまで，資源は存在しない。このパースペクティブによると，資源の希少性とは，潜在的な資源を利用す

るアクターのナレッジとスキルの関数であり，その際，新しい資源を創造するために潜在的な資源を統合することになる。多くの場合，アクターはシステムの生存可能性を維持し，改善するために新しく統合可能な資源を探索するよう刺激を受ける。

この議論は我々にどんな資源が存在しているのかと言うことではなく，資源になるのかどうかという視点を採用させることとなる。資源になるかどうかということは，資源の本質的な性質である。我々は資源を**アクターが生存可能性を高めるために利用するもの—有形あるいは無形，内部あるいは外部，オペランドあるいはオペラント**—として定義する。我々は，以下の項の中でこの定義について説明する。

資源と人類の評価

「資源は存在しない，資源になる」。これは単純であるが造詣の深い言明で，サービスを中心とする見解の本質を理解する際の中核となるものである。この言葉が意味するものは，アクターのスキルとナレッジが「資源性」を決定すると認識することである。**資源性**とは，潜在的な資源の品質とその資源の実現性を反映するものである。これは，人類の評価と行為のプロセスを通じて行われ，潜在的な資源を現実の資源へと転換することである。例えば，もし人類が身体的なスキルや知的なスキルを開発し適用することがなければ，エネルギー源や建築資材として木材を利用することができなかった。人類が人類の筋肉を活用するための人工品を製造するノウハウを開発していなかったならば，そのための鉄鉱石と他の埋蔵鉱物を利用することができなかった。もし企業という概念および関連するマネジメントのナレッジが開発されていなければ，人類は，組織内の無関係な人々と共同して働く潜在力を利用することができなかった。もし規準や法律のような制度上の仕組みを開発していなかったならば，人類は，自分たち自身を支配し，統治することができなかった。人類は，他人から資源を借用し，資源創造に伴うリスクを受け入れなければ，今日，新しい資源を開発するためにさまざまな対応をすることができない。これらのリスクに対処するために，今では保険や有限責任組織といった，その他の制度が資源として開発されてきている。その他にも数多くの例が存在している。人類は，潜在力を持つ資源という海に住んでおり，これらの潜在的な資源は，評価され，利用されるときのみ資源となり，多くの場合，他の潜在資源との統合によって資源となる。

上の段落では，資源が抽象的概念であると主張した[6]。なぜなら，すべての資源は，援助と支援の源泉となり得る何かであるという人類の評価を反映したものであるからである。資源とは決して物質でもなければものでもない。そこで，有形の資源でさえ抽象的概念である。もっと正確にいえば，資源は物質が望ましい目的を達成するために寄与する関数である。例えば，次のような例を考えてみよう。人類が火に対するナレッジと火を暖を取るための源泉にしたり，料理サービスを行う源泉へと転換するために，火についての知識やそれを扱うスキルを開発したとき，あるいは，現代においては，電磁スペクトルについてのナレッジを開発し，このスペクトルを人類のコミュニケーションのためのサインとシンボルのA2Aでの伝達に使用するスキルを身につけた時を考えてみるとよい。これらの例では，人類は，潜在的な物質と，自分の状況を改善するためにその資源をどのように使用することができるかの関数関係を明確にし，発展させてきたことを示しているのである。

抵抗の克服

人類は，文明を通じて，効率的かつ効果的に利用するツールを開発する能力があることを示してきた。これらのツールは有形・無形の潜在的な資源から開発されているが，その理由として，人類は，自分たちの評価，査定，および適用という過程をとおして，資源性が適切に評価され，対象に作用するようになる場合，潜在的資源を資源にするよう働きかけることができる。この潜在的資源が資源となるプロセスでは，資源になることを妨げている抵抗や障害を克服することが必要である。

抵抗を克服すると，どのようにして資源性をもつようになるのか例示する。ここでは，海洋とそれらの潮流を例として用いてみよう。人類が海流と風についての知識について，そして帆船のためにそれらの海流や風の利用方法についてのナレッジをもっていないか，不十分である場合，海洋は資源というよりむしろ障壁か抵抗でしかない。しかし，帆船や蒸気船でさえ，海洋は脅威であったし，現在もそうである。厳しい嵐に遭遇し，多くの船が難破してきた。船を組み立てるリスク，荷物をそれに積載するリスク，そして海を航海するリスクを冒すことができるアクターは，まずは，ほとんどいない。しかしながら，これらの船に対して保険金をプールできるのであれば，アクターは過去のデータをもとに難破の割合を計算し，この割合から船へのそれらの投資を保護するために保険料をチャージ

図表6.1　ナレッジをサービスのための資源らしさを創造するために潜在的な資源へと適用する

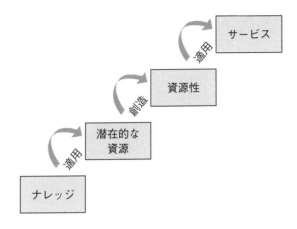

することができるかもしれない。したがって，保険は，外洋の航海（のリスク）に対する抵抗の多くを削除し，外洋の資源性を向上させた。

　多くの場合，抵抗を取り除くかあるいは潜在的な資源を活性化するために，人的アクターは，たとえ少数でも他のアクターに価値のあるものとみなされる何かを完成させるナレッジを開発する。海洋の場合には，船体と帆についてのナレッジが，帆船を推進するために，そして風と海流のエネルギーを捉えるために開発された。また，各船主に比較的わずかな保険料を負担させるだけでリスク分散できるように，リスク管理についてのナレッジが統計データの分析と計算から開発された。

　図表6.1は，ナレッジ，潜在的な資源，資源性とサービスのつながりを説明している。すべての資源の中で最も重要なものであるナレッジは，資源性を創造するために他の潜在的な資源に適用される。そして，その時，もう一人のアクター（もしくはアクター自身）のベネフィットのためにサービスを提供できる。これは，イノベーションについて考察するとき重要な見識を提供してくれる。イノベーションとは，適用されたナレッジのことであり，そのナレッジは，他の資源との統合をつうじて資源の創造と資源性の創造のために利用される，かつこれらの資源はサービスを提供するために利用される。したがって，イノベーションとは，有形物またはグッズそれ自体に関するものでは決してなく，根本的には，サービスとサービスの交換の中で使用するために開発された人類のナレッジとスキルに関するものである。

オペランド資源とオペラント資源

　これまで言及したように，資源はオペランドとオペラントに分類できる。**オペランド資源**は効果を創造するために他の資源によって行為を施される資源である。**オペラント資源**は，効果を創造するために他の（オペランドまたはオペラント）資源に行為を施すことができる資源である。この区別は例をあげることで最もよく示される。オペランド資源が一般に有形で静的で，また，オペラント資源が一般に無形で，動的であると覚えておく必要がある。

　鉄鉱石，石油，金，銀，シリカ，木材，穀物と水はすべて，それらを有用にするためにアクターが行為を施さなければならないものである。また一方で，自動車，コンピュータ，服とワインも同様である。共通点は，効果を創造するため，すなわち多くの場合サービスを提供するために，人類がそれらのものに行為を施すということである。したがって，これらの資源はオペランド資源である。

　第5章において議論したように（図表5.1を参照），オペランド資源とオペラント資源との区別は，企業が顧客と従業員をどのようにアプローチし扱っているかを理解する上で重要なパースペクティブを提供してくれる。いくつかの企業では，過去においてもまた現代においても，従業員は働くことに興味がなく，意欲もないものとして（つまり，サービスを提供しようとしないものとして）アプローチされ（扱われ）ている。このような従業員像を信じている企業は，詳細なガイドラインを開発し，確実に従うように，従業員をしっかりと管理（監督）し，コントロールする。これはすべて従業員からの最大の生産性，あるいは少なくとも企業の計画に適合する労働生産性を引き出すために行われる。従業員は，要するにオペランド資源としてみなされる。

　顧客を同様の方法で扱う事業体もある。「買い手よ，注意せよ」という言い回しには長い歴史がある。このような表現が世に現れたのは，ほんの少数の事業体ではあるが，顧客を企業が捕獲する必要のある餌食として考えていたからである。それらの企業は，顧客が捕獲されたがらないと考え，かなりのプロパガンダ攻勢を掛け，誤解を発生させるような広告計画を通じて，顧客に購入を説得し始めた。[7]そのため，販売員は企業が販売しなければならないものを購入するように潜在顧客を説得するために雇用された。これらのすべては，企業が顧客からその金銭を引き出させるためのものであった。このような業務はおそらく支配的ではなかったと強調しておきたい。特に事業体が再購買を期待するときにはそうである。

今日でも，顧客志向になろうと努力している企業では，顧客関係管理（CRM）情報システムの中で，顧客をオペランド資源と見なしていることは興味深い。ほとんどのCRMシステムはG-Dロジックに基づいている。顧客は，顧客一人当たりの最大利益を達成するという企業の目的のための標的とされ，取り込まれ，管理される対象として扱われる。

　しかしながら，同一の潜在的な資源でも，人間の評価しだいで，オペランド資源にもオペラントの資源にもなりうる。人的アクターという概念は，従業員と顧客をどのように扱っているか，ここで再び考えてみよう。人間がナレッジとスキルを持っており，効果を生み出すと認識される場合，それらはオペラント資源として考察され論じられる。従業員について考えてみると，組織は，意思決定を行うため，従業員が他人に提供するサービスを改善するため，そして，よりよいサービスを提供する革新的方法を開発するために，権限を従業員に委譲することができる。同時に，組織は，パートナーとして顧客を見ることができ，そこでは，顧客は共創者となり，肯定的な口コミを通して，さらにはサービス・オファリングやブランド・コミュニティの開発のために革新的なアイデアの開発をとおして事業体を支援することができる。第4章で議論したように，おそらく，企業は共創者としてそのマーケティング・プログラムのあらゆる場面で顧客を引き入れることができる（図表4.4を参照）。とにかく，顧客は常に価値の共創者である。第7章では，共創の概念をさらに発展させていく。我々は顧客だけでなく，供給者や従業員，他の利害関係者についても，共創者としてオペラント資源となるということを示していく。

資源の動的な性質

　資源性は，資源が動的になることを意味している。有形の資源の動的な性質は，サービスを提供するケイパビリティを強化するように他の資源と組み合わされる場合に発生する。第3章「基本的前提4」で言及したように，これは，資源を創造する（すなわちイノベーションを行う）ためにナレッジを開発し，サービスを提供するために新しい資源に適用するとき，主に人的アクターが行うことである。資源性の増大とは，一般的に，人類の文明の歴史であり，人類のナレッジとスキルの成長であり，そして潜在的資源の備蓄量を増加させることである。資源は動的である。[8]

　ある企業の流通・輸送部門に所属するトラック部隊について考えてみよう。こ

の部隊では，燃料が1ガロンあたり平均4.3マイルを達成している。さらに，ナレッジの開発によってトラックの空気抵抗を減らし，タイヤを改良し，エンジンを見直すことで，1ガロンあたり6.2マイルとなった。結果として，ディーゼル燃料の現在の備蓄を，効果的に33パーセント以上増加させることができる。さらに，例えば，化学者がエネルギー効率を改善する新しい燃料添加剤を開発したり，エンジニアが根本的に新しいエンジンを開発したり，あるいは，構造上の完全性を傷つけずにトラックの重量を減らすことかできれば，ディーゼル燃料の潜在的な備蓄は増え続けるだろう。これらのナレッジの獲得はすべて，有効に資源性を増加させるであろう。

　有形の製品におけるイノベーションのほとんどは，これまでは，増強された資源性の強化にかかわることで，多くの場合，イノベーションは，人類が自らのために行わなければならない機能を遂行することができるツール（つまり装置）を創造することによって生じてきた。要するに，多くのイノベーションが，セルフサービスの活動をアクターから開放する役割を行う。イノベーションが発生するために，製品エンジニア，起業家あるいは発明者たちは，ある機能の遂行についてナレッジを開発する方法を発見し，さらにオファリングにそのナレッジを埋め込む必要がある。図表6.2は，この現象の7つの事例を示している。

　無形の資源にも資源性がある。企業が労働者を教育し，適切なインセンティブをもつ労働者を雇い続けることができれば，その一人の従業員は企業のためのより適切な（より有用な）資源になる。企業が価値共創するために顧客と上手にコラボレーションすることができるのであれば，顧客資源は拡大する。したがって，資源はそれらの動的な性質のために増加する場合がある。

　要約すると，これまでの資源の希少性に関する多くの見解は資源についての静的な見方に基づいている。天然資源は有限もしくはほぼ有限であるが，これらの原料の使用は，学習により，そして人類のナレッジとスキルの開発を通じて拡大することができる。資源は，それゆえ，人類の創意によって増加する。人類の創意は，文明が，新しい資源を創造するために天然資源を効率的に効果的に用いることを可能とするものであり，他者のベネフィットのために適用され用いられるとき，サービスが提供される。しかしながら，人類の創意は，マネジメントとマーケティングの資源を拡張するような新しいマネジメント理論，マーケティング理論あるいは児童心理学の理論のような有形ではないイノベーションを創造することもできる。これらの潜在的な無形の資源は無限である。

図表6.2 資源性の進化

以前の製品形態	新しい製品形態	サービスの受け渡し
乗用車あるいはトラックの標準的なトランスミッション	乗用車あるいはトラックのオートマチック・トランスミッション	ギアシフトのマニュアルとそのギアをシフトするタイミングについてのナレッジ
マニュアルの手順に従ってコントロールされる家庭或いは事務所の照明	部屋やフロアにいる人を感知してコントロールされる照明	照明のオン・オフの加減を人の手で加減する照明
機械が自動で動かすワイパー	雨を感知して動くワイパー	雨の強さの加減に従ってワイパーを手動で加減する
自動洗濯機	水道の使用量を感知しながら動く自動洗濯機	洗濯する衣服の量に合わせて、注入する水量に関するナレッジ
受注および製品移動を追尾するためのソフトウェア	追加製品の勧告や輸送調整を支持する受注および製品移動を追尾するためのソフトウェア	顧客サービスの観点から、顧客が求めている物についてのナレッジ
農業用トラクター	GPSと土壌をセンサーする機能のついた農業用トラクター	農地の土壌に合わせて肥料をまく量についてのナレッジ

アクセス性

　石油王であるＪ・ポール・ゲティーは、「心穏やかな人たちは大地を継承するであろう、だが、採掘権は継承されない」という（聖書の言葉を一部引用した（訳者注））名言で知られている。もう一度言うが、この視点は、先祖返りのようなもので、資源を有形なものとみなしており、あるものが資源となるためには、アクターがそれを所有する必要がある、あるいは、それにアクセスするために資源に対して財産権を持つ必要があると考えるものである。したがって、多くの人たちが、資源は経済的アクター（例えば、個人、世帯、企業）の内部にあるものであり、アクターが持っている財産権や少なくともコントロールし所有しているものであると考えている。

　資源が事業体の内部にあり、コントロールされるという考えは、1950年代に出現し、1960年にマッカーシーによる『ベーシック・マーケティング：マネジリアル・アプローチ』の出版によって普及するようになった標準的なマーケティング・マネジメントの枠組みの中で説明されている。マッカーシーのアプローチやその後の継承者達において、マーケティングミックスは、顧客に働きかけるために使用される企業の資源を反映したものである。顧客は他の要因と共に外生要因であ

り，マーケティングの外的環境とみなされるようになった。他の外部要因（環境）には，消費者だけでなく，競争，法的，倫理，物理的，技術的，また社会的要因も含まれている[11]。

　しかしながら，資源性は，多くの場合アクセスの問題と関わっている。再び漁師と農家の例を考えてみよう。漁師と農家はともに生物圏を所有しているわけではないし，コントロールもしていない。しかし，漁師と農家はともに生物圏が提供する気候へアクセスしており，両者にとって気候を利用するためのナレッジとスキルは非常に貴重な資源である。同様に，トラック部隊を保有する企業は，資源としてインターステート・ハイウェイや地方のハイウェイを利用しているが，その資源は明らかに企業の内部にもなければ所有もしているものではないが，アクセスは可能である。その他にも，以下のような事例を考えてみて欲しい。社会の法制度と裁判制度，支援の源泉になりえる教育制度，そして保険，銀行，金融市場。これらの例のすべては，アクターが資源にアクセスすることができるということである。そこでは，まずアクセスがあり，そこで使用され，その際，多くの資源が他の資源と統合されていくのである。したがって，資源性は，アクセス性によって増強される。

市場で取引される資源，公的な資源，私的な資源

　資源について考えるもう1つの有用な方法は，市場の観点から考えることである。**市場で取引される資源**は，市場で交換できるもので，したがってアクターがサービスの権利の交換によってアクセスを獲得することができるものである。

　市場を通して獲得できる資源でありながら，組織が市場での交換を回避しようと決定する資源がある。例えば，多くの企業は，CEOを市場で定期的に雇い入れている日雇い労働者のようなかたちで雇おうとはせずに，長期的な雇用契約を結び，日常的な市場交換の対象とはならないCEOのサービスを手にしようとする。一般に，その規模が拡大するようになると，ますます市場交換の取引コストが高くなるので，組織は資源を市場取引で手にすることを回避しようとする[12]。

　市場で取引される資源とは別に，市場で取引されない資源がある。これには2つの基礎的な種類，すなわち公的な資源と私的な資源がある。**公的な資源**は，全体的にあるいは特別に指定された社会のメンバーに政府や準政府機関が供給する，有形もしくは無形の資源のことであり，消防と警察の保護，国防，立法府と司法のサービス，教育，ヘルスケア，公園とレクリエーション地域とその他の資源が

含まれる。**私的な資源**は，社会交換ネットワークを通じて交換され，社会への援助，個人の助言あるいは友情のような資源を含んでいる有形・無形の資源である。

重要なことは，資源が，公的か私的かということは資源**それ自体**から判断されているわけではない。例えば，上で明確にした公的な資源の多くは，アクター間の商取引上の紛争や市民の紛争に対処するために警備員または仲裁者を雇うといったかたちで，市場においても手に入れることができる。さらに，社会交換を通じた私的な資源としてそれらを得ることができるかもしれない。反対に，いくつかの政府は，市場にサービスをアウトソースするかもしれない。例えば，チャータースクールがそうである。しかしアクターによっては，サービスのアウトソースが私的資源となる。例えば自宅で教育を受けさせることである。さらに，資源が私的か公的かあるいは，市場で取引されるのかを決定するものが社会的制度である。したがって，社会では，ヘルスケア，幼年期教育と時には大学教育が政府によって提供される。しかし，他の国々では，それらは主として市場を通して，あるいは社会的（私的）交換によって提供される。

経済理論では，公的資源の1つとして「公共財」という分類がある。公共財は，非競合的で，非排除的なものである。非競合的とは，一人のアクターによるグッズの「消費」がもう1人のアクターの消費の入手可能性を減少させないことを意味する。非排除的とは，商品に対してアクセスすることをどんなアクターも妨げることができないということを意味している。アクターは多くの場合この種の公共財を利用し，他の資源にそれを統合する。例えば，快適な気候とドラマチックな日没の一夜を手にしていれば，アクターはその日没を裏庭テラスでの家族との夕食と統合できるかもしれない。

さらに，公的な資源は，市場原理を通じて提供されるものではないが，間接的なサービスとサービスの交換を含むであろうことに注意しなければならない。次のようなアクターの例を考えてみよう。そのアクターは，組織にサービスを提供することによって賃金を得，この一部で税金を納め，その結果，自分のサービスの権利の一部をあきらめる。さらに，政府は，公共または市民にサービスを提供するために税収を使用する。このサービスは，政府のサービス組織によって行われているが，このサービスの権利を他の個人に委譲するかたちでも行われている。例えば，貧困生活を強いられている人のために毎月の給料の支払いを行うというかたちでも行われている。国民経済計算制度では，これは，「無償」給付のことであり，その中で，現金（サービス権）は，市民のある階級の中から集められ，

サービス権は他の市民に転換される。これも再配分と呼ばれるもので，第5章で議論した交換の一形式である。

資源統合者としてのアクター

　経済的交換は，第一にアウトプットの交換に関心があり，その視点から説明できるという見解をとりあえずここでは問題にしないとしても，「生産者」と「消費者」に関連した考え方ほど経済や市場の理解にとって有害な概念化はない。そこで，この概念化が何を意味しているのかについて考えてみよう。あるアクターが価値を創造（生産）し，他のアクターがそれを破壊（消費）する。つまり，経済のモデルでは，物を創造し，マーケティングを実施し，破壊を行うというかたちが繰り返されるサイクルとなり，それゆえ，経済の成長のためには，ますます多くの物を生産し，マーケティングし，破壊するということが必要となる。このような中で，存続可能性の問題を中心課題とし，議論の1つとするのはおかしいことではないであろう。[13]

　さらに，この概念化は，経済活動が，消費のブラックホールのようなものになるということを意味するものであり，その中で，「消費者」は，自分自身のもしくは他者の価値創造活動に参加するよりも，単に他者の価値創造活動からベネフィットを得るだけである。これは経済の（かつ社会の）世界について視点を非常に制限することとなる。第5章で示したように，起業家，販売員，顧客，世帯主，マイカーの相乗りをする親，食料品店の買物客，そしてレストランの顧客は，基本的に異なる種類のアクターではない。彼らはすべて，単に彼らの毎日の生活の問題に対処し，サービス交換を通じて問題を改善しようとする人々である。多くの場合，彼らは文字通り同一人物である。

　第2章で示したように，経済的・科学的発見のプロセスでは，経済的交換の真の性質が明確にしようとしたもので，そこでは，生産と消費を分割するという概念は生じていなかったのである。もっと正確に言えば，アダム・スミスの研究意図とは異なる結果が増長されてしまったのである。アダム・スミスは，国家が1776年の世界のコンテクストにおいて，国家が国富を増加できるようなプロセスを明らかにしようとしたのである。[14] コミュニケーションや人の移動が制限されている中で，そして後日，産業革命と呼ばれるものが始まる中で，スミスは本質的な国富の創造プロセスを有形財の余剰生産とその輸出であるとした。スミスは，

輸出のための余剰有形財を創造する活動に「生産的である」という用語を用いた。他の活動（例えば，軍，医者と弁護士の仕事）が人類と社会の幸福にとってまったく生産と同じくらい必要であるとスミスは十分に認めていたが，それらの仕事は，すなわちスミスの主要な関心事である国際貿易による国富創造に対し，直接的な貢献がなく，重要でもなかった。

さらに，第2章で議論したように，スミスに追随した経済哲学者は「生産的」という用語の限られた意味には異議をとなえたが，スミスの生産についてのプロトコルについては，一般的に同意し，受け容れている。[15] その結果，**製品**（グッズ），すなわちこの生産プロセスのアウトプットが，結局，経済思想の中心になった。スミスは，「消費者」についても述べているが，エンドユーザーとして現在認識されている方法とはまったく異なっていた。もっと正確に言えば，スミスは，抽象的概念として「生産者」と「消費者」を厳密なかたちではなく使用していた。また，「分業」におけるこれらのぼんやりとしている2つのアクターの関係は，単なる循環的な関係であった。すなわち，生産者と消費者は異なる特徴を持たないアクターとして一方向のリレーションシップのなかに位置づけられ，交換リレーションシップに関与するすべてのアクターに共通する特徴を有していた。[16] 言いかえれば，すべては同時に「生産者」にもなれば「消費者」にもなるのであった。分業が進む中で，特定のベネフィットが提供され獲得されるようになったというところから，生産者と消費者は，暗黙の内に，特定のアクターという限られたパースペクティブからのみ区別されるようになったのである。

資源アプリケーション

販売に携わる生産者と購買に携れる消費者という概念では，資源の配分と統合の本質を把握できないとすると，どうすればよいか。S-Dロジック・パースペクティブでは，**サービス・プロバイダー**という共通の役割があるが，そこにはその名称以上に深い意味が存在している。S-Dロジックでは，サービスは資源の適用という点から定義される。一般にグッズや新古典主義の市場ロジック（通常，有形の固定資産，つまりオペランド資源を中心としたロジック）に関連づけられる資源とは異なり，S-Dロジックにおいて動力となる資源は，たとえオペランド資源が含まれている場合でも，人的スキルとケイパビリティ（すなわちオペラント資源）である。これらの資源は**文脈的**である。すなわち，それらの**資源性**は，入手元にある目的だけでなく，他の資源の入手可能性にも左右される。自動車は，

燃料，道路網，運転能力，メンテナンス・ナレッジと目的地に何らかの必要性（少なくとも期待）が存在したときにのみ輸送の資源になる。さらに，本章で前述したように，資源は**動的**でもある。これは，新しい資源を創造するために，様々な方法で，潜在的な資源をその他の潜在的な資源と組み合わせることができる，また，そのプロセスの中で新しい文脈を作り出すこともできるということを示している。教育のプロセスを考えてみよう。そこでは，既存のナレッジの様々な組み合わせによって基本的な生活と職業に関する資源が提供されており，そのプロセスの中で，新しいナレッジと能力が創造されている。このように，資源の動的で文脈依存的な性質は，それらの資源が創造され，統合される中で有用なものとなることを示している。したがって，その中核は，S-Dロジックの基本的前提9が示唆するように，すべての**経済的および社会的アクターが資源統合者である**。

この資源統合者という概念化は，価値創造と交換を理解するためのインプリケーションを持っており，S-Dロジックの他の諸様相についての理解の基本となる。最初に，それは**価値共創**の意味を理解するのに必要な枠組みを提供する。G-Dロジックの世界では，ある経済アクターは（有形あるいは無形の）グッズと価値を同時に創造する。また，他のアクターはグッズと価値を同時に消費する。S-Dロジックと資源統合の世界では，そのインプリケーションは，つぎのようなものである。一人のアクターが価値を創造するのに必要なすべての資源を持ってることはないということである。もっと正確に言えば，受益者によって統合されるというように，価値創造は複数のアクターによるサービス供給の共同作業の関数である。したがって，資源統合は，**コンピタンスの開発**のための手段を提供する。そのコンピタンスは，アクター自身と他のアクターの双方によるサービス供給の中で利用されるものである。

議論してきたように，潜在的な資源の専門的な拠り所は，市場，公的な資源，および私的な資源に分類される。最初に，新車の支払をするという単純な交換について考えてみよう。一方，自動車を所有し使用するには，他の市場資源が必要となってくる。そこには，保険，自動車メンテナンス，石油，さらには，恐らくGPS装置，日除けなどの購入がある。アクターは，さらに，行きたい目的地および交通状況に関する情報を持っている家族や友達といった資源だけでなく，個人の運転技術および道路や目的地に関するナレッジのような**私的な資源**も統合する必要があるだろう。最後に，交通体系，運転に関する法規，そして市場交換を円滑にするために提供された料金体系のような**公的な資源**は，特定の価値共創の状

況の中で，焦点となっているアクターによって，価値創造のために独自に統合される必要があるだろう。したがって，関与するアクターはみな価値の共創者となる。これは，製造業者が価値を創造し，伝達するという考えとも異なるし，それだけではなく，単に2つのアクター（企業あるいは生産者と顧客）のインタラクションとして価値共創を概念化するのとも異なっている。

資源統合の二重の目的

おおまかに言えば，資源統合は2つの関連する目的を達成する（少なくとも達成する可能性を示唆している）。第一に，それは，資源を統合しているアクター（例えば個人，組織）のために**価値を共創する**。すなわち，アクターのための生活を可能にし，豊かにする（システムの生存可能性を増加する）。第二に，それは，**新しい潜在的な資源**を創造する。そして，他のアクターと交換のために**通貨**（時々貨幣通貨と交換される）の1形式として使用されるためのものである。図表6.3はこの二重のプロセスを概略的に示している。

ここで，再び教育について考えてみよう。学生は州立大学に通い，自分のナレッジ（私的な資源）だけでなく，教授（部分的に市場取引で取引すること，部分的に公的な資源），設備利用（例えば，教室，図書館，インターネット）（公的な資源），そして学生仲間との対話や意見交換（私的資源）などのサービス交換を通じてあらゆる範囲の潜在的資源（例えば，ナレッジ）を獲得する。次に，学生は自分の人生目標のため，入手可能な資源について十分理解した上で，さらに，

図表6.3　資源統合

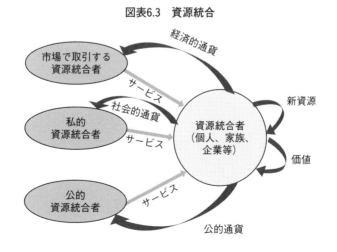

自分の人生を改善してくれる（すなわち，システムの存続可能性を増大させる）新しい潜在的な資源を創造するための文脈特定的な状況，すなわち，将来の学習を容易にするため，将来の目標設定に利用するため等々の状況を理解した上で，独自な方法でそれらの資源を統合する。さらに，創造される潜在的資源としては，学生が(1)雇用のため（経済的貨幣），ボランティアの仕事のため（社会的貨幣），あるいは，公的なインフラストラクチャー，法的な機関などを支援する税を納付するため利用できる潜在的な資源（経済・公的な貨幣）がある。あるいは，(2)学生仲間，友達と家族との社会交換の中で使用することができる潜在的資源（社会通貨）がある。もちろん，大学は同じことを行っている。大学は市場，公的サービス，私的サービス交換を通して得られた資源を統合しており，このことは，組織に見合う価値を共創するためだけでなく，教育，サービス，研究のような将来のサービス交換の中で使用される追加の資源を創造するためである。要するに，価値がサービス交換の中で共創されるのは，資源統合のプロセスを通じてである。また，そのコンピタンスは将来のサービス交換において使用するために形作られるのも，資源統合のプロセスを通じてである。そして　この追加的な資源獲得のためのプロセスは，無限に続いていく。

密　度

　第4章で資源統合の概念と結びつけて議論したように，そして図表3.4と結びつけて図表6.3で示したように，A2Aネットワークは，実際に二人の資源を統合するアクター間のネットワークとして，すなわちRIA2RIA（訳注：資源統合アクターと資源統合アクター）として考察することができる。これをズームアウトし，拡張したパースペクティブから見ると，焦点アクター（企業）は，以下の点で，真の意味で**焦点**アクターとなる。焦点アクターの役割は，RIAの全範囲から資源を統合することである。それは，サービス供給を通じて，他のRIA（「顧客の」）の特定のニーズに応える（集中させる）ために組み合わせた必要資源を動員することになるからである。しかし，このようなサービス供給はほとんどの場合，（あるとしても）十分なものではない。受益者も，突きつけられた問題に取り組むために資源を「適切に」集中させ，配列するために，（もっとも重要なことであるが）他の資源統合者を見つけ出さなければならない。

　さらに，第5章で議論したように，リチャード・ノーマンはこの資源の配列を「密度」と呼んだ。すなわち，**適切な**コンビネーションが，特定のアクターのため，[17]

所定の時間と場所で，**最良**の資源のコンビネーションとコンフィギュレーションになる場合，密度は最大に達する。したがって，これは，生産のアウトプット（つまり製品）に関する日常的なとらえ方になり，一般的な形式での思考となるかも知れない。だがそこにはG-Dの意味合いをまったく含まない，すなわち，一般論として，企業（また「顧客」を含む他の経済・社会アクター）は，サービス提供を通じた価値共創の中で使用されるよう資源の密度を創造するために，それから，他の共創的目的のための追加の資源にもアクセスしていけるようにするため，資源性とアクセス性を有している資源を統合していく。

　密度の文脈上の本質（我々が「文脈価値」と呼んだもの）についても明らかするべきである。すなわち，以前に議論したように，別のRIAのための密度を創造するために，あるRIA（例えば，企業）に必要とされる資源は，第2のRIA（例えば顧客）に利用可能な資源に左右される。もちろん，第2のRIAは，さらに最初のRIAのための密度を創造している。この密度の一部は金銭（間接のサービス供給）の使用を通じて創造される。しかし，さらに，それは自分自身への活動（例えば，セルフ・サービス）およびブランド・コミュニティへの参加などによっても創造される。それらのすべては文脈上である。最後に，これまで述べてきたように，価値の共創的な性質も明らかにされるべきである。これは単に2つのRIA（企業―顧客）の相互作用を越えるものである。議論したように，それは，さらにRIA（市場，社会，そして私的）の全体の複雑なネットワークを含んでいる。

　コストという点で，したがって，このネットワーク・パースペクティブおよび文脈的パースペクティブは，より伝統的なパースペクティブより交換についての豊富な写真を提供してくれる。コストは，取引，交換，リレーションシップ，価値創造といった市場活動を議論する上で，より複雑で，扱いにくく，ファジーな状態にある。経済学，マーケティング，そして社会学のような（本来，それを研究すべき）学問でも何も語られていない「市場」それ自体の意味についても同じ事がいえる。それらの中核概念だけでなく，これらの学問の目的は，単純に扱われたものを複雑にするのではなく，複雑さを単純化することである。

おわりに

　パースペクティブは差異を生み出す。ロジックは，まったく異なる世界パース

ペクティブを明らかにできるレンズを提示する。我々は，S-Dロジックがそのレンズを提供するものであり，また，資源に関してS-Dロジックのパースペクティブが最もすぐれたものであると主張する。資源に関するS-Dロジックの視点は，それらが人類の評価に関する関数であるということである。

本章では，資源を，静的であり，有形なものという資源の範囲を超えるものへと拡張した。我々は，資源は，アクターが支援を引き出すことができる何かであることと説明してきた。したがって，アクターが潜在的資源を顕在化した資源に変換するためのナレッジやスキルを獲得した時，この資源は本質的に動的であるといえる。これらの資源には，アクターにとって無形でかれらの外部にあるものが含まれている。アクターが他のアクターとサービスを交換するために自分たちの手にしている資源を適用するので，資源はサービスとサービスの交換の中心となる。

この交換を促進するための市場は，賢い人類の発明品である。そこでは，アクターがナレッジとスキルをこれまで以上に専門化することが可能である。しかしながら，多くの資源は市場で取引されていない。そこで，市場交換には限界があるといえる。さらに，資源の使用価値は，常に他の資源とのコンビネーション，コンフィギュレーション，インテグレーションの中にある。この他の資源の多くは，公的な資源も私的な資源もともに，市場では取引されない。A2Aネットワーク内の資源統合は，アクター間の価値共創と新しい資源創造の結果の両方から生まれる。このような資源統合は，動的で進化し続けるA2Aネットワークから生じているので，アクターは，資源統合が資源性とアクセス性の点で効果的かつ効率的なものになるよう努力している。そうすれば，さらに密度は高まり，システムの生存可能性を高めることになる。

（注）

1 Eric J. Arnould, "Service-dominant logic and resource theory," *Journal of the Academy of Marketing Science*, 36 (Spring 2008), 21-24.

2 Erich W. Zimmermann, *World Resources and Industries* (New York: Harper & Row, 1951). 後藤誉之助ほか 訳『世界の資源と産業』時事通信社，1954年。
　　Thomas R. De Gregori, "Resources are not; they become: an institutional theory," *Journal of Economic Issues* 21:3 (1987), 1241-1263.

3 Zimmermann, *World Resources and Industries*, p. 15.

4 資源性（resourceness）はZimmermannの*World Resources and Industries*ではリソースシップ（resourceship）と呼ばれている。

5　Zimmermann, *World Resources and Industries*.
6　Zimmermann, *World Resources and Industries*; Constantin and Lusch, *Understanding Resource Management*.
7　Edmund McGarry, "The propaganda function in marketing," *Journal of Marketing*, 23 (October 1958), 131-139.
8　De Gregori, "Resources are not."
9　Michaela Haase and Michael Kleinaltenkamp, "Property rights design and market process: implications for market theory, marketing theory, and S-D logic," *Journal of Macromarketing*, 31:2 (2011), 148-159.
10　Jerome McCarthy, *Basic Marketing: A Managerial Approach* (Homewood, IL: Richard D. Irwin, 1960).
11　Robert Holloway and Robert Hancock, *Marketing in a Changing Environment* (New York: John Wiley & Sons, 1968); Robert J. Holloway and Robert S. Hancock, *The Environment of Marketing Behavior: Selections from the Literature* (New York: John Wiley & Sons, 1964).
12　Ronald H. Coase, "The Nature of the firm," Economica, 4:16 (1937), 386-405; Oliver E. Williamson, *Markets and Hierarchies: Analysis and Anti-trust Implications* (New York: Free Press, 1975). 浅沼万里・岩崎晃　訳『市場と企業組織』日本評論社，1980年。
13　この点に関して，さらに議論を深めるために，以下を参照のこと。
　　Stephen L. Vargo and Robert F. Lusch, "It's all B2B and beyond . . . toward a system perspective on the market," *Industrial Marketing Management*, 4:2 (2011), 181-187.
14　Adam Smith, *An Inquiry into the Nature and Causes of the Wealth of Nations* (London: Printed for W. Strahan and T. Cadell, 1904 [1776]). 山岡洋一　訳『国富論：国の豊かさの本質と原因についての研究』（上・下）日本経済新聞出版社，2007年。
15　John Stuart Mill, Principles of Political Economy (London: J. P. Parker, 1848) ; Jean-Baptiste Say, *A Treatise on the Political Economy* (Boston: Wells & Lilly, 1821).
16　G. Gilbert, "Production: classical theories," in John Eatwell, Murray Milgate, and Peter Newman (eds.), *The New Palgrave Dictionary of Economics* (New York: Stockton Press, 1987), p. 991.
17　Richard Normann, *Reframing Business: When the Map Changes the Landscape* (Chichester, UK: John Wiley & Sons, 2001).

第7章
コラボレーション

> コミュニケーションを増強するツールを手にすれば，どのようなツールでも，人々がお互いから学習できる方法，また，自分たちが興味を持っている自由を手にする方法について，計り知れない効果を手にしていると私は強く信じている。
>
> ビル・ゲイツ

はじめに

　企業は顧客志向であるべきとする1950年代に出現した標語，そしてソーシャル志向であるべきとする20年前からの標語は，多くの場合，取締役とマネジャーへの啓蒙のサインとみなされてきた。それらは，伝統的な企業のモデル，すなわちグッズ・ドミナント（G-D）ロジックが破綻しており，パッチを当てたり修理を必要としたりする中で，少なくとも使用可能なモデルにしようとしたものであった。ここで少し立ち止まって考えてみたい。企業が顧客志向になる必要があると主張することは，顧客は離れた別の存在であり，そこに向かうという志向性を必要とする存在であるということを認めていることになる。同様に，企業の社会的責任を担う特別部門や「Cレベル（訳注：CEOやCOOのようなCがつく役職者）」の責任者を置くことは，組織がそういう志向を持ってこなかったということを認めていることになる。要するに，顧客と社会は，外生すなわち「外部にある」ものとして見なされ，そして，企業はそれに向けて再志向する必要があるということである。しかしながら，G-Dロジックのコンテクストにおいて，この志向を支えている論理的根拠は，企業がアクターたちに対して製品や**アジェンダ**をプッシュすることができるというものである。このプッシュモデルは，次のような生産・流通システムに基礎を置いている。この生産と流通システムは，恐らく有形・

無形の要素を複数の属性の束として詰め込んだパッケージというかたちで製品を特徴付け，そのパッケージされた製品で顧客に価値を提供するために，標準化されたプロセスを通じて，できるだけ効率的なるようデザインされたものである。予想されるように，このプッシュモデルによって，企業は，そのア**ジェンダ**が最大の関心事であると顧客やその他の利害関係者に説得するために広告とプロモーションを多く使用しなければならない。

そのような企業中心のモデルのもと，200年前から，ビジネスは競争相手，科学，技術，法と政治制度，文化，経済および社会から切り離され，さらに，サプライヤーと「消費者」からも切り離された実体として考えるパースペクティブを受け入れてきた。しかしながら，これらのアクターと資源はすべて企業にとって外生的であるので，アクターや資源を組織によって何らかのかたちでナビゲートし管理していく必要があった。それに比べて，サービス・ドミナント（S-D）ロジックには，アクターとの相互作用，交換，そして共創を必須なものとして論じる固有の統合パースペクティブがある。すなわち，S-Dロジックでは，価値創造がコラボレーションのプロセスであると認識されている。

アクター・トゥ・アクターのコラボレーション

A2Aネットワークにおけるアクターたちはどのように相互の利得のために協働し，共同生産し，共創することができるか。彼らは，意味形成と行動のために規則，手順，そして方法の集合を含んでいる社会的プラクティスを開発することによってこれらを実施している。これらのプラクティスは，A2Aネットワークの中にいるアクターたちが，サービスとサービスの交換を通じて相互の利得のために，意味形成，行為と行動を調整できるよう，多くの場合，長い期間を掛けて開発されていく。さらに，それらは，価値がどのように共創されるのか，そしてより広くは，市場がどのようにプラクティスを通じて共創されるのかを理解するのを助けてくれる。プラクティスは図表7.1に示されているように，これらの表現的プラクティス，標準的プラクティス，統合的プラクティスとなる。[2]

表現的プラクティス

コミュニケーションは，関係のある言明の中のシンボルとサインの伝達と解釈である。人類が生み出した最も優れたソリューション（イノベーション）の1つ

図表7.1　資源統合

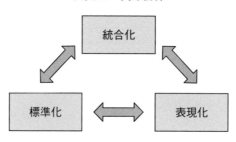

は言語だった。言語は，コミュニケーションの中で使用される関係ある言明を標準化する手助けとなり，そのため，言語は，アクター間のリレーションシップを創出させ拡大させる上で効果的かつ効率的な方法だった。それは共創のプラクティスとシステムの台頭へと導いていく。例えば，辞書またはシソーラスをみてみよう。それらの両方は，リレーションシップのセットを提供している。ここでは，どの単語も均等に扱われ，あるいは他の単語のセットと同等であるとされる。言語は共創メカニズムである。言語は使用されるまで価値を持たず，また，言語が使用されたとき，他のアクターが関与することとなる。したがって，言語は常に共創に関係している。

　例えば，あるアクターが，他のアクターに何かについて説明したり話し合っており，さらに，「あなたはその言葉や言い回しで何を云おうとしているのか」といった一連の質問を受け，それに答えようとしている状況を考えてみよう。辞書は本質的に同じ意味をもつ言明を提供してくれるものであるが，アクターが言葉を使用するとき，その意味が明確でないままかもしれない。別のアクターは，辞書上の定義を知らず，使われている文脈に依存しながら異なった意味で使っているかもしれない。したがって，言語が有効である場合，言葉（記号）の意味が常に共創されるのである。本質的に，人的アクターが言語を開発し使用する場合，資源を創造している。この言語は，サービスとサービスの交換を促進する器具あるいはより一般に媒体物になる。ロブラーが示唆するように，記号とプラクティスはサービス・リレーションシップを調整するものである。[3]

　したがって，言語は一種のイノベーションである。言語はより多くのコミュニケーションを可能にし，さらに人類のコラボレーションと共創を促進する。しかし，歴史を通してみると，人類は，改善されたコミュニケーション能力とサービスを繰り返し開発してきた。人的アクターが時間をかけて開発してきた何千の「巧

妙な」コミュニケーションのソリューションに関する歴史を簡潔に検討してみよう。紀元前3500～2900年の間で，フェニキア人はアルファベットを身につけた。シュメール人はくさび形文字による記述を開発した。また，エジプト人は象形文字による記述を開発した。紀元前900年には，最初の郵便サービスが中国に現われた。紀元前500年～170年の間に，パピルス・ロールの形で，軽量で表地に文字を書くことができるものが現われた。西暦100年までに，最初の製本された書物が出現した。1455年にはグーテンベルグ出版社が出現している。1855年には，サミュエル・モールスが無線コードを開発した。また，アレクサンダー・ベインがファックスを発明した。1925年には，テレビジョン信号が初めて送信された。1969年に，ARPANET（高等研究計画局ネットワーク），すなわちインターネットの前身が生まれている。また，1994年には，米国政府はインターネットを民間に開放し，ワールド・ワイド・ウェブが生まれた。これらの発明はすべて，人的アクターが彼らの専門的なスキルとナレッジを適用することで，他人（あるいはそれら自身）にサービスを提供する装置もしくはメディアであった。

　メディアは，特にサービスとサービスの交換に不可欠となるコラボレーションを促進する表現的プラクティスを増強するものである。表現的プラクティスは，市場とサービス・オファリングを描き出すものである。ここで描き出されたものは，アクターがつくり出した**スキーマ**のイメージと見なすことができる。これらの表し方が，サービス交換と市場に影響を及ぼし，またサービス交換と市場を創造することになる。また，この多くはメディアを通じて行われる。サービス交換とサービス市場が成長するに従って，マーシャル・マクルーハンが観察したりしたような「あらゆるメディアはわれわれのすみずみまで完全に作用している」[4]という事態を目にすることになるのである。メディアが我々をアクターにする。なぜなら，我々は，表現的プラクティスのおかげでアクターとなるからである。あるいはアクターがイメージの観点から物事を再現する方法をメディアは我々に提供してくれる。クジェルバーグ＝ヘルゲソンは，アクターが市場とそこでの自分たちの関わり合い方を説明するその方法に対して，表現的プラクティスがどのように貢献するかに特別の注意を払っている[5]。表現的プラクティスは市場の形成に貢献しており，それゆえパフォーマティビティの実例でもある。また，次のようなことも考慮してみよう。「メッセージの意味は変化である，そして，それはイメージの中で創造される」[6]。また，このイメージが創造されると，それは次に，アクターの行動を変化させる。これこそが，マクルーハンの洞察である「あらゆ

るメディアはわれわれのすみずみまで完全に作用している」ということである。それは,また,市場の動的な性質を示唆している。

標準的プラクティス

　多くのプラクティスは,A2Aのインターフェイスのためのガイドラインあるいはパラメーターを開発するという点で標準化されている。慣例,社会規範および法律のような制度が例として含まれる。例えば,道の右側を走るのか,左側を走るのかという慣習,互恵性の基準(これは交換の繰り返しを保証するガイドラインを提供する)もしくは契約(責任とアクセスのためのガイドラインを供給する)あるいは権利を扱う法律を考慮してみよう。すべての場合に,標準化のプラクティスは,効果的で効率的に働くためにアクターを円滑に調整する簡略手法である。

　標準的プラクティスは,競争に関する公共政策,公平な競争行動のための産業規準,あるいは恐らく任意の倫理コードを含んでいるかもしれない。プラクティスの標準化は,さらにアクターが確立する目的と目標も含んでいるかもしれない[7]。企業,事業計画,会計コントロールなどの様々なモデルなどは,すべてこれらのプラクティスに影響を及ぼす。

　標準的プラクティスは,仕事を遂行する標準的方法(例えば,外科医が手術の準備に取りかかる手続き)や製品形状を作る標準的方法(例えば,4輪の乗用車)を含んでいる。仕事の標準的プラクティスは,タスクとプロセスを遂行するために既定のプロトコルを提供し,それはまた調整のための努力を少なくする。部品を標準化することは,部品の互換性を高めるだけでなく,仕事を標準化することでもある。なぜなら,いずれのケースでも,部品およびアクターが入れ替わっても,そのシステムは今までと変わらず同じように機能するからである。いずれの場合も,コラボレーションがより容易だということである。

　モジュール化のアーキテクチャは,標準化のプラクティスと見なすことができる。モジュール化は部品と職務の標準化の1つの方法である。各モジュール内では,多くの部品にはすべてその組み立て方が用意されている。しかし,部品の統合システムがモジュールとして他のモジュールあるいはプラットフォームと結合される方法は規格化あるいは標準化されている。

　したがって,モジュール間の相互作用は,高度に固定化して構造化している(つ

第7章 コラボレーション 165

まり，標準化されている），さらには，調整の努力とコストを低減させることになる。本質的に，モジュール化が高くなればなるほど，サービス交換がアクター間で生じ易くなる。市場の大きさは，分業（スキル，ナレッジと能力における人的アクターの特殊化）の関数というだけでなくモジュール化の関数でもある。[8]

統合的プラクティス

　第6章で議論したように，人的アクターは，価値を共創するために市場資源を私的な資源および公的な資源と常に統合している。アクターはサービスの交換を通じてそれを行うのであり，また，間接的には経済的貨幣，社会的貨幣あるいは，公的（課税）貨幣を通じて行う。それらが表現的プラクティスや標準的プラクティスとしっかり絡み合っているので，多くの統合的プラクティスは視野に入ってこない。例えば，働きにいくためや買い物をするために移動する場合，次のような諸資源を統合している。公的な輸送機関あるいは自分自身の輸送手段，道路交通法と規則，運転の規範，音楽やニュース，乗客との会話，公共駐車場もしくは私営駐車場といった諸資源である。同様に，家庭での家族との食事の場面では，店舗で購入した食品，自家製の食品，調理器具，テーブルウェア，テーブルでのエチケット，食事の時のお祈り，会話，おそらく音楽，さらには料理の準備や食事の時間，および後かたづけのときの家族のメンバー一人一人のスキルや経験を統合している。

　統合的プラクティスの大部分は交換プラクティスである[9]。つまり，個々の経済的交換を達成させるための具体的な諸活動である。ここには，広範な活動が含まれており，売買，広告，ロジスティクスと流通，価格交渉とクレジット・ポリシーが含まれている。しかしながら，これらの活動は，さらに顧客あるいは買い手としての役割を担っているアクターの交換プラクティスを含んでいる。そこには，貯金，買い物，輸送，保管，共有，交渉などが含まれている。

　最後に，専門家，すなわちアクターによるスキルとナレッジのアンバンドリングは，密度を創出する多くの機会を作る。アンバンドリングが生じるようになると，専門化された資源は，他の資源へ移され，再統合されていく。したがって，サービス交換オファリングになる。集団理論は，その構成要素や実体を，ある集合体から分離して異なる集合体と再結合するものとして捉えている[10]。我々が次に説明するように，このアンバンドングとリバンドリング，すなわち分離と再結合は，情報技術を通じて推進・強化される。

コラボレーションと情報技術

　コラボレーションにつながる努力とコストを軽減するための重要な要因は，つまり，メタ・フォースといえるもの，情報技術によってもたらされた情報資源の流動化だった。歴史上，取引や交換にまつわる多くの調整問題は，情報が物理的構造の中に埋め込まれ，その物理的構造が移動する範囲で拡がっていくからである。古代，石のような物理的構造物が情報を埋め込むために使用されていた。しかし，それはとても重く，情報を送信したり，配信するには，相当の努力を必要とした。

　情報がより軽い材料（例えば紙）に埋め込まれ，さらに，物理的な構造から切り離され，デジタル化され，電磁波を使って光速で移転されるようになると，情報の移動に向けられる努力は軽減され，人類のコラボレーションの問題は少なくなっていく。しかしながら，これは，一時の状態を示しているに過ぎない。なぜなら，流動化によって，多くの資源がアンバンドルされ，リバンドルされ，統合され，創造されるのであり，その結果，人類によるコラボレーションが追加されることとなる。

　早い時期に，ロナルド・ラストという学者は，情報技術の進歩がG-DロジックからS-Dロジックへのシフトの必要性を加速する重要な出来事の1つであることを明示してくれている。以下の7つの鍵となる理由は，なぜ情報技術（IT）の成長がS-Dロジック原則と一致している，サービス供給ネットワーク（我々が第8章でサービス・エコシステムと呼ぶもの）の出現を可能にしたか説明したものである。次の通りである。

(1) 有形財は，インテリジェンスをマイクロプロセッサーの内に埋め込むようになり，サービス提供のためのプラットフォームになることができた。この中には，以下のようなものが含まれている。デジタル生産，インテリジェンスが埋め込まれたスタート/スマート部品，仮想モデリングを利用したコラボレイティブ・デザイン，仮想会議室を用いたアイデア創造，そして流動化を支援する製品ライフサイクル・マネジメント。

(2) アクター自身を支援する能力がITの進歩に伴って増強される。

(3) 他のアクターたちを支援する能力がITの進歩に伴って増強される。

(4) アクター間のコミュニケーション能力，グッズとアクター間のコミュニケーション能力，およびグッズとグッズの間でコミュニケーション能力が増強

(5) アクターたちは，コミュニケーション能力が高まると，互いに十分理解し合えるようになることができる。
(6) メニー・トゥー・メニー・コミュニケーション・ネットワークが増えるようになると，アクターは他のアクターたちと直接相互作用することができる。
(7) より低いコストでコミュニケーションする能力が高まると，アクター間のコラボレーションは，より効率的で，より有効になる。[14]

要約すると，個人としても集団としても，これらの鍵となる要因は，コミュニケーション，コラボレーション，そして共創の改善を通じて資源を一層うまく統合することができる。

インターネットの普及を含む情報技術とデジタルの革命は，ますます多くのアクターと資源を結びつけることを可能にし，統合を容易にする。これらの相互作用が増加することはさらにイノベーションを刺激する（しかし原因ではない）。さらにこのような傾向に拍車をかける3つの主な要因がある。すなわち，オープンスタンダード，連結性とネットワークのユビキタスである。[15]

オープンスタンダード

LINUXのオープンソースコードのように，オープンスタンダードは，新しい現象ではない。恐らく，オープンスタンダードが最初に表れたのは言語それ自体だった。言語によってアクターは規則を開発し，共有することができる。オープンスタンダードの結果，より多くの情報と経験がアクターによって共有されるようになると，情報はますます均等に所有されるものになる。オープンスタンダードが増加すると，コラボレーションは例外ではなく標準になる。そして，このことがイノベーションを促進することとなる。

連結性

人類のほとんどの文明では，他のアクターが上手に行動できるようにするもの，つまりサービスとして提供されものについての情報やナレッジを，アクターは十分に持っていなかった。原則として，アクターがこのナレッジを持っていた時でさえ，コストを掛け，かなりの時間を掛けて運ばれる有形の資源に依存することでしか，アクター間の大きな地理的な隔たりを克服することができなかった。連

結性が増加し，特にメニー・トゥー・メニー・コミュニケーション・ネットワークが増加するようになると，交換システムは，アクターのニーズと能力に，より速く応えることができるようになっていった。我々は，市場が比較的固定し静的なものから高度に動的で柔軟性のあるものへと移行するのを目撃した[16]。すなわち，我々は，表現的プラクティス，標準的プラクティス，および統合的プラクティスに従事している市場アクターのコンフィギュレーションとして市場を見ることができる。アクターがこれらのプラクティスに従事するとき，彼らは他のアクターに影響を及ぼす文脈の中でそれを行っていることになる。したがって，このことが市場を絶えず動的なものにしていくことになる[17]。事業体は，ユーザーあるいは受益者のコミュニティを組織化する手助けをするといったかたちで，自分たちの優位性のためにこのような仕組みを利用していく[18]。このようにすれば，ユーザーあるいは受益者は，企業の価値提案を共創することができる。

ネットワーク・ユビキタス

　コラボレーションを牽引する最後の要因は，ネットワーク・ユビキタスである。すべてのアクターとすべての資源は，互いに直接あるいは間接的に連結している。また，この連結は日々生じており，その日のすべての時間において発生している。ネットワーク・ユビキタスはオープンスタンダードと連結性を刺激し，加速させるものである。さらに，ネットワーク・ユビキタスは多くのサービスとサービスの交換を可能にするので，多くの専門化を目にすることができる。そして多くの専門化によって，市場が拡大し，価値共創の機会が増えていく。

　これらの傾向が顕著なかたちで現れてきているので，アクターが行うすべてのこと（つまりすべての活動とアクション）を移転することができるであろうと考えるのは筋が通っているといえる。そのため，物理的障害を取り除くことも重要であるが，このことでプラクティスの転換が停止したり，遅れたりすることはないであろう。むしろ，障害となるのは，標準的プラクティスかもしれない。規準とか社会的制度は，抵抗要素としての特徴を持っている。それらは，現状を維持しようと常に，抵抗しようとするからである。多くのアクターが，ある制度の衰退と新しい制度の出現によって長期に亘る利益を享受できるかもしれないとしても，既存の制度を意識あるいは無意識に保護しようとするかもしれない。

　サービス・プロセスのプロアクティブ・マッピングは，多くの場合，アクター間で価値共創を行うためのコラボレーションの機会を明らかにする。プロアクテ

ィブ・マッピングはまた，浪費がどこで発生しているか，あるいはシステム内のある部分の廃棄物がシステムの別の部分で資源となりえるのかをはっきりさせる。しかし，次のことは重要である。

サービス・ブループリンティングのパラダイム[19]は，事業体のサービス・オファリングの受益者がオファリングをどのように扱うかについて企業を越えて拡張されるべきであるということである。なぜなら，受益者は，自分のシステムの存続可能性を高めるために，企業の提供した資源と他の資源とを統合するからである。

共同生産と共創

コラボレーションは，S-Dロジックの第2公理（顧客は常に価値のある共創者である）の重要な焦点である[20]。共創は，現代のビジネスおよびマーケティング文献で中心となっている[21]。しかし，共創と考えられているものは，より正確には，共同生産と名付けられるものである。2つの関連はしているが概念的には異なる重要なコラボレーションの形態に，**価値の共創**と**共同生産**がある。価値の共創は最も包括的な概念であり，その中に共同生産を含んでいる。さらに，価値の共創は，いつでも生起しているものであり，アクターが不参加を選んだりアウトソーシングすることができるというものではない。反対に，共同生産はアクターにとってオプションである。図表7.2は，これらの2つの形式のコラボレーションを表している。しかし，我々はそれらの区別について説明するために，この項の残りで詳述する。

図表7.2 共同生産と共創

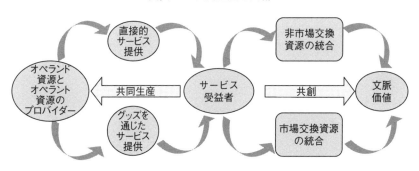

価値の共創

　サービス受益者は，あるサービス・オファリングを他の市場資源，公的な資源，私的な資源と統合し，さらに受益者が価値を決定するプロセスの中で統合する。この価値は常に使用価値であり（図表7.2の右側に示す文脈価値という），特別のコンテクストの中で生じる。ここで重要なことは，この文脈上の使用価値は，受益者アクターによって常に独自にかつ現象学的に**評価される**ということであり，経験という概念（つまり顧客経験）と絡み合っているということである[22]。これは特定のアクターが他人や制度によって影響を受けないということではないが，最終的には，価値の評価（あるいは査定）を行うのはアクター自身であるということである。

　受益者アクターが価値を評価し経験するという事実と，多くのアクターおよび資源が価値共創に関与しているという考え方と混同すべきではない。価値共創は，常に，すべてのアクターと統合される資源とが交差する地点に存在している。そこでは，直接的交換と間接的交換のどちらであっても，資源とアクターが含まれている。

　価値は，1人のアクターが他のアクターのために創造し伝達するというものではない。そこで，イノベーションにとって鍵となる機会が，価値を共創するための新しい方法を識別することである。サービス受益者の経験が動的で相互作用的であるということを理解すれば，そこから，より多くの価値提案とサービス・イノベーションを生み出すための新しいアイデアを引き出すことができる[23]。この経験（すなわち時間の流れの中で展開される出来事）の中に，サービス受益者が含まれることとなり，サービス受益者はその経験の中で様々な他の資源を統合している。有形のグッズを含んだオファリングについても，このようなパースペクティブから，資源統合というより広いコンテクストの中で考察されるべきである。例えば，アクターが，電子レンジのような1つの品目を他のすべての器具の中から選ぶ場合，マイクロ波の使用を取り巻いている資源と経験が，アクターの経験上の価値の重大な部分であることは明らかである。マイクロ波の装置を利用するといった特殊な事例から離れてみると，他のアクターと他の資源は価値共創のコンテクストの一部になる。このズームアウトのプロセスは，受益者の経験価値への洞察力を提供してくれ，さらには，イノベーションに対する見解の源泉になりえる。

第 7 章　コラボレーション　　171

共同生産

　図表7.2の左側にみられるように，コラボレーションのもう1つの側面は共同生産である。この状況では，サービス受益者は価値提案の開発に積極的に参加する。サービス受益者は，直接的あるいは（グッズを通した）間接的なサービス・オファリングの開発を支援するためにオペランド資源とオペラント資源を提供することができる。一般的な例は，サービス受益者としてのアクターが，より効果的かつ効率的にサービス提供を行えるような新しい有形のグッズをデザインすることである。また，その他のわかりやすい例として，サービス受益者がヘアスタイリストにヘアスタイルについてアドバイスしたり，教授から問題に答えるよう求められた学生が，その解答をするとき他の学生にも分かるように答えたりすることがある。多くのイノベーションにはサービス受益者に共同生産者であることを求めている。例えば，今日のほとんどのスーパーマーケットでは，サービス受益者は，ショッピングカートで店舗内を移動し，店員の助けを借りずに，食品や他の商品を手に取り，レジでチェックアウトし，買った食品を自宅へ乗用車で運んだり，バスもしくは電車で運ぶ。この例は実際もう少し深く考えることができる。75年前に食料雑貨店で購入されるグッズのほとんどは未加工の食材で，料理のために購入され，家で調理された。しかし，今日の買い物袋の中は，調理済みものやすぐに食べられる食品が含まれている。このように，家の食事は，75年前に比べると共同生産されなくなってきているが，食事の重要な部分は未だに共同生産されている。そのため，共同生産に関与する受益者としてのアクターは時々プロシューマーと呼ばれ[24]，プロシューマーの活動は本格的に研究されてきた[25]。しかしながら，S-Dロジックにおいて，生産者または消費者という名称を使用することやその組み合わせを用いることは，近視眼的となる。アクターは，それらのシステム生存可能性を増強する毎日の努力の中で多くの役割を担う。

　アクターが共同生産にどれほど従事しているかを決定する要因を捉える多様なモデルが存在している。例えば，エトガーは，経済学に強く依拠したモデルを提示し，アクターが自身で生産を行う場合のコストと，生産活動に携わる専門家と交換をする場合のコストを検討した[26]。ここで示すもう1つのモデルは，数学的視点から見るとあまり厳密とはいえないが，このモデルでは，サービス受益者がサービス・オファリングにおいて積極的な参加者あるいは共同生産者になるのか，その程度に影響を与える6つの要因について示している[27]。この6つの要因について以下で簡単に述べる。これらの要因について説明しやすくするために，高齢者

のヘルスケアを例に取りながら詳述する。

(1) 専門知識

アクターは，必要な専門知識を持っている場合，共同生産に参加する可能性があると思われる。専門知識はオペラント資源である（図表7.2を参照）。特別の医療扶助を必要とする老いた親をかかえている場合，あなたが必要な専門知識を持っていれば，積極的にサービスを提供したいと考えるであろう。

(2) コントロール

アクターがサービスのプロセスをコントロールしたいと考える場合，すなわち，サービス受益者が共同で成果を出したいと望んでいるとき，共同生産が一般的なかたちとなる。したがって，老いた親を世話する場合，あなたが老親のケアと治療を直接コントロールし，サービスを提供することができる在宅看護を選択しようと希望するかもしれない。

(3) 有形の資本

アクターがサービス・オファリングに貢献する活動を行うのに必要な有形の資本を所有していれば，共同生産の可能性は高くなる。有形の資本はオペランド資源（図表7.2）である。したがって，老いた親を世話するには，自宅のスペース，特別のベッド，その他の介護用装置が必要となる。これらの要素と装置が既に利用可能な状態であったり，購入やレンタルが可能であれば，在宅看護はより実現可能なオプションになる。

(4) 危険負担

共同生産には，物理的，心理的，そして社会的リスクの負担が含まれる。したがって，共同生産者としてのサービス受益者は，状況に応じてリスク負担を増加させることもあれば低減させることもある。在宅看護を提供する場合，あなた自身あるいは他の家族への心理的影響が生じるかもしれない。また，装置を誤って操作することであなたの親を身体的に傷つけたり，他の介護人や介護を受ける人を傷つけたりするかもしれない。

(5) 精神的ベネフィット

アクターは，主として純粋な楽しみのため，あるいは精神的ベネフィットあるいは経験上のベネフィットのために共同生産へと従事する。ここでは，図表7.2で示したような価値の共創と共同生産の正確な分離は発生しない。より具体的には，家具を組み立てたり，料理をするといった共同生産の行為は，価値のある経

験かもしれない。したがって，老いた親をケアするために家族とコラボレーションすることによって，あなたとあなたの家族は，高い価値をもつ人生経験を手にすることができるかもしれない。

(6) **経済的ベネフィット**

知覚された経済的ベネフィットおよび実際の経済的ベネフィットは，共同生産において中心的役割を果たす。アクターは，自分たち時間を他のことに使う価値を認識しているが，共同生産に時間を費やすことがそれらを十分に補ってくれることについても気がついている。あなたの老いた親のためのヘルスケアに費やしたコストは非常に高価で，10年以上にわたって，自分たちのすべての金融資産を消費することもある。これらのサービスをあなた自身で行えば，推定75％のコストを削減できるかもしれない。そうすれば，あなたの親の財産における金融資源を，他の使用のためにあるいはあなたの家族に手渡すために残しておける。

これらの6つの要因は，サービス事業体がサービス・オファリングを共同生産するために，サービスの受益者を価値提案の一部に関与させる方法を決定するときにも利用することができる。例えば，高齢者ケアを提供している事業体は，家族にトレーニング器具と賃貸機器を供給することによりヘルスケア・サービスを家族が行うのを補助することができる。共同生産にサービス受益者を巻き込むことは，接触の数，インターフェイス，彼らとのタッチポイントを増加させることとなり，顧客経験を管理する基礎を形成する手助けとなる[28]。重要なことには，そのようなアクションは統合的マーケティング・コミュニケーション・プログラムの一部にもなりえるということである[29]。

事業体の境界線

本章で議論した重要な論点は，A2Aネットワークやシステムにおけるアクターの連帯性と分離性である。しかしながら，もし極端なものになれば，結果として事業体やアクターのシステムは，境界がほとんどなくなる。これは次の質問を引き出す。すなわち，「事業体の境界は何か」である。

従来のロジックでは，事業体の境界は市場資源の交換によって決定されていた[30]。事業体のインプットの側面では，これは，多様なサービシィーズの供給者との交換を意味する。これらの供給者は，金融市場，労働市場，資材市場とコンポ

ーネントやシステム市場において自分たちのオファリングを交換してすることの多い債権者，株主，従業員，原料供給者とコンポーネントとシステムの供給者からなる。事業体のアウトプットの側面においては，市場交換は，仲介業者，そして最終的には，サービス受益者との間で発生する。これらは，卸売流通と小売流通，あるいは仲介市場もしくは顧客市場として知られている。それ以外のサービス・プロバイダーとして，政府があり，事業体が運営するためのライセンスを与えて，代わりに，事業体の経済フローに対して，すなわち売上収入や純利益に対して税金を課す。したがって，このような例では，交換市場や交換価値が事業体の境界を決定する。事業体は，金銭，交換価値あるいはサービス権を手にしている直接のサービスのプロバイダーと受益者によってその境界が決定される。

　直接の経済的交換とフローによって捉えられるこのような事業体の視点は，狭隘で短期的なものである。狭隘な視点とは，主として（サービス・プロバイダーとサービス受益者による）ダイアドの経済的交換を指しており，短期的な視点とは，交換プロセスの一時点を切り取った取引に注目しているということである。交換価値はアクターが将来受け取りたいと期待するものを獲得しようとして試算したものであるが，それは将来ではなく現地点もしくはすでに発生したものに基礎をおいている。この欠点に取り組む試みは，顧客生涯価値（CLV）の領域で10年ほど前から現れてきている。[31] CLVアプローチは，サービス受益者との経済的取引を試算するものであり，それぞれの取引の規模，取引の数，そして将来どれくらいの期間をつうじて生じるのかを試算するものである。次いで，これらのフローの正味現在価値が計算される。CLVは短期的な視点を補強するものではあるが，直接的経済的交換に注目しているので，狭隘な視点を補強するものではない。実際，それは，事業体価値や株主価値の経済時価総額として事業体価値を議論している。

　狭隘な視点と短絡的な視点とは逆に，事業体に対する広範な視点と長期的な視点は，事業体のすべての利害関係者について検討しており，それは，事業体における直接的な経済的利害だけでなく，間接的な経済的利害や社会的利害を含むものである。これらのアクターには，直接の経済的な利害関係者が含まれるだけではない。そこには，そのシステムの生存可能性が現在だけでなく将来にもわたって事業体によって影響を受けるその他のアクターも含んでいる。例えば，自分達の利害を声に出して影響を与えたり，与えようとしている多くのアクターによって，事業体が倒産に追い込まれたり，コミュニティーから離脱したりするとき，

このようなことが発生する。この広範なパースペクティブと長期的パースペクティブから見ると，事業体は，資源交換のアクターたちと資源統合の活動の大きなシステムに組み込まれていることになる。そこでは，事業体の経済的価値（株主価値）よりはるかに大きい事業体価値が議論されている。[32]

事業体を広範な視点から捉える別の方法は，直接的な経済的利害関係者をズームアウトし，これらの利害関係者の直接的な経済的利害関係者を検討し，その上でさらに，ズームアウトし，間接的な利害関係者の層やレイヤーを追加し続けることである。例えば，あるコミュニティーに所属し，その直接的経済交換の中にいる自動車組立工場を考えてみよう。この工場はフロント・アクスル（つまり車軸製造サービス）を提供する業者と取引している。さらに鉄鋼（つまり構造強化サービス）を提供する業者，および他の資源のサプライヤーなどとも取引している。これらは直接の経済利害関係者である。この実例の直接的な経済効果は，さらに経済と社会に波紋を広げる。図表3.4はこのプロセスを視覚化したものである。焦点となるアクターのサービスとサービスの交換は他のアクターの層に波及効果を持っている。

S-Dロジックは市場で取引される資源だけでなく市場では取引されない資源も検討する。それは公的な資源と私的な資源，およびそれらの交換を含んでいる。S-Dロジックは，さらに社会的および経済的アクターとしてすべてのアクターを扱う。すべてのアクターは，市場で取引される経済交換に係わるアクターであっても，社会規範と文化（つまり標準的プラクティス）といった埋め込まれたシステム[33]の中で働いている。この埋め込まれた交換の性質が，ダイアドのアクター間だけでなくアクターの遠くに離れた層でも生じる。例えば，コミュニティーにある自動車組立工場が閉鎖する場合，経済フローのみが変更されるのではない。アクターが相互に社会的に結びつく方法も変化し，アクター間のリレーションシップにも影響を与える。これらの影響はアクターにも彼らの所属するコミュニティーにも将来にわたって長い影を落とすことになる。

要約すると，事業体に対する広範な視点と長期的視点は，サービスとサービスを直接交換しているアクターによる経済的交換と社会的交換をとおして，さらにその交換の範囲を超えたアクターの層をとおして，事業体の境界を定義する。正確な境界の決定は事業体による戦略的選択事項である。その境界は，概ね事業体の世界観やシステム観の関数であり，共有した視点としてアクターのネットワークの視点をどのように開発しようとしているかにかかっている。サービス・エコ

システムについて取り上げている第8章においてこの点をより詳細に議論する。

　事業体はサービス受益者とサービス・プロバイダーを戦略的選択肢として捉える必要がある。さらに，事業体は適切なサービス・プロバイダーとサービス受益者と携わる必要がある。そのような受益者はロイヤルティが高く，資源を統合する活動に携わり，事業体と協働していくアクター・ネットワークを有している。そこでは，適切なサービス・プロバイダーは信頼できる存在である[34]。また，強いブランドと評判を手にしており，資源を統合する活動と相乗効果のネットワークがある[35]。事業体は説得力のある価値提案をしなければならず，さらに，潜在的な直接的サービス受益者および資源を提供する利害関係者の全ネットワークの両方に対して，この価値提案の内容を伝えて説明しなければならない[36]。

コラボレーションの優位性に向けて

　オペラント資源とサービス交換を利用して他のアクターとのコラボレーションすること[37]，それにより共生関係を構築し協力的なリレーションシップ[38]を獲得することは，競争優位とシステム生存可能性の改善に結びつくコラボレーションの優位性を提供する。図表7.3では，コラボレーションの優位性に関する5つの主な源泉を示している。すなわちコラボレーション・プロセス・コンピテンシー，吸収コンピテンシー，適応コンピテンシー，資源統合コンピテンシーと学習コンピ

図表7.3　コラボレーションの優位性

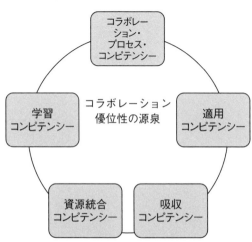

テンシーである。我々はここで各々について概説する。

コラボレーション・プロセス・コンピテンシー

　コラボレーション・プロセスのコンピテンシーはコラボレーションする適切なアクターを選び，コラボレーションのリレーションシップを開発し，コラボレーションのプロセスの管理を成功させることを含んでいる。これを達成するために，事業体はイニシアチブを監視するプロセスを完備していなければならず，問題が発した場合，これを解決しなければならない。必要なオペラント資源（例えば専門知識，ナレッジ）を持っており，問題を解決し機会を共に追求してくれるアクターを選ぶことは，コラボレーション・プロセスのケイパビリティの本質的な側面である。このコンピテンシーは常に，時間の経過と共に，学習され開発されていく。アクターが適切に交換を促進していき，関連するナレッジを統合し，コンフリクトを解消し，共同の意思決定に参加できる場合のみ，コンピテンシーは生まれてくる。

吸収コンピテンシーと適応コンピテンシー

　特に混乱の時期を迎え，複雑で動的な環境にあるとき，２つの源泉がコラボレーション・プロセスのケイパビリティを増強する。すなわち，吸収能力と適応能力である。吸収のコンピテンシーとは，アクターが環境とサービス・エコシステムの中のトレンドを，どの程度上手に理解していくか，あるいは，アクターが協力するサービス・エコシステムの中の他のアクターから新しい情報とナレッジを吸収していくかというコンピテンシーのことである。環境とサービス・エコシステムのトレンドを理解し，他のアクターについての情報とナレッジを見極めることによって，アクターは，これらのトレンド，情報とナレッジを，そしてサポートを引き出すことのできる資源に変える方法を適切に描き出すことができる。多くの場合，これは，コラボレーションのプロセスに対する抵抗を検知し，理解し，かつ，排除する能力を含んでいる。ここには２つの共通の抵抗がある。既存の知識と制度である。これらは，環境が大きく変化していくために，もはや適切でも正確でなくなっている。しかしながら，アクターは，多くの場合，知識として獲得しているものに固執し，変化に抵抗する。したがって，すでに既存で時代遅れになったナレッジと制度に対する固執を克服するための戦略を開発することは重要である。

反対に，適応のコンピテンシー[43]は，状況の変更に適合するアクターの能力を指す[44]。コラボレーション，共同生産と共創を改善しようとする専門家としてのアクターは，市場とネットワークを通してサービスとサービスの交換の範囲を拡張することを支援できる。しかし，専門的アクターは，変化の調整には手を焼いている。特定のレースに挑むために競走馬を調教する場合であろうと，専門的アクターのスキルとケイパビリティを洗練させる場合であろうと，専門性が高くなると，一般的な適応能力は増強されるか縮小するかのどちらかである。効率性と効果性を改善するために自分たちに磨きを掛け続けることで自分たちの手にしている専門性の弱点を補おうとするアクターは，新しいスキルとコンピタンスを学習しようとせず，そのため，システムに混乱や変更が現れるとき，生き残るための困難に直面する[45]。そこで，効率性を求める事業体は，専門性を低めた職務，つまり協働的で部門横断的な作業チームを開発し，多くのITコミュニケーションでこれらのチームを支援しようとする。ITコミュニケーションの強度が高くなると，事業体はさらに適応性を持つようになる[46]。これはITコミュニケーションが，アクターが機敏でかつ柔軟になるのを支援するからである。効率的なコラボレーターとしてのアクターは，変化に適応するため，他のアクターとパートナーになるという付加的な優位性を手にする。そこで，これらの他のアクターは，システムに衝撃を与える材料というよりむしろ緩衝材になってくれる。

資源統合コンピテンシー

　資源統合のコンピテンシーは，密度を増加する方法で資源を統合し組み合わせるのに必要とされるスキル，ナレッジ，専門知識を反映したものである。最大の密度を得るためにアクターがコントロールあるいは支配している領域で，すべての資源を持つことはまずあり得ないので，相乗的なプラスの効果あるいはウィン・ウィンの関係で資源統合を行う機会を見つけ出すために他のアクターとコラボレーションを行うことが，すべてのアクターのための優位性を生み出す。しかしながら，資源を統合するために，アクターは，始めに資源の組み合わせの可能性を見つけ出し，次に，その組み合わせをどのように新しいサービス・オファリングと結びつけられるか理解しなければならない[47]。アクターはさらに情報を送信し交換することができなければならない。しかし，その多くは暗黙的なもので移転不可能かもしれない[48]。

学習コンピテンシー

　コラボレーションの優位性を獲得する最終的な源泉は，学習というコンピテンシーである。ネットワーク世界（経済と社会）では，常に他のアクターとの間で学習が行われる。学習は決して単独では存在しない。アクターが獲得しなければならない学習の一部として，サービス・エコシステムの活動的で持続的な面をどのようにして引き出せるかについての学習がある[49]。常に，アクターは他のアクターと交換を行っている。この交換を通して，どのように優位性を獲得することができるかについての独自の情報とナレッジを手にすることとなる[50]。交換は，アクターのシステムにも他のアクターのシステムにも変化をもたらす。その結果，アクターは，常に，価値提案を変化する状況に適合させなければならない。また，受益者の決定する価値の動的な概念にも適合させなければならない。アクターが自身の価値提案を行い，他のアクターからのフィードバックを受け取るときに，それを学習経験として扱う必要がある。経済的・社会的交換の結果が予想された通りにならず，良い結果を生まず，否定的な結果となることもある。しかし，これも学習機会を表している。アクターがこのような学習に対する態度を採用すれば，それは他のアクターについて適切に学習を重ねることになる。そして，ある時期になると，他のアクターとそのサービス要件を予想することができるようになるかもしれない。そうなれば，事業体はより強力なコラボレーションの優位性を持つだろう。昔は，ナレッジは成功の鍵と考えられていた。しかしながら，知識とは，常に，主として現在存在していることや過去に存在していたことについてである。世の中が複雑で，動的で，かつ混乱している時には，ナレッジよりも学習の方が重要となる。学習は，現在の文脈に関連づけることで，ナレッジをリニューアルしていく。

システムの生存可能性についてのインプリケーション

　S-Dロジックにおいてコラボレーションに焦点を当てることは，第4章で名付けた他のアクターと「一緒に行うマーケティング（market-ing with）」と他のアクターに「向けられたマーケティング（marke-ting to）」で言及したことでもあるが，システムの生存可能性の改善へとつながる重要な経路である。このロジックのフローは直線的な流れであり[51]，図表7.4のように図式化される。

　アクターと一緒にマーケティングする（market-ing with）（コラボレーション

図表7.4　システムの実行可能性

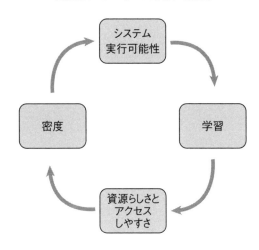

する）という理念を採用するとき，アクターは，互いから適切に学習することができる。コラボレーションの重要な部分は，コラボレーションを促すコミュニケーションあるいは対話であり，これは共同学習をもたらすことになる。共同で学習することは，より効果的でより効率的なアクセス性と資源性を可能にする。第一に，アクターたちが相互のサービス交換とベネフィットのために互いにコラボレーションする場合，(a)アクターたちは障壁を取りのぞき，新しい資源を創造するために資源を統合し，相互にサービスを行う方法を理解することで，アクセス性と資源性のための機会を見つける，また(b)サービスを創造し，提供する際のエラーを減少することができる。アクセス性と資源性の機会の増加について共同して学習することは，システムの効果性を高めることになる。さらに，エラーが減少すれば，浪費を減らし，努力やコストを削減させることになる。要するに，システムはより効率的になる。アクセス性と資源性の増加の結果がエラーの減少に結び付けば，資源の「密度」（第5章を参照）が増加し，したがって，システムの生存可能性は増す。

おわりに

　社会的および経済的アクターが専門性を増加させる場合，かれらはサービスに対して他のアクターにより依存するようになる。このサービスとサービスの交換

は，アクターが相互作用するネットワークの創造を支援する共生主義に帰着する。その結果が社会となるのである。このプロセスにおいて，アクターはより多くの資源にアクセスし，より多くの資源の統合に従事する必要がある。他のアクターと資源が存在する大海原で生活しているアクターは，価値の共同生産と共創のためのコラボレーションにかなりの量の努力を費やしている。それは表現的プラクティス，標準的プラクティス，そして統合的プラクティスを通じて促進される。

　コラボレーションは，アクターが相互に利益を得るすなわちノンゼロサムのかたちで利益を得るために協働するのを助ける。文明の歴史の中で，さらに特に強力な計算上の装置として比較的最近の強力なコンピュータ・デバイスと世界的なインターネットの成長によって，アクター間のコラボレーションは増加してきた。このようなコラボレーションは多くの共同生産と共創経験を可能にした。しかしながら，より多くのアクターがメニー・トゥ・メニー・ネットワーク（many-to-many network）を通して相互作用するようと，かれらのアクションとインタラクションは，システム内のダイナミクスと混乱の増加を引き起こし，他のアクターのコンテクストを変更する。これはすべてのアクターにとってより予測不能な世界を作り出すこととなる。システムの拡張した事業体という見方を取ることによって，アクターは少なくとも変更を予測し，変化をコントロールし始める。彼らはより影響力のあるアクターになることができる。より影響力を持つようになるためには，他のアクターとの接続を活用し，コラボレーションの優位性を開発することを含んでいる。そこには，コラボレーション・プロセス・コンピテンシー，吸収コンピテンシー，適応コンピテンシー，資源統合コンピテンシーと学習コンピテンシーの増強がある，

　最後に，コラボレーションはシステム生存可能性を高める。これは，コラボレーションを促すコミュニケーションと対話が学習を強化するからである。さらに，学習はサービス・エラーを縮小し（より多くの効率性を創造する），そして，資源統合と創造可能性のより多くの発見を促している（効果性を高める）。本質的に，コラボレーションはより多くのアクセス性と資源性をもたらす。これらすべての相互作用的および累積的な結果は，システムの生存可能性を強化するものである。

(注)

1　John Hagel III, John Seely Brown, and Lang Davison, *How Small Moves, Smartly Made, Can Set Big Things in Motion* (New York: Basic Books, 2010).

2 最初の2つのプラクティスはケジェルバーグとヘルゲッソによって明確にされた，Hans Kjellberg and Claes-Fredrik Helgesson, "On the nature of markets and practices," *Marketing Theory*, 7:2 (2007), 137-162.
3 Helge Löbler, "Signs and practices: coordinating service and relationships," *Journal of Business Market Management*, 4 (December 2010), 217-230; Helge Löbler and Robert F. Lusch, "Signs and practices as resources in IT-related service innovation," working paper, University of Arizona (2013).
4 Marshall McLuhan, *Understanding Media: The Extensions of Man*, critical edition, ed. W. Terrence Gordon (Berkeley, CA: Gingko Press, 2003, [1964]), p. 16. 栗原裕・河本仲聖 訳『メディア論：人間の拡張の諸相』みすず書房，1987年。
5 Hans Kjellberg and Claes-Fredrik Helgesson, "On the nature of markets and practices," *Marketing Theory*, 7:2 (2007), 137-162.
6 Marshall McLuhan, Understanding Media: *The Extensions of Man*, critical edition, ed. W. Terrence Gordon (Berkeley, CA: Gingko Press, 2003 [1964]), p. 43.
7 Kjellberg and Helgesson, "On the nature of markets and practices."
8 Robert F. Lusch and Satish Nambisan, "Service innovation: a service-dominant (S-D) logic perspective," *Management Information Systems Quarterly* (forthcoming).
9 Kjellberg and Helgesson, "On the nature of markets and practices."
10 Manuel Delanda, *A New Philosophy of Society: Assemblage Theory and Social Complexity* (London: Continuum, 2006).
11 Yochai Benkler, The Wealth of Networks: *How Social Production Transforms Markets and Freedom* (New Haven, CT: Yale University Press, 2006).
12 Richard Normann, *Reframing Business: When the Map Changes the Landscape* (Chichester, UK: John Wiley & Sons, 2001); Robert F. Lusch, Stephen Vargo, and Matthew O'Brien, "Competing through service: insights from service-dominant logic," *Journal of Retailing*, 83:1 (2007), 5-18.
13 Roland T. Rust, "If everything is service, why is this happening now and what difference does it make?" *Journal of Marketing*, 68 (January 2004), 23-24.
14 Robert F. Lusch, Stephen Vargo, and Mohan Tanniru, "Service, value networks and learning," *Journal of the Academy of Marketing Science*, 38 (February 2010), 19-31.
15 Lusch, Vargo, and O'Brien, "Competing through service," p. 10.
16 Robert F. Lusch, Yong Liu, and Yubo Chen, "Evolving concepts of markets and organizations: the new intelligence and entrepreneurial frontier," *IEEE: Intelligent Systems*, Special Issue on Market and Business Intelligence, 25 (January-February 2010), 71-74.
17 Kaj Storbacka and Suvi Nenonen, "Markets as configurations," *European Journal of Marketing*, 45:1/2 (2011), 241-258.
18 Satish Nambisan, "Designing virtual customer environments for new product development: toward a theory," *Academy of Management Review*, 27:3 (2002), 392-413; Satish Nambisan and Robert A. Baron, "Different roles, different strokes: organizing virtual customer environments to promote two types of customer contributions," *Organization Science*, 21:2 (2009), 554-572.
19 Valarie Zeithaml, Mary Jo Bitner, and Dwayne D. Gremler, *Services Marketing*, 4th eds (New York: Irwin/McGraw-Hill, 2006).
20 価値共創の歴史的なルーツ（共同生産と名前がつけられているが）についての議論は，

Rafael Ramirezの以下の文献に見ることができる。
　Rafael Ramirez, "Value co-production: intellectual origins and implications for practice and research," *Strategic Management Journal*, 20: 1 (1999), 49-65.
21　Neeli Bendapudi and Robert Leone, "Psychological implications of customer participation in co-production," *Journal of Marketing*, 67 (January 2003), 14-28; C. K. Prahalad and Venkat Ramaswamy, *The Future of Competition: Creating Unique Value with Customers* (Boston: Harvard Business School Press, 2004). 有賀裕子　訳『コ・イノベーション経営：価値共創の未来に向けて』東洋経済新報社、2013年。Venkat Ramaswamy and Francis Gouillart, *The Power of Co-Creation* (New York: Free Press, 2010).
22　Joseph B. Pine and James H. Gilmore, *The Experience Economy: Work Is Theater and Every Business a Stage* (Boston: Harvard Business School Press, 1999). 岡本慶一・小高尚子　訳『「新訳」経験経済：脱コモディティ化のマーケティング戦略』ダイヤモンド社、2005年。
　Shaun Smith and Joe Wheeler, *Managing the Customer Experience: Turning Customers into Advocates* (Harlow, UK: FT Prentice Hall, 2002).
23　Adrian F. Payne, Kaj Storbacka, and Pennie Frow, "Managing the co-creation of value," *Journal of the Academy of Marketing Science*, 36 (Spring 2008), 83-96.
24　Philip Kotler, "Prosumers: a new type of consumer," *The Futurist*, 20 (September-October 1986), 24-28.
25　Chunyan Xie, Richard P. Bagozzi, and Siguard V. Troye, "Trying to prosume: toward a theory of consumers as o-creators of value," *Journal of the Academy of Marketing Science*, 36 (Spring 2008), 109-122
26　Michael Etgar, "Co-production of services: a managerial extension," in Robert F. Lusch and Stephen L. Vargo (eds.), T*he Service-Dominant Logic of Marketing: Dialog, Debate, and Directions* (Armonk, NY: M. E. Sharpe, 2006), pp. 128-138.
27　Robert F. Lusch, Stephen W. Brown, and Gary J. Brunswick, "A general framework for explaining internal vs. external exchange," *Journal of the Academy of Marketing Science*, 20 (Spring 1992), 119-134.
28　Smith and Wheeler, *Managing the Customer Experience; Bernd H. Schmitt, Customer Experience Management: A Revolutionary Approach to Connecting with Your Customers* (Hoboken, NJ: John Wiley & Sons, 2003).
29　Tom Duncan and Sandra Moriarty, "How integrated marketing communication's 'Touch Points' can operationalize the service-dominant logic," in Robert F. Lusch and Stephen L. Vargo (eds.), *The Service-Dominant Logic of Marketing: Dialog, Debate, and Directions* (Armonk, NY: M. E. Sharpe, 2006), pp. 236-243.
30　Ronald Coase, "The nature of the firm," Economica, 4 (November 1937), 386-405; Oliver E. Williamson, *Markets and Hierarchies: Analysis and Antitrust Implications* (New York: Free Press, 1975). 浅沼万里・岩崎晃　訳『市場と企業組織』日本評論社、1980年。
31　Rajkumar Venkatesan and V. Kumar, "A customer lifetime value framework for customer selection and resource allocation strategy," *Journal of Marketing*, 68 (October 2004), 106-125.
32　Robert F. Lusch and Frederick E. Webster, Jr., "A stakeholder-unifying, co-creation philosophy for marketing," *Journal of Macromarketing*, 31:2 (2011), 129-134.

33 Mark Granovetter, "Economic action and social structure: the problem of embeddedness," *American Journal of Sociology*, 91:3 (1985), 481-510.

34 信頼できるということは、アクターが常に透明な状態にあるということを意味しているわけではない。全面的に信頼するということは、完璧に近い価値提案を表しているわけではない。なぜなら、多くのアクターは他のアクターを信じられるようになりたいと望んでいるが、その人の一つ一つのことを詳細には知り、透明な関係を意味するような状態にはなり得ないからである。

35 Lusch and Webster, "A stakeholder-unifying, co-creation philosophy"; Stephen L. Vargo, Paul P. Maglio, and Melisssa Archpru Akaka, "On value and value cocreation: a service systems and service logic perspective," *European Management Journal*, 26 (2008), 145-152; Stephen L. Vargo and Robert F. Lusch, "From repeat patronage to value co-creation in service ecosystems: a transcending conceptualization of relationship," *Journal of Business Market Management*, 4:4 (2010), 169-179.

36 Lusch and Webster, "A stakeholder-unifying, co-creation philosophy"; Vargo, Maglio, and Akaka, "On value and value co-creation"; Vargo and Lusch, "From repeat patronage to value co-creation in service ecosystems."

37 J. L. Bronstein, "Mutualism and symbiosis," in Simon A. Levin (ed.), The Princeton Guide to Ecology (Princeton University Press, 2009), pp. 233-238. 相互扶助と他の生物学のエコシステム概念の議論、およびそれらはどのように組織に当てはまるかについては次の文献を参照のこと。Matthew M. Mars, Judith L. Bronstein, and Robert F. Lusch, "The value of a metaphor: organizations and ecosystems," *Organizational Dynamics*, 41 (December 2012), 271-280.

38 Robert Wright, *Non Zero: The Logic of Human Destiny* (New York: Pantheon Books, 2000).

39 Zach Zacharia, Nancy Nix, and Robert Lusch, "Capabilities that enhance outcomes of a discrete supply chain collaboration," *Journal of Operations Management*, 29 (September 2011), 591-603.

40 Zacharia, Nix, and Lusch, "Capabilities that enhance outcomes of a discrete supply chain collaboration."

41 Lusch, Vargo, and O'Brien, "Competing through service."

42 吸収のコンピテンシーは、吸収性のキャパシティー（アクターがどれくらいよく新しいナレッジと情報を吸収することができるか、その中で能力は考える）についての考え方を基礎にしている。吸収性のキャパシティーの議論については次の文献を参照のこと。Wesley M. Cohen and Daniel A. Levinthal, "Absorptive capacity: a new perspective on learning and innovation," *Administrative Science Quarterly*, 35 (March 1990), 128-152.

43 この用語も適応と呼ばれる。例 B. S. Chakravarthy, "Adaptation: a promising metaphor for strategic management," *Academy of Management Review*, 7:1 (1982), 35-44. 参照。

44 Lusch, Vargo, and O'Brien, "Competing through service."

45 James March, "Exploration and exploitation in organizational learning," *Organizational Science*, 2:1 (1991), 71-87.

46 Wouter Dessein and Tano Santos, "Adaptive organizations," *Journal of Political Economy*, 114:5 (2006), 956-995.

47 D. Charles Galunic and Simon Rodan, "Resource recombinations in the firm: knowledge structures and the potential for Schumpeterian innovation," *Strategic*

Management Journal, 19:12 (1998), 1193-1201.
48 Galunic and Rodan, "Resource recombinations in the firm."
49 Lusch, Vargo, and Tanniru, "Service, value networks and learning."
50 F. A. Hayek, "The use of knowledge in society," *American Economic Review*, 35 (September 1945), 519-530.
51 我々は，部分的には，レン・ベリーとの会話の中で，サービス経験とサービス品質についての彼のレクチャーと会談の多くを聞くことによって，この基礎的な洞察を得た。

第8章
サービス・エコシステム

> 我々の競争相手は、デバイスによって我々の市場シェアを奪っているのではない。彼らはエコシステム全体によって我々の市場シェアを奪っているのだ。このことは、我々がどのようにしてエコシステムを構築するのか、あるいは変容させるか、それともエコシステムに加わるのかを選択しなければならなくなることを意味している。
>
> ノキア最高経営責任者　スティーブン・エロップ（2011年）

はじめに

　第5章において、我々は市場交換と経済がどのように機能するのかを示すためにアクターのシステムズ・ビューと価値の共創を紹介した。アクターたちは互いと直接的に交換するが、彼らは、そのシステムに関与する他のアクターたちを含めた多くの間接的交換や、かなり離れた所にいるアクターたちとの交換の一部でもある。システムズ・ビューは、市場に対する理解へと広がる。しかし歴史的には、市場とは、「供給市場」と、顧客、受け手、受益者すなわち「顧客市場」への資源の移転から構成されており、顧客市場が需要の源泉であると描写されてきた。

　供給市場と顧客市場または需要市場として市場を見ることは誤解を招き、特に経済の包括的なアクター・トゥ・アクター（A2A）・ビューを採用する時にそのような誤解を招くことになる。売り手（供給源あるいはサービス・プロバイダー）としてアクターを見る場合には、供給市場は単なる供給市場でしかなく、買い手（需要源またはサービス受益者）としてもう一方のアクターを見る場合には、顧客市場は単なる顧客市場でしかない。しかし、既に我々が述べたように、すべてのアクターが資源統合「供給」源でもあり資源統合「需要」源でもある。すなわ

ち，すべてのアクターがサービスを提供し，またサービス受益者の役割も担っている。サービス・ドミナント（S-D）・ロジックは，このマクロなレンズの精度を高めるのに有用ないくつかの概念ツールを提示する。

ネットワーク

　過去数十年の間，アクター間での経済的（および社会的）活動の組織化を描写するのにネットワーク概念を利用するケースが多く見られた。第5章で説明したように，すべてのネットワークはダイアド関係という最も初期のレベルのアクター間で創造され，そして必ずしも垂直的あるいは水平的なチェーンの中で創造されるものではない。その理由は，ネットワークには3つのアクターからなるトライアド関係も含まれるからである。G-Dロジックはこのトライアド関係を見落としている。例えばグッズ・ドミナント（G-D）ロジックでは，垂直的なダイアド関係には，製造業者への原材料および構成部品の供給業者と卸売業者を結びつける段階や，卸売業者を小売業者と結びつける段階が含まれている。これは鎖の結びつきと同じである。あるいはまた，G-Dロジックでのダイアド関係には，例えば他のローカル百貨店と競合しているあるローカル百貨店のようなサプライ・チェーン（マーケティング・チャネル）内での同じビジネス・レベルにある経済的アクターたちが互いにインタラクションするという水平的な結びつきも含まれるだろう。S-Dロジックでも**ダイアド関係**は存在するが，そのダイアド関係は1つのネットワークを形成しているアクターたちの**トライアド関係の中に埋め込まれている**。

　アクターのネットワークは，我々が2つのアクターによる単純なダイアド関係から3つのアクターからなるトライアド関係へと移行する時にとりわけはっきりと見ることができる。トライアド関係の中に複雑な交換ネットワークの兆しが出現する。アクターAがアクターBと交換し，またアクターBがアクターCと交換し，そしてさらにアクターCがアクターAとも交換する場合にはトライアド関係が存在することになる。例えば，ある食品卸売業者がローカル・チェーンのレストランに食材を販売しており，それら両社が第三の別の企業から会計ソフトやビジネス・ソフトを購入している状況を考えてみてほしい。事業体のパースペクティブを拡張して第二層，第三層，またさらに広い層のアクターや資源のダイアド関係やトライアド関係にズームアウトすることで，サービス交換システムに対するよ

り広範かつ現実的なパースペクティブが出現する。ダイアド関係での交換やダイアド交換の連鎖からサービス・システムへとズームアウトするという発想は，市場，サービス，交換システム全般，さらには社会に対する統一的なパースペクティブを提示する。オルダースンは，単純なダイアド関係という範囲を越えて取引を捉えることの重要性を認識し，「トランスベクション」という概念を導入した。彼は，トランスベクションを「一足の靴のような単一の最終製品が，当初は自然な状態にあった原材料からすべての中間媒介業者による品揃え形成や形態転換を経た後に，消費者の手に渡るまでのシステムのための行為単位」と定義した。ディクソン＝ウィルキンソンもマーケティングのシステムズ・ビューを認識し，かつそれに貢献し，そして彼らは社会の重要な一部であるという観点からマーケティングを捉えるべきだと主張した。S-Dロジックは彼らの主張をより発展させ，サービスの交換およびその現れのすべてとそれらのサービス交換の結果として実際に生じる創発的な構造が社会であると主張する。

ダイアド関係という範囲を越えて取引を捉えると同時にシステム思考を論じる際の複雑性を回避するのに対処可能な方法は，ネットワーク概念を用いることである。周知のように，ネットワーク概念は，マーケティングにとってもサプライチェーン・マネジメントにとっても新しい概念ではない。供給ネットワーク構造には，第一層のサービス・プロバイダーとの直接的なインタラクションから第二層さらにはより広範な層のサービス・プロバイダーとの間接的なインタラクションが含まれ，またこれと同様に，サービス受益者のネットワーク構造にも第一層のサービス受益者との直接的なインタラクションから第二層さらにはより広範な層のサービス受益者との間接的なインタラクションが含まれる。第一層，第二層，さらにより広範な層と見なされるアクターは焦点アクターの関数であることを心に留めておいてほしい。例えば，百貨店にジーンズを販売しているアパレルのプロバイダーにとっては，第一層のサービス受益者は百貨店であり，その百貨店のサービス受益者（顧客）は第二層のサービス受益者となるだろう。サービス・ネットワークの観点からは，百貨店にジーンズを販売しているこのアパレルのプロバイダー（アパレル製造業者）は生地プロバイダーを第一層のサービス・プロバイダーと見なせるだろうが，生地プロバイダーから購入した生地が既に染色されている場合には，その生地プロバイダーに染料を提供している企業は第二層のサービス・プロバイダーと見なされるだろう。しかし，染料プロバイダーを焦点アクターとした場合には，その染料プロバイダーに資源を提供する企業がサービ

（資源）・プロバイダーとなり，顧客である生地プロバイダーがサービス受益者となる。そしてその生地プロバイダーの先には百貨店というサービス受益者がおり，さらにこのネットワークはその百貨店からジーンズを購入するアクターへとつながっていくだろう。この事例は，サービス・ネットワークを構成するアクターたちは，その文脈と当該ネットワーク内の焦点アクターとして識別されるエンティティに完全に依存することを示している。

　焦点アクターと（直接的かまたは間接的かのいずれかで）交換を行っているサービス・プロバイダーやサービス受益者の層の中に埋め込まれている内部プロセスもサービス・ネットワークをさらにいっそう複雑なものにしてしまう。例えばジーンズの事例でのシナリオにおいては，製造され，在庫され，そして受益者の層へと出荷される過程で縫い上げられていくジーンズだけが在庫管理プロセスに含まれるのではなく，ジーンズを生産するために組み合わされ，配列され，ジーンズに統合される染料，糸，生地，ジッパー，ボタンなどの在庫も在庫管理プロセスに含まれる。S-Dロジックは使用価値と文脈を強く重視しているので，ジーンズの在庫管理プロセスには受益者のクローゼットの中にあるジーンズも含まれることになるだろう。

　ネットワーク内でのつながりや紐帯の多くは弱い結びつきしかないが，そのような比較的関連のないアクター・ネットワークの方が，より流動性があり，より俊敏で，かつより適応可能なより大きなマクロ構造を構築しやすい[9]。また，弱い紐帯の方が強い紐帯の時には明らかにならない機会を増大させるので，ネットワークでは弱い紐帯の方が重要である。特にそれはアクターの間によりオープンなコラボレーションがある時に当てはまり[10]，そしてそれはイノベーションへの重要な経路となる。

エコシステム

　ネットワーク概念は価値共創の複雑性のほとんどを捉えているが，しかしそれはまだいくぶん静的である。アクターたちをマッピングした時のネットワーク図は，アクターたちのつながりと紐帯に関する情報を与えてくれるが，アクター間のフローと交換に関する情報はほとんど示してくれない。我々は，S-Dロジックにとって中心をなす動的なサービス交換に対してはシステム概念がより適することを見出した。システム概念を採用することによる高いダイナミズムとリアリズ

ムは，複雑性をさらに高めてしまうという犠牲を払うことによって得ることができる。しかしこの犠牲を避けてはならない。なぜならば，システム概念の方がネットワーク概念よりも，人間による交換，市場，社会をより反映しており，かつS-Dロジックは同形なものにすることを目指しているからである。「エコシステム」という概念は，ビジネス，組織，経済に関する議論の中で台頭し始めたもので，この概念はS-Dロジックの思考にとってかなり有用なものである[11]。このエコシステムという概念は，生物学と動物学に由来する。生物学上のすなわち自然のエコシステムは相互に緩いつながりのあるアクターたちから構成され，それらのアクターたちは生き残りのために互いに依存している。しかしその依存性は，直接的なものでもワン・トゥ・ワンでもなく，間接的なものとなるだろう。エコシステム内の各アクターは孤立状態の中で進化することはできない。その理由は，各々のアクターは資源を入手しなければならず，またそのようなことを行う過程で他のアクターたちの局所環境を形作るからである[12]。たいていは資源を巡る競争が生じるが，しかしウィン・ウィンの資源交換という競争以外の形態もあり，資源を分かち合いながら互いに協力することも一般的である[13]。このように，自然のエコシステムにおいては共進が中心となる。

図表8.1　サービス・エコシステムの構成要素

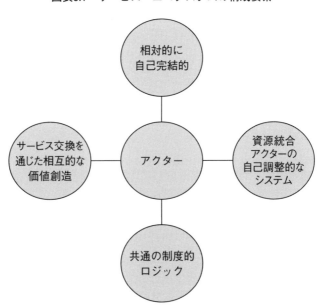

図表8.2 サービス・エコシステム（共通の制度がない場合）

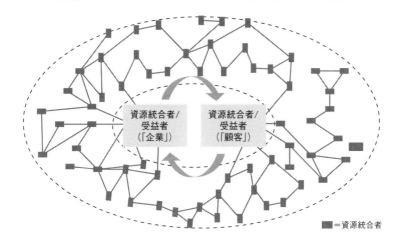

■＝資源統合者

　S-Dロジックで定義されているサービスという概念をエコシステムという概念と結びつけてサービス・エコシステムと捉えると，それはとても有力なものとなる。それならば，サービス・エコシステムとは何か。**サービス・エコシステムとは，共通の制度的ロジックとサービス交換を通じた相互的な価値創造によって結びつけられた資源統合アクターからなる相対的に自己完結的でかつ自己調整的なシステム**である。サービス・エコシステムを定義するには，4つの構成要素が役に立つ（図表8.1参照）。その構成要素とは，(1)相対的に自己完結的，(2)資源統合アクターの自己調整的なシステム，(3)共通の制度的ロジック，(4)サービス交換を通じた相互的な価値創造である。図表8.2ではサービス・エコシステムの構成要素を示しているが，この図は共通の制度がない場合を示しており，制度がある場合のサービス・エコシステムについては，後で共通の制度的ロジックを議論する際に説明する。

相対的に自己完結的

　生物学の世界では，すべてのエコシステムは個々の種によるインタラクションを通じて基礎から作り上げられる。しかし，それらのインタラクションは急速に萎んでしまう傾向にあり，その結果，エコシステムは相対的に自己完結的な状態になる。生物学の世界におけるエコシステムでは基本計画が策定されているわけではなく，むしろ各々の種は局所での生き残り問題を解決することに焦点を当て

ている。それらの種は，最適解を発見しようと試みることはせず，生き残り問題を適度に解決できるだけのソリューションを発見しようと試みる。言い換えれば，各々の種はシステム内での彼らの位置づけを最適化しようと試みるのではなく，頻繁ではないにしても定期的に自身の置かれた状況に適応するために行動をとるということだ。

同様に，サービス・エコシステムをマッピングする時には，まるで基本計画の策定者によってデザインされたような複雑かつエレガントな図を見ることがあるが，ほとんどの場合，それは事実ではない。生物学上のエコシステムと同様に，サービス・エコシステム内でのアクター間の交換のほとんどは，局所的な問題を解決したり局所的な機会を追求したりするために行われるが，物事が上手くいっている時には同じアクターとの交換が繰り返される傾向にある。やがてそれらのA2AインタラクションやA2A交換は，そのアクターたちの層を越えて波紋のように広がり，相対的に自己完結的な構造が現れるようになる。

しかし，サービス・エコシステムは，しばしば他のより大きなサービス・エコシステムの中で入れ子状をなしており，またそれらのより大きなサービス・エコシステムの一部を形成している。例えば，ある1つの家族について考えてみてほしい。その家族の各メンバーはサービス・システムであるその家族の一員だが，同時にしばしばより大きな他の分岐したサービス・エコシステムの一員でもある。ビジネス事業体にもこれと同じことが当てはまり，それらはしばしば産業というサービス・エコシステムや産業の枠を越えたより大きなサービス・エコシステムの中で入れ子状をなしている。「入れ子状」という用語は実際にはエコシステムの復元性に対して付与されたものであり（ただし，復元性を保証するものではない），入れ子状のサービス・エコシステムはアクターの移動によって衰弱してしまうのが他のタイプのエコシステムに比べてゆっくりである。

入れ子状のサービス・エコシステムは相対的に自己完結的であるという考え方は，それらのサービス・システムが健全でかつ機能的であるとか，持続性があり生き残れるということを意味するものではない。ある状況設定（文脈）下での健全性，機能性，持続性を別の状況設定下に移転することはできない。1つのサービス・エコシステムとしての家族が自国内の居住地で高度なサービスとサービスの交換やサービス権利を経験する時には健全であるかもしれないが，その家族が外国の居住地に引っ越す（転勤で他の国に行くような）場合にはそのサービス・エコシステムの機能性は劇的に変化してしまうだろう。簡潔に言えば，サービス・

エコシステムの健全性は文脈に依存するということだ。その上，サービス・エコシステムに復元性がある時でさえも，時にそのサービス・エコシステム内のアクターたちは最適に行動しないかもしれない。第7章で議論したように，表現的プラクティス，標準化プラクティス，統合的プラクティスからの制約を受けているために，家族の各メンバーが自身の個人的な福利を最適化していないサービス・エコシステムとしての家族についてもう一度考えてみてほしい。

資源統合アクターからなる自己調整的なシステム

サービス・エコシステム内のアクターたちは資源統合者である。第6章で我々が議論したように，アクターたちは市場で取引される資源や市場で取引されない資源（公的な資源と私的な資源）を統合する。アクターたちが資源を統合する時，彼らはしばしば入れ子状になっている下位システムや重複しているシステムから資源を手に入れるので，アクターたちはそれらの下位システムや重複しているシステムの少なくとも一部に対して影響力を有している。アクターたちは，ある程度のエージェンシーを保持しており，そして，そのエージェンシーはアクターたちに対して他のアクターたちが居住するエコシステムを形作る行動をとらせる。しかしアクターたちの行動は，エコシステムの既存の構造によってある程度まで制約を受ける。第1章で議論したように，それがサービス・エコシステムの重大な特徴でもある。

サービス・エコシステムは自己調整的なプロセスを通じて自身を調節するという生来からの能力がある。アクターAとアクターBの間の交換はアクターAとアクターBに変化を及ぼすだけでなく，別の交換でつながっている他のアクターたちにも影響を及ぼす。この交換はそのサービス・エコシステムを越えて波紋のように広がっていき，アクターたちを互いに適合させる。サービス・エコシステム内では，鋭い認知力を持ち，比較的俊敏に学習し，より迅速に進化し，そして他のアクターたちに効果的に反応するアクターがより生存可能となる。しかし，例えば支配的な制度によって統治されているサービス・エコシステムのように，ほとんど動的でないサービス・エコシステムの中でそれらの支配的な制度を不安定化させる方向に過度に進化させようとする試みは，そのサービス・エコシステム内のアクターにとって致命的となるかもしれないと認識する必要がある。

自然のエコシステムや生物学上のエコシステムと同様に，サービス・エコシステムにも時空間的なネットワーク構造がある。アクターたちは空間を超えて拡散

していき，また時間を超えてインタラクションする。空間には，地理的なものと関係的なものの両方があるだろう。例えば，アクターたちは同じ地理的空間に居住できるし，またサービス・エコシステムの構造を形作っているリレーションシップを通じて関係を持つこともできる。しかし，情報が物的な要素をほとんど必要としない時や物的輸送がより迅速な場合には，時間と空間の次元が崩れ始める。ますますアクターたちは，例えばバーチャル・ワールドのような先進情報技術によって，彼らが物理的には居ない場所と時間に居られるようになっている。それに加えて，シミュレーションがより洗練されるにつれて，航空機や自動車といった有形な製品を生産する前に，それらの模型をコンピュータ上で製作し，その模型をバーチャルにクラッシュさせるのと同様に，アクターたちは予測した世界を事前に経験できるようになる。

時間的および地理的な空間を単一の次元に統合するメリットは，典型的なアクターに対してアウトソーシングの機会を拡大させることである。今日，このことは，アクターたちが新しいサービス・エコシステムや拡大したサービス・エコシステムの一部になれることを意味する。輸送やコミュニケーションに時間やコストがかかる時には，移動やコミュニケーションに関する経済状況がアウトソーシングの多くの選択肢を不可能にしていた。これについては，テキサス州ダラスで企業向けの顧客サービスを処理するインドのコール・センター運営会社の事例を考えてみれば分かるだろう。またさらに，電話通信革命と輸送革命は，エンジニアリング，建築，医療検診，会計を含むその他多くのサービスを世界中の至る所にいる個人および事業体にアウトソーシングすることに至らしめた。このことは，サービス・エコシステムの発展にとって意味深いインプリケーションを有している。より専門化されたサービスがアウトソーシングされるにつれて，ニッチなアクターが活力に満ち，共進し，さらには健全なサービス・エコシステムの一部を共同生産できる機会が出現する。

要約すると，今日ではすべてのアクターやモノが先進的なコミュニケーション技術や輸送技術を通じてつながっているので，世界は徐々により小さくなっているということだ。しかし，アクターたちは物理的近接性が近いアクターたちとだけでなく地理的に遠く離れた場所にいるアクターたちとも交換する必要があるので，世界は依然として大きい。そのようなことから，ほとんどのサービス・エコシステムは地球村の一部となっており，そのため，より高い密度を創造することが可能である。資源は，資源の優位性を最も上手く手に入れ，それらの優位性を

活用できるアクターたちのいる時空間へと次第に移動するようになる。しかし，そうであったとしても密度が安定することはないので，アクターたちやサービス・エコシステムは自己調整しなければならず，調整できない場合にはシステムの生存可能性が低下し，絶命の危機に直面してしまう。

　資源統合アクターたちは自己調整することができる。なぜならば，彼らは，しばしば他のアクターたちと緩く結びついており，そのため彼らが他のアクターたちとの交換から退出したり交換を形式したりすることが比較的自由で，かつ他のサービス・エコシステムの一部となることも可能にするサービス・エコシステムとも緩く連結されているためである。アクターたちが緩く結びついている時には，変化する状況への適応スピードが高まる。俊敏で適応性のあるアクターたちは，サービス・エコシステム内での生き残りと成長の両方にとってより良いポジションにある。したがって，アクターたちは，変化するニーズや価値に対して動的かつ変化する知覚を持った他のアクターたちのベネフィットのために自身の資源をより上手く開発し活用する方法を絶えず学習しなければならない。サービスを交換する相手のアクターが絶えず価値を再評価したり再定義したりしている時には，アクターたちは変化する価値ダイナミクスに適応することに困難を抱く傾向にある。その上さらに，それらのサービス・エコシステムがグローバルでかつより複雑になるにつれて，鋭い認知力，俊敏性，適応性，そして学習が生き残りと成長にとってさらに決定的なものとなる。[16]

　このロジックはビジネス事業体だけでなく個人や家庭にも適用できる。多くの状況において，もはや個人は何十年にもわたって雇用されてきた事業体と固く結ばれていない。それどころか，個々の人的アクターは，他のアクターたち（個人や事業体）への魅力的な価値提案として提示できる独自で専門化されたコンピタンスを保持する事業体として自分自身を捉えなければならなくなっている。さらに加えて，もはや個人や家族は，自身のスキルやコンピタンスを開発するのに必要な教育や訓練のすべてを公的な資源（すなわち，政府）から提供してもらおうと頼ることもできない。ビジネス事業体にとって継続的な学習が重要であるのと同じように，個人にとっても継続的な学習が重要なものになっている。

共通の制度的ロジック

　サービス・エコシステムは，アクター間の活動を調和させたり効果的に機能を果たしたりするのに共通の制度（ルール）を必要とする。そのような共通の制度

の1つが言語であり，それは歴史的には人的アクター間での交換やインタラクションさらにはビジネス取引を調和させたり促進させたりするのに役立ってきた。サービス・エコシステム内での事業運営上の問題の多くは，自然言語体系内の基礎的な崩壊や，アクターたちが明確かつ正確にコミュニケーションできないことに起因している。

第7章で議論したように，表現的プラクティスは世界の一部を捉えるための共通スキーマをもたらすので，それらのプラクティスはコミュニケーションの際に重要な役割を果たす。関連のあるイメージの集まりを通して描かれる製品の形態およびスタイルが市場を正当化することについて考えてみてほしい。それらの製品の形態およびスタイルはさらに，問題に対して制度化されたソリューションとして市場を表現する。例えばアメリカのヘルスケア市場は，白衣を身にまとい医療器具を手にして治療を施して患者から離れる医師と，その患者に接して看病する看護師とによって表現される。これは，治療（医師）と看病（看護師）を含む制度化されたソリューションとしてヘルスケア市場を表現している。

第7章で我々が議論したように，多くの標準的プラクティスはサービス・エコシステムにおける共通の制度的ロジックの重要な構成要素である。標準的プラクティスには，価値観，規範，統治原則が含まれ，これらが交換取引を手引きする。地政学上の地域や産業の違いによって言語が異なるのと同様に，それらの違いによって制度も異なる。例えば，いくつかの国々や文化圏では，ほとんど初対面の人たちと取引する時でさえも正直さや信用にかなりの価値を置いているが，別の国々では，正直さや信用を重視するのは，よりしっかりとした結びつきのある友人や家族のネットワーク内のアクターたちに限られる。いくつかの国々や文化圏では価格や取引条件を交渉するための規範があるが，別の国々では価格や取引条件はより固定的である。それは産業によっても異なる。例えばアメリカ市場では，新車を購入する際には最善の価格となるように攻撃的に交渉するのが一般的だが，デザイナー・アパレルの店で洋服を購入する場合にはそのようなプラクティスが受け容れられることはない。

また，統治原則も異なるだろう。いくつかの国々や文化圏では実質的にはすべての合意が契約文書に成文化されるが，別の国々や文化圏では契約は「柔軟な」契約または暗黙的な契約となる。グローバルなサービス・エコシステムから生じる重要な問題は，多くの文化や産業が混ざり合っているために，価値観，規範，統治原則が一致しないのが普通かもしれないということだ。

第7章で議論したように，市場にいるアクターたちは統合的プラクティスも有している。統合的プラクティスには暗黙的および明示的な統合だけでなく交換プラクティスも含まれる。統合的プラクティスの多くはかなり制度化されており，しばしば目に見えず，また当然のことと思われている。例えば，プラクティスとしての授業では，ほとんど常に有形あるいはオンライン形態のいずれかでテキストまたはその他の書籍が用いられている。それらのテキストや書籍は，長い期間をかけて学術分野の中で開発されたものなので，それらの学習資源は実際には多くの知識資源が統合されたものである。交換プラクティスには，資源統合も含まれるだろう。例えば，ほとんどの国々では新車や他の多くの市場オファリングの販売には文書化された保証書や明示的な保証書が付いてくるが，それとは別に暗示的に商品適合性保証や特定目的適合性保証も付いてくる。

アクターたちは複数のサービス・エコシステムの一部となっているため，彼らはしばしば様々な役割を遂行しており，それにより彼らアクターたちは重複したプラクティスや制度的ロジック，場合によっては矛盾するプラクティスや制度的ロジックに直面したりもする。時として，それは有害な行動を生じさせてしまう。例えば，ある組織のメンバーの1人が制度的ロジックに没頭してしまうことによって，それが規範的な目標となってしまい，その結果，別のサービス・エコシステム内の他のアクターたちに損害を与える行動を生じさせてしまう時がある。アメリカの大手法律事務所で働く母子（または父子）家庭の親の例について考えてみてほしい。そのアクター（彼女あるいは彼）は法律事務所で働くという制度的ロジックと向き合い，また結婚相手を探すという制度的ロジックにも向き合っているが，それと同時に育児という制度的ロジックにも向き合わなければならない。また対照的に，異なる標準的プラクティスを有するサービス・エコシステムの一部となることがイノベーションの源泉になることもある。そのような場合には，アクターたちはプラクティスを再構成する新たな方法を認識する。例えば，趣味（ジャズを聴くこと，ガーデニング，登山，絵描きなの）の一部となっている制度的ロジックについて，それらの制度的ロジックが様々な作業遂行に取組むための創造的な方法をどのように刺激できるかについて考えてみてほしい。

図表8.3は，共通の制度的ロジックがあるサービス・エコシステムを示している。それは例えば，サービス・エコシステムが存在している社会全体の範囲を描いた（個人の自由や共通の宗教といった制度のような）制度的ロジックであるかもしれない。図表5.3でリレーションシップ階層という概念を紹介したことを思い起

図表8.3　サービス・エコシステム

（図：中央に「資源統合者/受益者（「企業」）」と「資源統合者/受益者（「顧客」）」が相互矢印で結ばれ，周囲に多数のノード（■＝資源統合者）がネットワーク状に配置されている。左下に「制度」の楕円。）

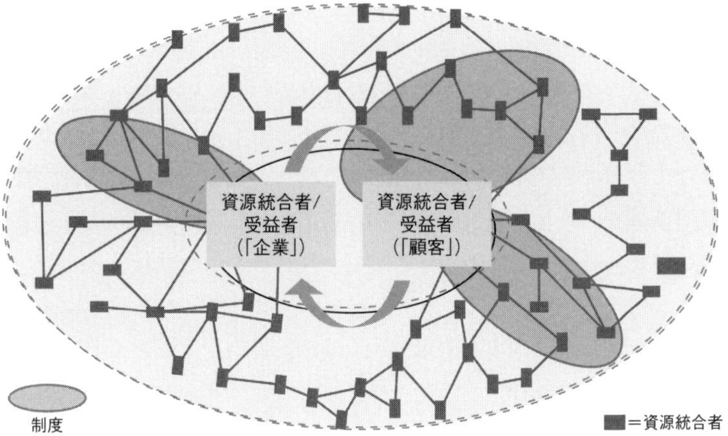

こしてほしい。共通の上位制度がある場合には，そのシステムを構成するアクターたちの間にリレーションシップが存在する。しかし，いくつかの共通の制度的ロジックはサービスを交換する資源統合アクターのダイアディックな関係によってのみ共有されることにも注意してほしい。さらには，その他の共通の制度的ロジックが広く一般的なものになることもある。そのような場合には，他のアクターたちが必ずしもサービス交換に直接的に関与していなくとも，その広く一般的なものになっている制度的ロジックを共有していることになる。

サービス交換を通じた相互的な価値創造

　アクターたちはサービス・エコシステム内で緩やかに結びつき，かつ入れ子状になっているため，彼らは他のアクターたちをサービスへの関与やサービスの交換に絶えず招き入れなければならない。アクターたちは，魅力的な価値提案を提示することによって他のアクターたちをサービスへの関与やサービスの交換へと招き入れ，そして取引へと至らしめる。そのため，取引の前にリレーションシップが生じる。ほとんどの経営学思想やマーケティング思想の中で一般に主張されているようなリレーションシップの前に取引が行われるのではない。

　世界的なインターネット・コミュニケーションの増大に伴って，サービスへの関与やサービスの交換に招き入れるための地理的な制限がほとんどなくなり，事業を営んでいる市場として歴史的に捉えられてきた地理的範囲の外にいるアクタ

ーたちもサービスへの関与やサービスの交換にますます加わるようになっている。事実上は，サービス受益者に対してだけでなく，自身にサービスを提供しているアクターたちや他の利害関係者たちに対しても，自身のサービス・オファリングについて魅力的な価値提案の開発に挑戦することがすべてのアクターに課せられている。価値は受益者によって判断されるので，またその価値は共創され，かつ単一のアクターが提供できる資源を上回る，より多くの資源の統合を必要とするので，その挑戦は困難かつ複雑なものとなる。その上，アクターのオファリングや交換の成果を完全に予測することは決してできない。なぜならば，A2Aネットワークでは他のアクターたちも文脈や環境を形作っているからだ。我々がこれまでに議論したように，サービス・エコシステムは「構築される」のだ。

　生き残りのためには，サービス交換を通じた相互的な価値創造が不可欠だが，サービスの交換に相手を招き入れるのは複雑でかつ間接的なものとなるだろう。例えば，ノーマンは「リーダーシップの基本的なプロセスは，（絶えず進化する）文脈を解釈し，そして我々自身のアイデンティティに対する我々の考え方と新たに出現した新しい文脈的ロジックを説明的かつ規範的な「支配的な発想」の集まりに公式化し，その後，それらの支配的な発想を様々な行動領域に転換させるという過程をとる」[17]と提案している。例として，混乱している時あるいはカオス状態の時の組織の公式なリーダーについて考えてみてほしい。このリーダーは，人々を惹きつけるような組織ビジョンを提示するが，そのビジョンは現状の制度的ロジックに相当な変更を求めるかもしれない。その組織ビジョンが受け容れられる場合に，そのビジョンは，従業員たちが進化した自身の役割を解釈し，そして新しい制度的ロジックを中心にして彼ら自身にとっての新しいアイデンティティや修正されたアイデンティティを彼らが公式化するのを手助けするだろう。このようなことが組織の大多数のメンバーに生じる時には，その新しい制度的ロジックが共通なものとなり，それによってその従業員たちは彼らのスキルやケイパビリティと組織ニーズが合致したサービスを提供することができる。その結果，この組織は，自社の市場オファリングの潜在的な受益者に対してより魅力的な価値提案を行えるようになる。潜在的な受益者が自身のサービス権利を企業と交換することで返礼するならば，同時にその企業はより多くのサービス権利を得ることによって自社の従業員に報酬を与えることができる。図表8.4には，このプロセスが示されている。

図表8.4 現在と将来を関連づけるリーダーのビジョン

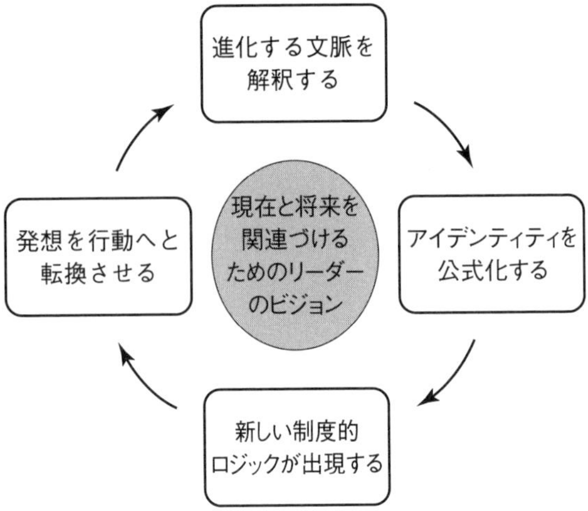

```
          進化する文脈を
          解釈する
    ↗              ↘
発想を行動へと    現在と将来を    アイデンティティを
転換させる       関連づける      公式化する
                ためのリーダー
                のビジョン
    ↖              ↙
          新しい制度的
          ロジックが出現する
```

ミクロ・システム，メソ・システム，マクロ・システム

　サービス・エコシステムは，インタラクションしたりサービスを交換したりするアクターからなる一次元的あるいはフラットなミクロ・レベルの構造と見なされるべきではない。むしろ実際には，サービス・エコシステムは複数の層をなしている。ミクロ・システムからメソ・システムが出現し，さらにメソ・システムからマクロ・システムが出現する。それと同時に，マクロ・システムはメソ・システムさらにはミクロ・システムへと濾過していき，それらの下位システムにいるアクターたちに影響を及ぼす。[18]このすべてが時間的および地理的な範囲を越えて生じるが，それは文脈や状況によって異なるものになるだろう。先行するプロセスも変化の荒波の中で生じるため，それがシステム全体を元来的に動的なものにしている。ここでは上記の説明を詳しく述べることにしよう。

　サービス・エコシステムは，A2AインタラクションやA2Aサービス交換すなわちミクロ・レベルのサービス・システムを構築することからスタートする。[19]A2AインタラクションやA2Aサービス交換は，この後すぐに我々が議論するメソ構造やマクロ構造のような共通の制度的ロジックを除いて，本章の中で我々が主に説明したものである。このA2AインタラクションやA2Aサービス交換が累積的に行われると，それらはメソ・レベルに創発的な構造を生じさせる。例えば，

ミクロ・レベルでのA2Aサービス交換の出現とは，仲介業者および卸売業者のようなマーケット・メーカー，銀行や金融機関のようなサービス権利の媒介業者，あるいは弁護士や裁判官のような紛争裁定者のサービスを提供するアクターの集まりとなるだろう。さらなるA2Aサービス交換が出現すると，そこはインタラクションやサービス交換が行われる公の場となるだろう。それらは，中心街やマーケット，あるいはバザーや見本市が行われる街区になることもある。

さらにやがてメソ・レベル・システムが機能するようになると，マクロ・システムと呼ばれるより高いレベルの創発的な構造が生み出される。マクロ・レベル・システムはかなり固定的でかつより安定しており，不安定な状況に晒されることはほとんどない。言い換えれば，マクロ・レベル・システムは自己調整するが，それはとてもゆっくりと行われるということである。マクロ構造を特徴づける構成要素としては，共通のナレッジ，長期間継続しかつ永続性のある制度，そしてミクロ・レベル・システムやマクロ・レベル・システムにいるアクターたちがコミュニティの中にどのように集まるのかに関する（しばしば暗黙的で暗示的な）ルールがある。

我々が例証したように，ミクロ・レベル・システムはメソ・レベル・システムの創造を促進させ，メソ・レベル・システムはマクロ・レベル・システムの創造を促進させるが，一旦マクロ・レベル・システムが構築されると，下位のメソ・レベル・システムやミクロ・レベル・システムに影響力を持つようになる。例えば，マクロ・レベル・システムが，言語，統治，価値観のようなものからなる共通の文化体系で構成されている場合を考えてみてほしい。ミクロ・レベル・システムのアクターたちが自身の適用した資源（スキルとナレッジ）を他のアクターたちと交換する時には，それらの共通の文化体系が彼らを制約してしまう[20]。要約すれば，これが第1章で我々が議論した構造化プロセスである。図表8.5は，上記で説明した概念を例証している。

プロセスの体系としてのサービス・エコシステム

S-Dロジックの公理1が示しているように，サービスが交換の基本的基盤である（第1章参照）。しかし，各々のサービス交換の前後にはプロセスがある。サービス・エコシステムの中では，すべてのアクターが多くのプロセスの一部となっているが，それらのプロセスが単一のアクターから始まり単一のアクターで終わ

図表8.5　サービス・エコシステムの構造

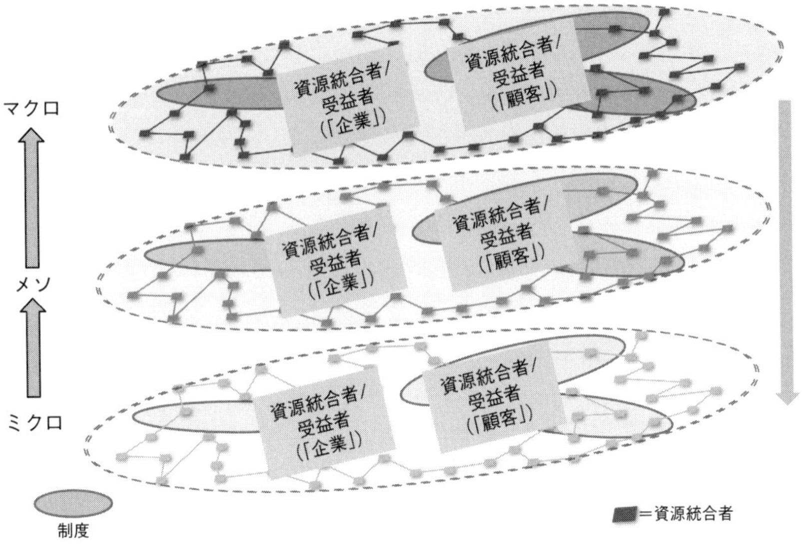

マクロ / メソ / ミクロ

資源統合者/受益者（「企業」）
資源統合者/受益者（「顧客」）

制度　　■=資源統合者

　るのは稀である。実際には，アクターたちや入れ子状になっているサービス・システムの間を縫うようにプロセスが進んでいく。これは，インプット，行動，あるいはサービス交換のすべてが共創プロセスの継続をお膳立てするからである。実際，一般的には，環境は一連のプロセスとして概念化されている[21]。サービス・エコシステムをプロセスの体系と認識するレンズを採用することによって，外的あるいは外生的な環境を内的あるいは内生的な環境と見なすことができる。

　多くのプロセスは相互に関連のある一連の行動からなっているが，それらのプロセスは好ましい結果を生み出すように意図されている。しかし，プロセスに関与するすべてのアクターにとって，その結果は同じものとならない。その理由は，アクターたちは結果として得られる価値を独自に解釈するからである。プロセスが結果または効果を生み出すので，プロセスはオペラント資源である。行動は同時に行われるのではなく，その多くは時間の経過の中で少しずつ行われ，かつ通常は，複数の資源やアクターたちに行動を統合するように要求する。それらの統合される資源は，例えば工場ロボットやコンピュータのような有形な資源であったり，あるいは例えばプロセスを遂行したりそれを管理したりするために成文化されたルールの集まりのような無形な資源であったりする。人的アクターは，たいていはパフォーマンスという役割の中での，またはプロセスの受益者としての

いずれかのプロセスの一部である。例えば，従業員たちは，サービス受益者を満足させるという目的を持ってサービスの苦情管理を行っている。

　プロセスは資源となりうるが，1つのアクターがプロセスのパフォーマンスをひとまとめにパッケージできる時にサービス・オファリングが作り出される。しかし現実には，すべてのプロセスはその事業体を越えた範囲にまで及ぶ。そのため，企業内のプロセスのほとんどは資源提供アクターや資源利用アクターまでを範囲に含めた，より大きくかつより長いプロセスの一部と見なされるべきである。ヘーゲル＝ブラウンはそれらを「プロセス・ネットワーク」と呼び，専門化されたケイパビリティに世界規模でアクセスするために，それらのプロセス・ネットワークがどのように用いられるのかについて説明している。[22]

　サービス・プロセスを管理する際によくある問題は，事業体が他のアクターたちが受け取るサービスを中心とするのではなく，自社のアクターたちが遂行する機能を中心として業務をデザインしてしまうことである。製造業では，リーダーシップを発揮する地位にあるシニア・マネジャーの下に製造，購買，ロジスティクス，研究開発，マーケティングおよび販売，財務，人事といった部門が設置されているのは珍しいことではない。しかし，すべてではないが，多くの部門を横断して遂行されるプロセスもある。それらには，例えば，顧客関係管理，顧客サービス管理，需要管理，受注処理，製造フロー管理，供給業者リレーションシップ管理，製品開発および商品化，返品管理が含まれる。[23]これらのプロセスは，川上の第一層，第二層，第三層のアクターたちと結びついており，また潜在的には，より離れた所にいるサービス・プロバイダーとも結びついている。このことは，特に，グローバルな規模でアウトソーシングを拡大している状況の時に見られる。また周知のように，それらのプロセスは，川下の第一層，第二層，さらには潜在的にはその他のサービス受益者の層とも結びついている。例えば，玩具を製造するのに，中国にある企業に下請けに出し，その玩具の機械部品については中国の別の企業と契約し，さらにワイヤー・ハーネスについても中国の別の企業と契約しているアメリカの玩具メーカーの事例で，川上のアクターの層と川下のアクターの層について考えてみてほしい。さらに，この玩具は香港からサンフランシスコの港まで貨物船で輸送されている。このアメリカの玩具メーカーは，大手小売店に直接販売するとともに卸売流通業者を通じて間接的にも販売している。今ここで，子供がその玩具で遊んでいる時に感電してしまい，このアメリカの玩具メーカーがその玩具をリコールしなければならない状況を想像してみてほしい。こ

の問題は，ワイヤー・ハーネスを製造した川上の第二層の中国のメーカーにまで遡る。そこでは，顧客サービス管理の問題と共に返品管理の問題も生じる。先ほど述べた製造業の中に設置された部門（購買，生産，ロジスティクス，研究開発，マーケティング，財務）というサイロの中には，返品管理プロセスや顧客サービス管理プロセスに責任を負っている単一の部門はない。

　サービス・サイエンスの台頭と発達に伴って，しばしば都市のような地政学上の社会での主要なサービス・システムを研究することへの関心が生じた。それらの主要なサービス・システムのいくつかには，行政，水，エネルギー，廃棄物処理，栄養摂取，安全，輸送，コミュニケーション，教育，娯楽，健康管理といったサービス・システムが含まれる。これらの主要なサービス・システムのいずれについても，一連のプロセスがそれらの間を縫うように進むことは明白である。例えば，教育には，行政，栄養摂取，輸送，コミュニケーション，安全，娯楽，そして恐らくは他のほとんどのサービス・システムを処理するプロセスも含まれる。この場合でも，糸と紐が複雑なサービス・エコシステムを紡ぎ合わせている。

サービス・エコシステムからエコシステム・サービシィーズへ

　先ほど我々がサービス・エコシステムを紹介した時，そのメタファーとして自然のエコシステムが役に立つと述べた。しかし，恐らく自然のエコシステムはメタファー以上のものとなるだろう。その理由は，自然のエコシステムは人間や他の種にとって最も重要なサービス・プロバイダーだからだ[24]。自然のエコシステムは，水，気候，受粉，作物，さらにはハイキング，バード・ウォッチング，キャンプ，瞑想場所のようなしばしば文化的サービスと見なされるものも提供する。

　我々は，環境とは本質的には一連のプロセスであると述べた。同様に，自然のエコシステムとは，入れ子状になっているシステムや環境の集まりである。そしてそれらには，その入れ子状になっているシステムや環境を突き抜けて他のプロセスとインタラクションするプロセスがある。森林，海洋生物，昆虫などの成長および消滅や，土壌養分および暴風雨などの発達はすべて，環境を創り出すプロセスの一部である。人間はそれらの環境を創り出すプロセスの邪魔をしながら，環境を変化させたり新しい環境を創り出したりする。そのような行動は人間にとって自然なことであり，またそれは何百年もの間行われてきたことであり，それは今後もさらに何百年にもわたって継続されることだろう。しかし将来は，（し

ばしば制度的起業家たちによってもたらされる）新しい制度的ロジックが上記の自然環境の変化を食い止めるための知識を与えてくれるかもしれないし，またひょっとしたら自然環境とウィン＝ウィンの関係を築けたりコラボレーションできるようにしてくれるかもしれない。

　エコシステム・サービスは，市町村，都道府県，国といった行政機関が政策立案する際にだけでなく，例えば国際連合のような国際機関が政策立案する際においても，より重要な部分になっている。それは特に人間がより多くの自然のものを人工物や製造物に変換する時に重要となる。人間がより多くの自然のものを人工物や製造物に変換する時には，しばしば自然のエコシステムが傷つけられてしまう。しかし制度的ロジックを変更することによって，必要なサービスを自然のエコシステムから提供されるようにすることも可能である。例えば，建物の近くに樹木を植えることで日陰を提供したり，またエネルギー消費を低減するのに役立ったりするし，さらには屋根から流れ落ちる雨水によってその樹木に水を提供することもできる。またあるいは，街中に自然公園を適切に計画することで文化的サービスを提供したり，大気の質を改善するのに役立ったりするだろう。

　また，エコシステム・サービスは資源プールの一部でもあり，アクターたちは資源統合に取り組む際にそれらの資源プールを活用することができる。しばしば，適切な計画が策定されれば，ほとんどコストをかけずにエコシステム・サービスを手に入れることができる。例えば病院を設計する際には，回復室にいる患者が自然環境を見ることができたり，また回復室に日が差すようにその回復室の中に窓が設置されたりする。あるいはレストランの場合には，自然のエコシステムからメリットが得られる立地にレストランが適切に位置づけられたりするだろう。また，自然のエコシステムによるサービス・フローからメリットが得られるように，開けることのできる窓がデザインされている場合にも，自然のそよ風が建物を冷ましたり温めたりするのを手助けするだろう。

おわりに

　サプライ・チェーンやマーケティング・チャネルといった観点からのグッズの移転や交換は，サービスとサービスの交換の中で資源を統合するアクターのネットワークやシステムに取って代わられる。S-Dロジックは，サービス・エコシステムというパースペクティブを取り込むことでより完全なものとなる。このパー

スペクティブによれば、プロセスは進取の気性に富んだ単一のアクターから始まり、そしてその単一のアクターで終わるものでは決してなく、むしろ入れ子状になっているサービス・エコシステムを突き抜けて拡大していく。しかし人的アクターは、サービスを提供する自然のエコシステムの一部でもある他の多くの種と共にこの地球上で共存している。人間は徐々に自然のエコシステムとより効果的に調和する方法をデザインするようになっており、またその自然のエコシステムが提供している多くのサービスの受益者にもなっている。したがって、すべてのアクターは、その時々のサービス・エコシステムの中にどのようにとけ込んだら良いのか、エコシステム・サービス（サービシィーズ）がアクターたちにどのようにベネフィットを与えることができるのか、さらには自然環境との間でウィン＝ウィンとなるコラボレーティブなリレーションシップがどのようにして標準的なプラクティスとなるのかを理解することでベネフィットを得ることができるだろう。

（注）

1　Robert F. Lusch, Stephen Vargo, and Mohan Tanniru, "Service, value networks and learning," *Journal of the Academy of Marketing Science*, 38（February 2010）, 19-31.
2　R. S. Achrol, "Changes in the theory of interorganizational relations in marketing: toward a network paradigm," *Journal of the Academy of Marketing Science*, 25:1（1997）, 56-71; R. S. Achrol and Philip Kotler, "Marketing in a network economy," *Journal of Marketing*, 63（special issue）（1999）, 146-163; Jan Johanson and Jan-Erik Vahlne, "Markets as networks: implications for strategy-making," *Journal of the Academy of Marketing Science*, 39:4（2011）, 484-491.
3　例えば、企業や政府のようないくつかの組織アクターたちは、トップダウン的あるいは官僚的な基本計画によるシステムを基にネットワークを編成したりデザインしたりしようと試みていた。
4　Roger A. Layton, "Towards a theory of marketing systems," *European Journal of Marketing*, 45:1-2（2011）, 259-276.
5　Wroe Alderson, *Dynamic Marketing Behavior: A Functionalist Theory of Marketing*（Homewood, IL: Richard D. Irwin, 1965）, p.86. 田村正紀・堀田一善・小島健司・池尾恭一　訳『動態的マーケティング行動—マーケティングの機能主義理論—』千倉書房、1981年、p.95.
6　D. F. Dixon and I. F. Wilkinson, *The Marketing System*（Melbourne, Australia: Longman Cheshire, 1982）.
7　Ravi S. Achrol, "Evolution of the marketing organization: new frontiers for turbulent environments," *Journal of Marketing*, 55（October 1991）, 77-93; Frederick E. Webster, Jr., "The changing role of marketing in the corporation," *Journal of Marketing*, 56（October 1992）, 1-17; Achrol and Kotler, "Marketing in a network economy."
8　Douglas M. Lambert, Martha C. Cooper, and Janus D. Pagh, "Supply chain

management: implementation issues and research opportunities," *International Journal of Logistics Management*, 9:2 (1998), 1-20.
9 M. S. Granovetter, "The strength of weak ties," *American Journal of Sociology*, 78 (May 1973), 1360-1380; M. S. Granovetter, "The strength of weak ties: a network theory revisited," *Sociological Theory*, 1 (1983), 201-233.
10 Bo Edvardsson, Anders Gustafsson, Per Kristensson, and Lars Witell, "Service innovation and customer co-development," in Paul Maglio, Cheryl A. Kieliszewski, and James C. Spohrer (eds.), *Handbook of Service Science* (New York: Springer, 2010), pp.561-577. 日高一義 監訳・IBM東京基礎研究所サービスサイエンス翻訳チーム 訳「サービスのイノベーションと，顧客との共同開発」『サービスサイエンスハンドブック』東京電機大学出版局，2014年，pp. 516-532.
11 Marco Iansiti and Roy Levien, *The Keystone Advantage* (Boston: Harvard Business School Publishing, 2004). 杉本幸太郎 訳『キーストーン戦略―イノベーションを持続させるビジネス・エコシステム―』翔泳社，2007年；R. Adner, "Match your innovation strategy to your innovation ecosystem," *Harvard Business Review*, 84:4 (2006), 98-107. 山本冬彦 訳「イノベーション・エコシステム」『DIAMONDハーバード・ビジネス・レビュー』第31巻第8号，pp.72-85，2006年8月。
12 James F. Moore, "Predators and prey: a new ecology of competition," *Harvard Business Review*, 71 (May–June 1993), 75-86. 坂本義実 訳「企業"生態系"4つの発展段階」『DIAMONDハーバード・ビジネス』第18巻第5号，pp.4-17，1993年9月。
13 Robert Wright, *Non Zero: The Logic of Human Destiny* (New York: Pantheon Books, 2000).
14 J. L. Bronstein, "Mutualism and symbiosis," in Simon A. Levin (ed.), *The Princeton Guide to Ecology* (Princeton University Press, 2009), pp.233-238; Matthew M. Mars, Judith L. Bronstein, and Robert F. Lusch, "The value of a metaphor: organizational ecosystems," *Organizational Dynamics*, 42 (2012), 271-280.
15 Moore, "Predators and prey"; Peter R. Dickson, "Toward a general theory of competitive rationality," *Journal of Marketing*, 56 (January 1992), 69-83.
16 Achrol and Kotler, "Marketing in a network economy"；Daniel J. Flint and John T. Mentzer, "Striving for integrated value chain management given a service-dominant logic for marketing," in Robert F. Lusch and Stephen L. Vargo (eds.), *The Service Dominant Logic: Dialogue, Debate, and Directions* (Armonk, NY: M. E. Sharpe, 2006), pp.139-149; George Day, Samantha Howland, and Roch Parayre, "Looking into marketing's future," *Marketing Management*, 18 (September–October 2009), 12-17.
17 Richard Normann, *Reframing Business: When the Map Changes the Landscape* (Chichester, UK: John Wiley & Sons, 2001), p.3.
18 Manuel DeLanda, *A New Philosophy of Society: Assemblage Theory and Social Complexity* (London: Continuum, 2006).
19 A2Aという人的アクターによるミクロ活動よりもさらにミクロなエコシステムがあると主張できるかもしれない。人的アクターの遺伝子構造とその人的アクターの皮膚の中や上にいる生物がそのようなものと考えることができる。そうだとすれば，ある意味，人間はサービス・エコシステムの中でそれら下位にあるミクロな構造と上位にあるメソおよびマクロな構造の両方からコントロールされている。
20 DeLanda, *A New Philosophy of Society*.
21 Marshall McLuhan and Quentin Fiore, *The Medium Is the Message* (Berkeley, CA:

Gingko Press, 1996 [1967]).
22 John Hagel, III, and John Seely Brown, *The Only Sustainable Edge: Why Business Strategy Depends on Productive Friction and Dynamic Specialization* (Boston: Harvard Business School Press, 2005).
23 Douglas M. Lambert and Sebastian J. Garcia-Dastugue, "Cross-functional business processes for the implementation of service-dominant logic," in Robert F. Lusch and Stephen L. Vargo (eds.), *The Service Dominant Logic: Dialogue, Debate, and Directions* (Armonk, NY: M. E. Sharpe, 2006), pp.150-165.
24 Millennium Ecosystem Assessment, *Ecosystems and Human Well-Being: Synthesis* (Washington, DC: Island Press, 2005), p.155. 横浜国立大学21世紀COE翻訳委員会 訳『生態系サービスと人類の将来―国連ミレニアムエコシステム評価―』オーム社, 2007年; G. C. Daily, *Nature's Services: Societal Dependence on Natural Ecosystems* (Washington, DC: Island Press, 1997), p.392.

第Ⅲ部
可　能　性

第9章
戦略的思考

> 将来を予測する最善の方法は，将来をデザインすることである。
> バックミンスター・フラー

はじめに

　もっともなことだが，サービス・ドミナント（S-D）・ロジックのような，ビジネスに対して何らかの意味で根本的に異なるパースペクティブが紹介された時には，「より多くの貨幣を自社にもたらすのにS-Dロジックはどのように適用できるのか」と尋ねるのは自然な流れである。この質問に対する我々の回答は，何人かの人々を失望させるかもしれない。真に処方的な意味で，S-Dロジックは少なくとも直接的には適用できない。しかしそれは，S-Dロジックから導き出される規範的なインプリケーションはないということを意味しているのではない。実際にはいくつかのインプリケーションがあり，それらは利益の向上を含む企業の高い生存可能性を提供できる可能性を有している。S-Dロジックからのインプリケーションは単なる戦術的なものでも処方的なものでもなく，むしろ戦略的かつ仮説的なもので，かつ，それらは間接的に提供されるものである。我々がこれから議論するように，それらのインプリケーションは，アクターたちが彼らの運命を決定づけるために何ができるのかに関する追加的な洞察とS-Dロジックが提示するエージェンシーの役割や重要性を通じて提供される。

　S-Dロジックの適用に関する戦略上のインプリケーションは，**イノベーション**と市場創造，つまり他のアクターたちの価値創造プロセスを手助けする価値提案の継続的な（再）創造や制度化に関係している。そのため，S-Dロジックは**可能性**にアプローチしたり考察したりするための1つのパースペクティブを提案する

ことはできるが，しかしそれほど多くの処方箋を示すことはできない。それは，「何らかの他のアクターに価値提案を提示するのに利用可能な資源を組み合わせたり適用したりする機会という点に関して，我々はG-Dロジックのパースペクティブから見ることができないが，S-Dロジックのパースペクティブから見ることができるのは何か」という質問を尋ねることでイノベーションが成し遂げられることを暗示している。したがって恐らく最も重要な試みは，離れたところから広い視野で全体像を考察することである。

ズームアウト対ズームイン：より大きな絵を見る

　S-Dロジックの適用を探求するに当たっての自然な流れは，例えば，企業活動のようなミクロ・レベルの活動にズームインしてしまうことである。しかしS-Dロジックの特徴の1つは文脈であり，それはマクロ・レベル（例えば，社会的文脈），あるいは少なくともメソ・レベル（例えば，「産業」やブランド・コミュニティ）へとズームアウトすることの必要性を暗示している。より正確には，S-Dロジックはミクロ・レベル，メソ・レベル，マクロ・レベルの間でパースペクティブを**交互に使い分けること**を暗示している。原理は単純である。それは，あるレベルで何が起っているのかを理解するには別のレベルからそれを見ることなしには理解できないということだ。[1]

　S-D戦略は，複雑で動的なシステムの中でのサービス交換を通じて，資源の統合者や価値の共創者としての企業の役割の効果性を向上させることに焦点を当てる。我々が第3章で指摘し第6章で精緻化したように，すべての社会的および経済的アクターが自身の価値創造プロセスの中で資源を統合する。社会的および経済的アクターは，単一の資源を孤立した状態の中で適用することもあるが，仮にあったとしてもそのようなことはごく稀なので，サービス志向の事業体にとって重要なのは，資源それ自体でも価値の創造でもない。そうではなく，価値創造とは，構造（例えば，共有され制度化されている物事の進め方）という文脈の中で複数のアクターたちによって同時的にあるいは統合プロセスの一部として複数の資源を統合することを意味する。またそれらの構造は，より下位のレベルで生じたイノベーションによって影響を受けたり修正されたりすることもある。

　例えばレストランは，顧客にサービスを提供するために，食材，テーブルおよび椅子，調理に関するナレッジ，クリーニング，給仕などの複数の資源を統合す

る。同時に，そのレストランの受益者も，価値を見出してそれを判断するために，例えば，その時の食事，過去の経験，レストランにふさわしい社会的行動に関するナレッジ，生理的要素，そのレストランに行き来するための交通システム，さらに一般的には外食プラクティスのような複数の資源を統合する。彼または彼女が必要とするすべての資源へのアクセスを単独で有するアクターは1人もいないので，アクターたちは他のアクターたちと資源を交換しなければならない。さらに，それらの複数のアクターたちは，フル・サービス型レストランを定義づける外食プラクティスのような，食事サービスとその提供について共有された規範によって影響を及ぼされる。また例えば，ドライブスルー型，クイック・サービス型，セルフ・サービス型のレストランのようなイノベーションが生じる時，そのイノベーションが伝統的な外食プラクティスに影響を及ぼす。これらの資源統合および交換の相互連結されたプロセスは動的なネットワークを形成しており，第8章で議論したように，それらのネットワークはサービス・エコシステムとして認識されてきた。

　オペラント資源（他の資源に行為を施すことのできる資源）へのS-Dロジックの焦点は，社会構造（すなわち，サービス・エコシステム）も含めた他の資源に対する社会的および経済的アクターの影響力を強調している。すなわち，企業，顧客，その他の利害関係者のようなオペラント資源としてのアクターたちはエージェンシーを保持していると理解されており，そのためそれらのアクターたちは環境から影響を及ぼされるだけでなく，彼らの環境に影響を及ぼす能力を秘めているとも理解されている。この見方は，企業は，技術，政治，法律，社会，生態，競争といった外部環境から制約を受ける現存する市場において顧客を細分化し，ターゲットを設定すべきであると示唆する伝統的なビジネス・モデルとは対照的である。

　さらにこの見方は，自社を取り巻く環境に適応したり市場の変化に反応したりすることに焦点を当てるのではなく，事業体は制度変更も含めた市場の変化自体に影響を及ぼすことができることも示唆している。いくつかの状況において，それらの制度上のイノベーションは新市場の創造という結果に至らしめ，時にそれらは新しい「産業」を生み出すこともある。例えば，外食産業でのイノベーションは，テーブルで注文し，その後で注文に従って調理をするという多くの従来からのプラクティスを，事前調理された食べ物を顧客がカウンターで注文するというプラクティスに代えることによってレストラン「産業」を転換させることで，

ファスト・フード市場を創造したというミクロ・レベルでの成功に至らしめた。制度変更を通じた市場創造のその他の例は，顧客が自分で組み立てる家具や「第三の場所」としてのコーヒー・ショップに見ることができる。

　多くの場合，このイノベーションは，既存のエコシステム内のより上位のレベルの構造に疑念を投げかけることによって，それら既存のエコシステムを変換させ，それがメインストリームとなっていく。いくつかの既存のエコシステムの変換は，より上位のレベルの構造の変更によって促進される。例えば，アメリカではデイケア・サービスの開発や商業化によって家庭の女性に関して制度化されていた役割の変更が促進された。その他にも例えば，代替的な燃料および輸送形態の普及などが，それより上位のメソ・レベルの構造（例えば，ガソリン・スタンドの配置やプラクティス）からの影響だけでなく，さらにより上位のマクロ・レベルの構造（例えば，郊外での生活や，個人の自由および利便性といった文化的規範）からの影響によって妨げられている。したがって，**イノベーション**とは新しいものを**発明する**ことではなく，それは実際には**プラクティスを脱制度化**したり**再制度化**したりする機会を発見することなのである。それは，革新的なエージェンシーと，プラクティスおよびその文脈の継続的なモニタリングの双方を必要とする。

　本章の残りの部分において，我々はS-Dロジックが戦略的思考を形作る5つの要素について議論する（図表9.1参照）。その結果として得られる総体的で戦略的なレンズは，事業体が自社および交換相手となるアクターにとっての価値創造の可能性を高められるようにする。後に本章で説明されるように，**動的な市場イ**

図表9.1　S-Dロジックの戦略的思考

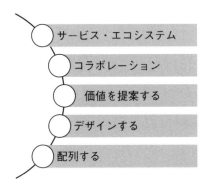

ンタラクションに焦点を当てることによって，さらにはバリュー・チェーンというパースペクティブを価値ネットワークすなわち**サービス・エコシステム**というパースペクティブへと転換させることによって，そのような価値創造の可能性を高めることができる。この見方からすると，事業体は，**複数の利害関係者たち**（例えば，企業，供給業者，顧客，従業員）**とのコラボレーション**を通じて，さらには長期的で相互に有益なリレーションシップを構築するための思慮深い取り組みを通じて，ある程度まで自社を取り巻くサービス・システムを（再）配列したりデザインしたりできる能力を秘めている。価値は常にサービス・エコシステム内で共創されるので，事業体の戦略とは，一連の連続的なイベントを通じて価値を付加することではなく，サービス・エコシステム内のあらゆる所で**価値を提案すること**に焦点を当てることである。また，事業体は将来について事前に準備された代替案の中から選択するのではなく，**デザインする**ものと見なされる。将来をデザインする時には，事業体は将来を予測しようと試みることよりも，自社の将来をコントロールするために**資源を配列したり統合したりすること**に焦点を当てるようになる。以降の節では，上記で説明したこれらのまったく異なる2つの戦略パースペクティブを精緻化して対比する。

サービス・エコシステム：交換のシステムズ・ビューの開発

　伝統的な価値創造のモデルや枠組みは，線形となる一連の連続的なイベント，すなわち「バリュー・チェーン[3]」を描いている。この見方は，価値はあらかじめ設計された予測可能な方法で創造されるということと，価値を付加する連続的な活動が「生産者」から「消費者」への価値の創造および流通に寄与することを示唆している。例えばそれは，以下のようなことを暗示している。鋼板のような原材料の供給業者が自動車メーカーのような製造業者にその資源を提供する。そしてその自動車メーカーは自動車を作り上げるために，その原材料を使用して鋼板に「付加価値」を付与しながらコストを積み上げる。その後，その自動車メーカーは完成車を自動車ディーラーに輸送し，さらなる追加的なコストを積み上げて「エンド・ユーザー」に販売促進を行い，そして販売する。これらのコストは付加価値と見なされる。また，この単純化された事例は，価値創造のグッズ・ドミナント（G-D）モデルも映し出している。

　価値創造に対するG-Dロジックの見方は，有形なオファリングの生産および

流通と，企業が関わる活動が価値の創造にどのように寄与するのかに焦点を当てている。それに代わって，S-Dロジックは，価値は常に交換の最中や交換されるものを使用したり統合したりする最中に共創されると主張する。この見方は，複数の利害関係者たちが彼ら自身や他者にとっての，価値を創造するために資源を統合したり適用したりすることによって，価値創造プロセスに寄与すると提案する。個々の資源統合活動は，サービスの交換を通じて他の資源統合活動と結びつけられる。サービスの交換は，アクター・トゥ・アクター（A2A）のダイアド関係（例えば，企業と顧客のダイアド関係）に限定されるものではない。2つのアクター間（例えば，企業と顧客の間）で交換が行われる時でさえ，サービスの交換は同時に資源を統合し，適用し，交換している他のアクターたちも含めたサービス・エコシステムという文脈の中で行われているのだ。ここで再び，自動車という有形な資源の範囲を越えて，個人的な移動およびその他のベネフィットを創造するプロセスに統合され適用される市場取引を通じた源泉，公的な源泉，私的な源泉からの資源のすべてについて考えてみてほしい。

我々が第8章で述べたように，サービス・エコシステムとは，かつ共通の制度的ロジックとサービス交換を通じた相互的な価値創造によって結びつけられた資源統合アクターからなる相対的に自己完結的でかつ自己調整的なシステムである。アクターたちは価値提案によって結びつけられる[4]。この価値提案とは，本質的にはある特定の価値共創プロセスに参加させるための招待状である[5]。サービス・エコシステムは，1つのシステムとしての自身の生存可能性を高めるために主としてアクターたちが自身の資源と（交換を通じてアクセスされる）他者の資源を統合したり適用したりするのを可能にさせる働きをする。

サービス・エコシステムのサイズは，個人や彼または彼女による内部資源（例えば，ナレッジとスキル）と外部資源（例えば，貨幣，工具，機器）の組合せから，家族または企業のような集団，さらにはグローバルなサービス・エコシステムにまでその範囲が及ぶだろう。サービス・エコシステムは，孤立したシステムではない。一般に，サービス・エコシステムは，複数のシステムから構成された1つのシステムである。例えば，家族は個人システムから構成された1つのシステムであり，企業も部門システムから構成された1つのシステムである。この相互連結されたシステムというパースペクティブは，特に価値を判断するに際して複数の視点および利害関係者に注意を向けさせる。S-Dロジックは，価値は受益者システムによって現象学的に判断されると主張する。しばしば，サービス受益

者は顧客と考えられている。しかし，サービス・エコシステム・アプローチでは，個人，家族，組織，さらには国も含めて，どんなシステムも受益者となりえ，それは誰の福利にかかわる問題なのかに依存する。相互連結されたシステム内の様々に異なる視点が，価値創造の問題を複雑にしてしまう。それは，あるサービス・エコシステムにとっては価値があると見なされるかもしれないし，また他のサービス・エコシステムからは価値があると見なされないかもしれないからだ。

　例えば，企業にとっての伝統的な価値尺度は利益である。そのため企業は，しばしばコストを削減したり，売上高を向上させたりする取り組みに焦点を当ててしまう。しかし時として，企業がそれらの取り組みを遂行することが，他者にとっては価値の低下や社会的コストの創造と見なされることもある。この価値に対する認識が一致しない証拠は，企業での労働，環境に対する意識，さらにはコミュニケーション・プラクティスに関して公表されている問題点の中にしばしば見られる。これらの対立的な視点は，しばしば外部性と見なされている。この外部性は，企業にとって外生的で，システムの混乱を生み出し，価値創造プロセス内に抵抗あるいは失敗を引き起こす。価値に対するこれらのまったく異なる視点を認識することは重要である。その理由は，サービス・エコシステムが取り組む行動には，一般に，そのサービス・エコシステムが価値がある（あるいは価値がない）と見なすものが反映されるからである。すなわち，サービス・エコシステム（例えば，顧客，企業，国）の活動は，（価値があると確信しているものに基づいて）自身や他者にとっての価値を創造するそのサービス・システムの取り組みに駆動されるということだ。それらの活動が，相互連結されたサービス・エコシステムの間での動的なインタラクションを駆動する。

　いくつかの事業体は，富や価値は利益や株主価値のような交換価値によって捉えられるもの以上のものであると認識しており，彼らは価値に対する幅広い考え方に焦点を当てている。それらの事業体は，価値を概念化するに当たって，しばしば「トリプル・ボトム・ライン」と呼ばれるものを採用し，社会的な福利や環境の持続可能性も価値概念に含めている。しかし，交換価値すなわち経済価値を測定するという確立された方法は存在するが，社会的な福利や環境の持続可能性を測定するという確立された方法は存在しない。それ故に，重要な課題は，自社による定義や意味からではなく他のアクターたちのパースペクティブから，社会的な福利や環境の持続可能性といった概念が意味するものへの理解を進展させることである。

コラボレーション：密度とリレーションシップのデザイン

　G-D戦略の枠組みは，企業間での市場シェアを巡る競争や，天然資源のような供給量に限りのあるオペランド資源を巡る競争に注意が集中している。それに対して，S-D戦略の成功は，サービス提供の際に使用される新たな資源を創造するための資源へのアクセスや資源の統合をもたらすコラボレーティブなリレーションシップを効果的に開発できる事業体の能力に見出すことができる。既に我々が述べたように，この最適なあるいは「適切な資源の集結と配列」は「密度」[8]と呼ばれている。簡潔に言うと，密度とはアクターがある特定の問題を解決するためにある特定の場所と時間にアクセスできる情報，ナレッジ，その他の資源の量を測定するための尺度である。密度の創造は，資源の「アンバンドリング」または「リバンドリング」（分業を一般化した表現）[9]を通じて行われる。したがって，ある特定の状況に対する密度を創造したり高めたりするために，事業体は利用可能な資源を分割したり再結合したりできる。

　既に説明したように，統合される資源が事業体に所有される必要性はない。事業体は，**顧客のための密度の創造**に焦点を当てたサービス・エコシステムを形成したりデザインしたりするのを手助けするために，他の社会的および経済的アクター（例えば，他の企業や顧客たち）の資源や役割を調整することができる。企業が市場で密度を創造するために資源をアンバンドリングしたりリバンドリングしたりするのと同じように，**顧客たちも資源統合に加えて資源をアンバンドリングしたりリバンドリングすることを通じて彼ら自身の密度を創造する**と強調することは重要である。これが，第5章で我々が説明したA2Aという枠組みに対する我々の主張の基礎をなす彼らの（サービス提供も加えた）共通する根本的な活動に対する認識である。そのため，S-D戦略は，社会的および経済的アクターたちとのリレーションシップを通じて多様な方法で資源をアバンドリングしたりリバンドリングする事業体の能力に焦点を当てる。それが同じことを顧客ができるようにする。

　S-D事業体には変化を駆動したり関連のあるサービス・エコシステムの進化に影響を及ぼしたりできる能力があるかもしれないが，リレーションシップの安定性がサービス・エコシステムやそれらのサービス・エコシステム内で創造された価値を長期間にわたって維持することを可能にする。良好なリレーションシップは，ベネフィットの相互関係を基礎とする。それらのリレーションシップの動的

な安定化は，密度を維持したり，ある特定の時間と場所で必要となる資源へのアクセスを維持したりするのに重要である。サービス・エコシステムは，効果性と効率性を高めたり，そのサービス・エコシステムが頼りにする資源へのアクセスを維持したりするために（直接的または間接的な）サービスのためのサービスという継続中のリレーションシップに依存する。リレーションシップは，サービス・エコシステムのメンバーたちに専用チャネルを通じて信頼できる情報源と資源へのアクセスを提供する。

　サービス・エコシステムのメンバーたちは，彼らがインタラクションし，それによって追加的なエコシステムを創造してしまうサービス・エコシステムの数を意識的に制限することによって，自身の周辺にあるシステムを「内部化する」傾向にある。このタイプの内部化の一例は，ブランド・ロイヤルティの事例の中ではっきりと見ることができる。すなわち，多くの人々は意思決定プロセスで費やす時間と労力を低減させるために，ある特定の同じブランドのサービス・オファリングを反復的に購入する。

　交換リレーションシップの内部化は，必要な資源への信頼性の高いアクセスを提供する追加的な共通プロトコル（制度）を確立することによって，サービス・エコシステム間でのインタラクションを一時的に安定させる。しかし，交換パートナーの内部化や長期的なリレーションシップを構築することで，すべての不確実性が市場から取り除かれることはないことに注意することが重要である。長期的なリレーションシップはそれ自体がかなりリスキーとなる場合もある。しっかりと確立された制度は，リレーションシップの安定性を高め，また潜在的にはサービス・エコシステム内でのコンフリクトを抑制できるが，それとは逆に変化への抵抗になったり，それによって適応性やイノベーションを制限してしまうかもしれない。そのため事業体は，リレーションシップのタイプの脱制度化や再制度化へとつながる価値創造の機会を入念かつ継続的に探求することで，ベネフィットを得ることができる。そのような取り組みは，事業体によって着手されることもあれば（例えば，航空会社によるフリークエント・フライヤーズ・プログラムの導入），事業体とは別のアクターたちによって着手されることもある（ソーシャル・ネットワーキングを中心に形成されたいくつかのブランド・コミュニティの例）。これらのフリークエント・フライヤーズ・プログラムやブランド・コミュニティの事例では，それらの取組みが絶えず努力を惜しまない事業体にとっての機会を与えている。

価値を提案する：複数の利害関係者と価値を共創する

　G-Dロジックは，企業は「価値を付加する」一連の連続的なイベントを通じて価値を創造することを示唆している。そのようにして，企業（さらには，それらの供給業者および他のビジネス・パートナーたち）は，価値を創造し顧客に引き渡す。しかし，S-Dロジックの価値共創という考え方は，それとは別のことを示唆している。S-Dロジックは，現象学的な価値に焦点を当てている[11]。現象学的な価値とは，他者の資源の文脈の中において，資源の使用または適用を通じて見出されて判断されるものである。価値の判断すなわち文脈や使用の参照先は受益者たちなので，受益者たちが最も重要な資源統合者と見なされなければならない。

価値提案

　前述のパースペクティブに従えば，サービス・プロバイダー（例えば，企業）は市場に価値を提案することはできるが，しかし彼らはサービス受益者（例えば，顧客）とは無関係に単独で価値を創造することはできない。例えば自動車メーカーは，ある特定の自動車の運転を含めた価値共創プロセスへの参加に潜在顧客を関与させる価値提案を構築できるが，しかしその企業はその価値共創プロセスに従事することを顧客に強いることはできない。そのため，この自動車メーカーはその自動車が潜在的にどのように価値を提供できるのかを提示することによって価値を伝達しようと試みるだろう。自動車や自動車のブランドが異なれば価値提案も異なる。例えば，ミニバンの価値提案とスポーツ・カーの価値提案は異なる。ミニバンの価値提案には，スペース，安全性，利便性のような属性だけでなく，家族や連帯感といった感情的な訴求も含まれるだろう。対照的に，スポーツ・カーの価値提案には，スピード，革新的なデザインのような属性だけでなく，ステータスや特権といった感情的な訴求も含まれるだろう。

　価値提案は，企業からのメッセージやコミュニケーション以上のものである。それはまた，その価値を提案するアクターによってある特定の目的（例えば，大勢の人やたくさんの物を運んだりするため）に充当される可能性を秘めた資源（例えば，7つの座席と大きな荷室のある自動車）でもある[12]。価値提案とは，ある特定の目的に対して，ある特定の可能性を秘めた資源の適用を通じたある特定の価値共創プロセスを示唆している。価値提案には有形または無形なオファリングの他に，直接的または間接的なサービス提供の方法も含まれるだろう。価値提案は，

プロバイダーによって明らかにされるものとして，本質的にはサービス提供に必要なすべての活動と資源を表している。それは，自動車の運転経験のようなある特定の価値共創プロセスに従事することへの招待状である。[13] しかし価値は現象学的に判断されるので，その価値は，ある特定の文脈における価値を見出したり判断したりするサービス受益者次第であり，その価値判断は資源へのアクセス，リレーションシップの影響力，共通の制度に基づいて行われる。

　価値提案は魅力的なものでなければならず，また事業体は，より伝統的な市場競争者たちもその事業体の顧客を惹きつけるために価値提案を同時に提示していることを認識する必要がある。例えば，サービスを得るための代替案として複数の価値提案が提示されることもある。ひょっとしたら，内部創造（セルフ・サービス）によってサービスが得られてしまうかもしれない。さらに別の価値提案は，その事業体のサービスがなくても済んでしまうものを提案してしまうかもしれない。例えば，食品加工業者が美味しいデザートという価値提案を市場に提示しようと試みるかもしれないし，また果物農家が美味しくかつ健康的な果物を中心とした別の価値提案を提示するかもしれないし，さらに別の事業体は食事の量を減らす方向へと社会的気運の転換を促進させるかもしれない。

　供給業者やその他の利害関係者たちは，魅力的な価値提案を有するものとして事業体を捉えなければならない。そうでなければ，それらの供給業者やその他の利害関係者たちは，価値創造の代替的な源泉を見つけ出してしまうだろう。このすべてが，リレーションシップ，共通の制度，およびネットワークに滑り込んだり抜け出したり，またしばしば実現できるよりも多くの選択肢を保持している資源統合アクターの動的なウェブの中で行われる。事業体は，このエコシステム内のある一定のポジションに居たいと思っているが，そこには自身の価値提案と類似した代替案がある。

　顧客，供給業者，利害関係者たちのニーズは動的に変化するため，絶えず新しい価値提案を開発する必要がある。サービス・エコシステムのダイナミクスは，知識それ自体ではなく学習に強く焦点を当てることを要求する。予測されることだが，知識は時代遅れになってしまったり不適切になってしまうため，既に知っていることはそれほど重要なものではない。科学や社会科学に関するナレッジのほとんどは，半減期が10年未満か，場合によっては3年にも満たない。それと同様に，市場に関するナレッジもすぐに時代遅れなものになってしまう。そのため，学習能力を育成することがより重要である。この点において，成功した価値提案

と成功しなかった価値提案の双方が，企業に学習させる。提示した価値提案が必要なビジネスを勝ち取ることができない時には，その事業体は即座にその状況を咀嚼したり脱構築したりしなければならない。事業体が自身の顧客やパートナーたちとの会話や対話に関与してきたのであれば，これまでの章で我々が議論したように，価値提案を調整したり変更したりする準備が上手くなされなければならない。

文脈価値を提案する

　価値を提案するという事業体の役割は，価値共創プロセスの中間段階までの役割しかない。価値提案は，招待状を通じてある特定の価値共創プロセスに参加することへと複数の利害関係者を結びつける。しかし既に述べたように，価値は究極的には使用を通じてサービス受益者によって見出され判断される。価値および価値創造のこの概念化は，使用価値すなわちある特定の資源の使用や適用を通じて見出される価値に焦点を当てている。[14] 使用価値へのこの焦点は，G-Dロジックによる交換価値すなわち市場で支払われる価格を重視することに代わるものである。S-Dロジックは，使用価値に駆動される価値提案の方が交換価値に駆動される価値提案よりも利害関係者たちの真のニーズにより対処できそうだと提案している。[15] しかしこのことは，価格が価値提案の重要な側面でないことを意味するものではない。そうではなく，S-Dロジックは，価値提案と関連のある使用価値を強調しているのだ。価値提案には価格も含まれており，価格はしばしば使用価値に影響を及ぼす。例えば，人々はしばしば高価格から連想されるステータスや名声に基づいて，より高価なアイテムを購入するという意思決定を行っている。あるいはまた，人々は低価格なオファリングについて「お買い得品を手に入れた」という感覚を楽しむだろう。したがって，価格は使用価値に影響を及ぼす。

　使用価値へのこの重視は，価値共創という考え方に沿ったものだが，より最近ではS-Dロジックの文献の中で第三の価値概念である**文脈価値**という概念が紹介されている。[16] 文脈価値という概念は，ある特定の文脈に基づいて価値が判断されることを示唆している。言い換えれば，資源は，時間，空間，社会的境遇といった他者の資源の文脈の中で適用され評価される。したがって，価値はある特定の状況の中での，ある特定の場所と時間において，現象学的に判断される。先ほどの自動車の例について考えてみてほしい。自動車の購入のために支払われた金額が交換価値であり，移動やステータスといった自動車のベネフィットがその自

動車の使用価値を表している。しかし自動車の価値は，サービス受益者のパースペクティブや彼または彼女が自動車を使用している文脈（例えば，いつ，どこで，どのように使用しているか）に依存する。加えて，サービス受益者とつながりのある社会的リレーションシップも彼または彼女の価値判断に影響を及ぼすので，それらのリレーションシップも価値が判断される文脈の一部と見なすことができる[17]。例えば，自動車（サービス装置）からベネフィットを得る同乗者や家族，さらにはその自動車の所有者との社会的紐帯も価値の共創に影響を及ぼす。

文脈価値という概念は，サービス・エコシステムにおける密度の重要性を強調する。サービス・エコシステムは，生きた有機体に似て，変化する要求事項を絶えず学習し，進化し，適応していく。それ故に，サービス・エコシステムの構造は常に変化している。すべての適応変化が有益とはならないので，適応変化によって密度が低下してしまうこともあるが，この適応変化にはより高い密度を絶えず探求するという目的がある。しかし，適応変化によって密度が低下してしまった場合には，サービス・エコシステム内のアクターたちは自らのエコシステムの生存可能性と密度を高めるために，さらなる調整を行うだろう。

デザインする：価値創造エコシステムを開発する

S-Dロジックは，競争業者に焦点を当てるのではなく，オペラント資源およびサービス受益者と一緒に共創され，そして彼らによって見出され，判断される価値に焦点を当て直すことによって競争状況を再構築する。共創される価値に重点を置くということは，事業体の目的とは，価値を創造し顧客に引き渡すことではなく，顧客やその他の利害関係者たちが価値に対する各々のニーズや知覚に基づいて彼ら自身および他者のために資源を統合し価値を共創できるようにすることを示唆している。競争業者より高い業績を上げることに焦点を当てる伝統的な戦略概念とは対照的に，事業体は自身の顧客やその他の利害関係者たち（例えば，供給業者，従業員）と一緒に価値を共創するための新たな方法に焦点を当てなければならない。この見方によれば，最初に組織を創造的に開発し，その次に周辺を取り巻くサービス・エコシステムの開発を手引きすることによって，問題の解決がなされる[18]。自身を取り巻く環境に固有の不確実性があることを理解している事業体は，過去に既に発生した出来事に焦点を当てるのではなく，将来に発生しそうな出来事の可能性についてよく考えるだろう。

このエフェクチュアルなロジックは，演繹的なものではなく，より仮説的なものであり，またそれは，予測不可能な環境の中での戦略的意思決定とは，例えば参入可能なのはいずれの市場なのかといった決定をするような，事前決定された代替案の中から選択することではないということを暗示している[19]。これと異なり，S-D事業体は，自身が保持する代替案，可能性，潜在性を識別し，それと同時に起こりうる結果のプラスの側面とマイナスの側面およびその結果の創造を促進させるプロセスを評価することによって，戦略的意思決定を行う。価値は受益者によって見出され判断されるような潜在的な価値に焦点を当てることによって，S-D事業体は同一のことを行う。すなわちS-D事業体は，相互連結されたサービス・エコシステム内での多様な視点や価値知覚によって自身がどんな方法で価値を創造できるのかを理解することに焦点を当てる。例えば，所得税の申告準備をしている人を手助けするサービスを提供している事業体は，税務書類をファイリングする知識がほとんどない人々に何が必要なのかを検討し，そしてそれらの人々を手助けするために直接的なワン・トゥ・ワンのサービスを提案するだろう。同時に，その事業体は，税に関してより高いレベルの知識を持つ人々にとっての価値を創造するのにその資源がどのように役立つかについても検討し，そのような高いレベルの知識を持つ人々に対しては直接的なワン・トゥ・ワンのサービスではなく彼らの役に立つソフトウェア・パッケージを提供するだろう。この単純化された事例は，事業体，その顧客，さらにはその他の相互連結されている利害関係者たちの価値創造プロセスをS-D戦略がどれほど重視しているのか，そしてそれらの間で価値を創造するための新たな方法（例えば，ワン・トゥ・ワンのサービスを提案すると同時にソフトウェアを開発すること）を発見したり開発したりするのをどのように試みるのかを例証している。

　S-D戦略を採用するには，事業体は，自身の顧客，供給業者，さらにはその他の利害関係者たちと一緒に創造できる潜在的な価値に基づいて，新しいリレーションシップを構築したり新しい資源を共同生産したりするための市場機会を絶えず意識していなければならない。最も重要なことは，事業体は，顧客が（オペラント資源とオペランド資源の両方の）内部資源と外部資源にどのようにアクセスし統合するのか，さらにはサービス・エコシステム内およびサービス・エコシステム間でのリレーションシップをどのように構築するのかを理解することからベネフィットを得られるということだ。しかし事業体は，他の利害関係者や交換パートナーたちがどのように資源にアクセスし統合するのかを意識する必要もある。

例えば，ウォルマートの初期の成功の多くは，相互連結された在庫システムを通じて供給業者たちに情報を提供する同社の能力に基づくものだった。それは，在庫水準や顧客の需要に関して必要な情報にパートナーたちがアクセスするのを可能にした。この非常に価値のある資源へのアクセスを提供することによって，ウォルマートは自社の供給業者と顧客ベースを密接に結びつけるシステムを効果的にデザインした。相互連結性を駆動させるこの取り組みは，ウォルマート，供給業者，さらには自社の顧客のために創造される価値を高めた。

　サービス・エコシステム内で資源がどのように統合されるのかを理解することに加えて，事業体は各々の社会的および経済的アクターの制度化された役割や責任にも気を配り，新しい役割や責任を共創したり制度化したりする可能性についても検討しなければならない。各々のアクターの役割が理解されていない場合には，価値創造プロセス内での責任が曖昧になってしまう。例えば，自動車の場合では，一般的に顧客は購入した後の車両の保守に責任を負う。しかし，顧客が車両の保守に対する彼および彼女の責任に気づいていない場合，その価値創造プロセスが価値創造の潜在性を最大限に発揮することはないだろう。同様に，顧客が定期保守点検のためにディーラーに車両を持ち込もうと努力しても，保守点検を提供する企業がある特定の車両の保守について詳細を理解していない場合には，必要なタスクのいくつかは遂行されないだろう。この場合も，価値創造の潜在性が妨げられてしまうだろう。そのため，サービス志向の事業体にとっては，相互接続されたアクターたちがどのように資源を統合し，そして，どのように価値を見出し判断するのかを理解することが重要であるのと同様に，価値創造プロセス内での複数のアクターたちの制度化された役割を理解することも等しく重要である。それらの役割や責任を理解することによって，サービス志向の事業体は，必要な資源を保持し，かつ規定された特定の役割を遂行できる能力を持った特定のパートナーたちとのリレーションシップを構築すること（すなわち，サービス・エコシステムをデザインすること）ができる。またそれは，アクターたちが新しい役割や革新的なサービス・オファリングを通じて軽減された役割を担えるようになるいくつかの機会を明らかにするだろう。したがって，役割とは，潜在的に再配列可能な資源であると見なすことができる。

配列する：不安定な環境を活用する

　サービス・エコシステムのような複雑かつ進化的なシステムの中で戦略的計画を策定することに伴う主要な課題と利点は，それらのシステムの不安定性と不確実性の中に見ることができる。今日機能しているものが，明日には機能しなくなるかもしれない。戦略的計画を策定するための伝統的なモデルが将来に対する企業の予測能力に基礎を置いているという点において，それは解決し難い問題である。例えば，製品開発のための伝統的なモデルは，市場に参入する前に製品のアイディアがスクリーニングされ，試作品がテストされることから，その製品の収益性は予測可能であることを示唆している[21]。しかし，それらの予測尺度を用いているにも関わらず，新製品の失敗確率は依然として高いままである[22]。その理由は，たいていは予測プロセスの過程で，説明できない追加的な要因が新製品立ち上げの成否に影響を及ぼしているためである。そのため，予測モデルの有用性は限定的となる。

　予測方法に焦点を当てる戦略モデルとは対照的に，オペラント資源と価値共創を重視するS-Dロジックは，企業は自社がサービスを提供したいと考える市場のいくつかの局面を単に予測するのではなく，アクターたちがインタラクションしながら，彼らは本質的には市場を共創し，そしてその後で，それら市場のいくつかの局面を想像し，影響を及ぼし，促進させていることを示唆している[23]。すなわち，本章の冒頭でバックミンスター・フラーの引用文が示唆しているように，将来を予測する最善の方法は，将来を**デザインする**ことかもしれない。そうなると，事業体は「市場に駆動される」存在から「市場を駆動する」存在へと移行する[24]。事業体は，資源（例えば，ナレッジとスキル）や現象学的な価値に焦点を当て，かつ新たな問題や現存する問題に新しいソリューションを提供する機会を絶えず探求する時に市場に，影響を及ぼすことができ，またある程度は市場を「コントロール」することもできる。このように，S-D事業体は，新しいソリューションを開発したり新しい市場を創造したりするために，海図に載っていない海域や「ブルーオーシャン[25]」を探求することに焦点を当てている。

　起業家精神に関する最近の研究では，市場に変化をもたらすこのプロセスを「エフェクチュエーション[26]」と呼んでいる。とりわけ，エフェクチュエーション理論は「我々が将来をコントロールできる限りにおいては，我々は将来を予測する必要がない[27]」と主張する。この見方は，オペラント資源としての社会的および経済

的アクターたちは将来の資源も含めた他の資源に影響を及ぼすことができるというS-Dロジックの考え方と合致している。サービス・エコシステムは絶えず変化しているので，将来を予測するための企業の取り組みは，歴史的な文脈の中で既に起こってしまって，もはや存在していないことを調査することに限られる。特に，既に確立されている市場では，このような予測法は過去を調査することによって将来を評価するのに有用だが，特に新市場，新興市場，あるいは変化の激しい市場では，そのような予測法は将来どんなことが起こるのか理解するのに限界がある。

　既に確立されている市場や成熟市場は，「制度化されたソリューション」，すなわちある特定のサービス・エコシステムの中で入れ子状になっていたりあるいはそれらに埋め込まれている，社会的に構築された規範的なソリューションと考えることができる。しかし制度や市場は定期的に変換されたり再創造されたりするので，問題解決へのアプローチや（例えば，技術進歩によって様々な方法で解決される輸送問題），さらには制度化されたソリューションでさえも，やがては変換されたり再創造されるようになる。そのため，S-D戦略は，ある特定の市場で将来どんなことが起こるのかを予測することに焦点を当てるのではなく，(1)人々の生活にベネフィットをもたらすソリューションとしてサービスを心に描き，(2)しばしば，現存するソリューションを単により良い（あるいはより安価な）バージョンにするのではなく，新しいソリューションの開発と制度化を通じて新しい市場を**創造する**。サービスを提供するのに必要な資源を統合する。

資源を再配列する

　価値創造サービス・エコシステムの配列に参加するには，事業体は，主要な戦略オプションとして密度を高めるために資源の再配列を検討しなければならない[28]。より高い密度は，サービス・エコシステムの構造を変化させることによって成し遂げられる。すべての事業体や組織において，形態あるいは構造には目的や機能があり，時間が経つにつれて支配的な形態や構造が台頭したり増殖したりする。有形な形態をとる例としては，自動車や自転車，倉庫棚，包装容器，オフィス家具，住宅，アパレル，デスクトップ・コンピュータがある。無形な形態の例には，契約，方針と手順，ビジネス・プロセスが含まれる。支配的な形態が台頭するにしても，それらの支配的な形態が機能をより良く発揮するように変更したり再構築したりできるかどうか，すなわち，それらの支配的な形態がより有用な

ツールまたはサービス装置となったり密度を高めたりするのかどうかを見極める意図を持って，それらの支配的な形態に疑問を投げ掛けることが重要である。

　形態を再配列する第一の機会は，しばしばS-Dロジックの文脈の中で議論されており，それは標準化された統合可能なモジュールの開発とアウトソーシングに関するものである。S-Dロジックでは，企業に対してそのようなことを検討するように奨励している。例えば構成部品化されたソフトウェアやウェブ・サービスの状況と同じように，とりわけモジュラー・アーキテクチャの使用を通じて標準化された構成部品を製作することによって，組織コンピタンスにとって中核ではない活動をアウトソーシングすることが可能となる。構成プロセスを標準化することによって，サービス・エコシステム内のアクターたちは，カスタマイズ可能なより多くの価値提案を提示することもできる。それによって，それらのアクターたちは，効果性を高めることができると同時に効率性も高めることができる。それは，ほとんど無数にあるナラティブの中に組み入れることができる多数の単語からなる，標準化された言語を使用する著述家たちに似ている。オファリングがたとえ標準化された構成部品を統合したセットからなっているとしても，そのオファリングは顧客の要望に合わせて仕立て上げることができる。[30]

　事業体の中であれ，または個人的アクターによるものであれ，日常業務において活動を遂行するタイミングが，そのサービス・エコシステム生存可能性を決定づける重要な要因である。それ故に，形態を再配列する第二の機会は，様々な活動の遂行について制度化された時期に関係がある。生産のためのインプットの調達，製品の生産，その製品の流通および販売，顧客によるその製品の使用を含めた一連の活動を図にすることで，それらの一連の活動が時間の流れに沿って配列されることになる。いくつかの活動は習慣または必然性のいずれかによって他の活動よりも先行して行われる。例えば，一戸建ての住宅を建てる際には，建築業者のほとんどは，そのプロセスにPERT図を使用する。PERT図には，敷地に杭を打ち，基礎のための土を掘り，大まかな配管工事を行い，基礎を流し込み，大まかな大工仕事をし，大まかな電気配線を行う予定が記入される。しかし一方で，それを厳密なプロセスにする必要はない。それはなぜか。このプロセスは，その住宅が現場で組み立てられることを前提としているからである。逆に言えば，敷地に基礎を流し込んでいる間に，工場で大まかな電気配線と照明用配線を壁材に組み付けてしまえば，わずか数時間のうちにそれらを現場まで配送して設置することが可能である。この事例は，活動を遂行するタイミングは，本当に習慣によ

るものなのか，規範によるものなのか，それとも必然性によるものなのかを尋ねる際の可能性のある複数の新しい配列を示している。

　サービス・エコシステム内の他のアクターたち（例えば，顧客，ユーザーたち）についても，この様々なプラクティスの時間的枠組みの中で検討されなければならない。例えば，伝統的には，家具メーカーは，卸売および小売の流通チャネルに家具を販売する前に完成形の家具製品を製作する。しかし，一般の家具メーカーは工場内で家具を完成させるのに対して，いくつかの家具メーカーは，顧客が自社の家具を購入した後，その顧客をその家具の製作工程の一部に関与させるように家具製作の枠具みを再構築した。その上，サービス・エコシステムの一部として顧客を評価する時，すべての事業体はインターネット上で入手できる資源を見落とすべきでなく，またそのインターネット技術が伝統的なプロセスの時間的な連続性をどのように変化させたのかも見落とすべきではない。インターネット上で入手できる資源の多くは，伝統的には顧客が店舗やサービス・プロバイダーを訪れないと得ることのできなかった情報を容易に獲得できるようにする。顧客がこのインターネット上で入手された情報を武装したことによって，今日，彼らは小売業者やサービス・プロバイダーのそれぞれと接触することができ，それによってしばしば売り手から買い手へとパワーをシフトさせる結果に至らしめた。それらの変化に適応してこなかったり適応しない組織は，組織の存亡に関わる大きな課題に直面するだろう。

　形態の再配列をデザインする第三の機会は，活動が遂行される場にある。デジタル化とネットワークが，タスクが遂行される場や資源がもたらされる場の概念を変えてしまった。企業が顧客および供給業者／パートナーたちと地球規模のネットワークで結ばれている今日の世の中では，フランスで注文がなされ，台湾やメキシコの生産拠点から部品が発注され，アイルランドで製品が組み立てられることもある。同様に，カリフォルニアにある（あるいは，世界中のどこにでもある）コール・センターでサービス・リクエストの申し出を受け付け，それが最初にインドの拠点で処理され，そしてそのリクエストがニューヨークにいる担当者に上げられ，その数分後に再びインドにいる担当者によって回答がなされることもあるだろう。パーソナル化されたインターネットのポータル・サイトは，消費者のデスクトップを「製品」が注文され配送される「場」にすることができる（そこでは，顧客はサービス・エコシステム全体を通じて最初の注文から最後の配送に至るまでの取引履歴を辿ることができる）。

ますます，サービス・エコシステムの至る所でのコラボレーションがバーチャルに行われるようになっており，そこでは参加者たちがプロジェクトに取り組むためにインターネットを通じて交流している。このようにして，組織内の至る所で文書が共有されるだけでなく，サービス・エコシステム内で関連のある他のすべてのアクターたちとの間でも文書が共有されている。アクターたちは彼らの職場やそれ以外の場所でも文書を処理することができ，それによって彼らは場所に左右されることのないバーチャル組織の一部となっている。そのようなコラボレーションは，単純かつ反復的で明確なタスクに関してだけでなく，新製品開発のようなより複雑なプロジェクトについても行われている[31]。

形態を再配列する第四の機会は，有形なモノの所有権および所有という観点からアクターについて制度化された役割（前節を参照）に関するものである。しかしS-Dロジックは，少なくとも多くの実例の中において，グッズ自体を所有する必要性よりもサービスの方が重要であると暗示している。なお，このサービスには装置（グッズ）からのサービスのフローも含まれる。このことは，企業はグッズを売買するのではなく資産をリースしたりサービス・フローの使用に代金を支払ったりできること（ソフトウェア産業で用いられていることの多いモデル）を示唆しているので，この単純な発想はサービス・エコシステムを再配列し密度を高めることに活用できる[32]。そのような再配列は，ジェット・エンジンのメーカーがジェット・エンジンの販売から推進力というサービスの販売へと移行する時に生じる。しかし，さらに一歩進めることができる。航空機メーカーはジェット機を販売する必要がない。むしろ彼らは，ジェット機を所有したまま，パフォーマンス・ベースの契約にしたがってジェット機の修理，保守，オーバーホールを請け負うこともできる。今日では，プラントやオフィスの建設業界に属する事業体は，インフラの設計，建設，運用，保守，保護だけでなく，それ以外の関連する数々のサービスを遂行する事業体として彼ら自身を捉えている。その上，事業体は，インフラを所有したままサービス・フローを販売することによって，収益の流れをより予測可能なものにでき，それによってコストと資源をより効果的に管理することができる。簡潔に言えば，事業体は彼ら自身のために，さらには彼らがサービスを提供するアクターのために密度を高めることができるということだ。

iPod，自動車，印刷機，インターネットのようなイノベーションは，社会的および経済的アクター（例えば，企業）はしばしば市場の創造および開発に対して

マーケティングや経済学の伝統的なモデルが示唆しているよりも多くのコントロールを保持しているという証拠を示している。しかしその「コントロール」は，1つのアクターの行動によって捉えられるものではない。むしろ，市場と市場創造に影響を及ぼすことのできる能力は，事業体がしばしば他のアクターたち（例えば，他の企業や顧客）のコンピタンスを統合し，それによって新しいソリューション（すなわち，イノベーション）の開発と普及を支援するサービス・エコシステムを共同デザインできる能力に左右されることが多い。共同デザインや市場の共進といった概念は，市場シェアを獲得するといったこれまでしばしば支持されてきた目標とかなり異なる立場に立っている。現実に事業体が市場を創造できるとしたら，その長期的な目標には，既存市場に参入したり既存市場での市場シェアを奪うために戦ったりすることよりも，恐らくは創造した市場（さらには，当初は100％のシェアを保持していた市場）での市場シェアを低下させることが盛り込まれることになるだろう。

S-Dロジック戦略の評価に向けて

　本章の冒頭で示した「より多くの貨幣を自社にもたらすのにS-Dロジックはどのように適用できるのか」という質問に話を戻すと，具体的な処方的行動を示すことは不可能かもしれないが，いくつかの規範的な検討事項を提供することはできる。まずは，S-Dロジックはシステムの生存可能性に重点を置いており，そのためには当然，貨幣をもたらすこと，すなわち正のキャッシュ・フローを生み出すことが不可欠だが，S-Dロジックではさらに復元性，適応可能性，さらには生存可能性の類似源泉も等しく重要であると述べられなければならない。また，S-Dロジックは，貨幣を得ることを成功と定義する組織（営利組織や民間組織）だけでなく（貨幣を得ることは別のことを「成功」と定義する非営利組織や政府組織も含めた）すべてのタイプの組織に幅広く適用可能である。ビジネスのタイプに関係なく，我々の規範的な示唆は，企業が市場にコントロールされたり市場からの制約を受けたりするのではなく，企業が将来の市場をデザインしたり（再）配列したりするために自らの潜在性を具現化するのに役立つように意図されている。

　図表9.2では，エフェクチュアル思考と仮説思考の中心的役割が強調されている。このタイプの思考によって特徴づけられたマインドセットは本書の至る所で繰り

図表9.2 S-Dロジック戦略志向に向けて

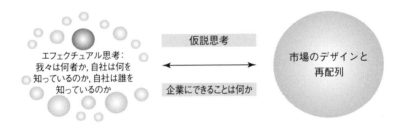

返し述べられてきた。

　企業は，エフェクチュアル思考の4つの重大要素を検討することから着手しなければならない。第一に，「我々は何者か」。この質問に対して標準的な業界用語を用いた上辺だけの回答を示したり，また恐らくはマーケティング・コミュニケーションのスタッフが一般大衆に対して自社を表現するために開発したものを示すことは簡単である。しかしそれは，しばしば企業の本質を真に表現していない。第二に，「自社は何を知っているのか」。この質問に回答するのも容易ではない。それは恐らく，従業員，顧客，さらにはサービス・エコシステム内の他のアクターたちとの相当な対話を必要とする。第三に，「自社は誰を知っているのか」。当然のように，これについては，特に大部分の上級役員が知っている人を引き合いに出す傾向がある。あるいは，かなり広範な分類上の用語で回答するならば，我々は自社の供給業者，従業員，銀行員を知っていると答えるだろう。しかしエフェクチュアルに行動するには，企業はマネジャー，上級役員，他の従業員たちを通じて特定のアクターたち（人々）へのアクセス可能性についてより明確な回答をする必要がある。

　第四に，企業は，市場をデザインしたり再配列したりするために**企業にできることは何か**，さらには仮説思考をどのように利用できるのか理解する必要がある。仮説思考とは，例えば，何らかの望んでいる将来を想像すること，その将来がどのように展開されるのかについての「未来史」を作ることからなっている。したがって，S-Dロジックの公理，基本的前提，さらには関連のある枠組みにエフェクチュアル思考を適用することで，企業はその運命を形作ることに着手できる。しかしその道程は順調なものでも一方向的なものでもなく，むしろエフェクチュアル思考と仮説思考の間での往復的なプロセスとなるだろう。

　前述の内容をより実行可能なものにするために企業はどのように着手したらよ

図表9.3　S-Dロジック戦略の評価

焦点領域と焦点アクター	顧客に焦点を当てた戦略評価	企業に焦点を当てた戦略評価
サービス提供	企業のアクセス可能な資源（提供されるサービス）が適用できる顧客固有の問題（仕事）は何か。	顧客が明確にした問題（仕事）にサービスを提供するのにどんな企業特殊的資源が必要なのか。
価値共創	どれだけ広い範囲の望んでいる経験が、顧客固有のソリューションの一部となるのか。 顧客はそのソリューション／創造経験に参加するのに必要な資源を有しているか。	企業がサービスを提案するにはどんな追加的資源にアクセスして提供する必要があるのか。
資源統合	顧客が必要とする追加的資源は何か。 顧客はそれらの資源を持っていそうなのか。	新しい企業特殊的なサービス促進資源を提供するには、どんな企業中心的なエコシステムにアクセスでき、どんなエコシステムが創造できるのか。 企業は必要となる顧客特殊的なサービス・エコシステムを容易に創造できるのか。
価値判断	価値を評価するのに顧客はどんな基準を用いるのだろうか。	どうすれば企業は価値基準／価値知覚に影響を及ぼすことができるのか。
制度	ソリューションを成功させるのに必要な制度があるのか。 制度があるなら、それらは適切なのか。どんな制度が脱制度化されるべきか。	企業は必要な制度の創造や脱制度をどのように促進できるのか。

いのか。図表9.3で例証するように，我々は，S-Dロジック戦略を評価することによって，それらを実行可能なものへと着手できると提案する。この評価は，焦点領域を行とし，焦点アクターを列とするマトリックスとして表される。このマトリックスは，ある特定の企業の文脈にも適応できるように，容易に拡大したり調整したりできることに注目してほしい。しかしこの基本形態としては，サービス提供，価値共創，資源統合，価値判断，制度が焦点領域に含まれる。我々は，戦略評価を手引きする一連の質問を示している。この質問は，（潜在）顧客に焦

点を当てた戦略評価と，企業に焦点を当てた戦略評価に分けて展開される。それは必要なことである。なぜならば，企業に焦点を当てた戦略評価だけでは，企業が魅力的なサービス・オファリングや価値提案を開発するのに必要な洞察が得られることは決してなく，それらの洞察は顧客に焦点を当てた戦略評価によって明らかにできるからである。さらに，顧客に焦点を当てた戦略評価は，より革新的なサービス・オファリングを開発したり，市場さらに潜在的には産業をデザインしたり再配列したりするための鍵となるだろう。また，顧客に焦点を当てた戦略評価は，密度のためにもデザインされる必要がある。密度を高めるには，企業中心的なレンズからは明らかにできないコラボレーションやリレーションシップが要求されるからだ。図表9.2で示したように，この戦略評価プロセスは往復的なものとなる。

　戦略評価の最初の4つの焦点領域は，S-Dロジックの4つの公理から導き出されたもので，それがサービス提供，価値共創，資源統合，価値判断として示されている。制度は，戦略評価の5番目の焦点領域である。制度は4つの公理の中では述べられていないが，それはサービス・エコシステムにとって最も重要なものである（第8章参照）。重要なことに，企業戦略への伝統的アプローチの中では，制度はしばしば無視されている。しかし制度は，企業が市場とその将来をデザインしたり再配列したりするのに最も重要な決定要因の1つである。顧客に焦点を当てた戦略評価の際には，企業は新しいソリューション（サービス）を成功させるのに必要な制度があるのか，制度があるならば，それらの制度が適切なのかどうかを理解したり，また脱制度化する必要性のある制度があるかどうかを理解したりする必要がある。また企業に焦点を当てた戦略評価の際には，企業は必要な制度の創造あるいは脱制度化をどのように促進できるのかを判断する必要がある。何らかの制度上の制約を克服できなかったり，新しい制度を構築できない場合には，企業または顧客は，彼らが望んでいる将来を手に入れることはできないだろう。

おわりに

　S-Dロジックを採用した事業体による戦略的思考とは，主にサービス・エコシステム内での価値創造について戦略的に思考することである。エコシステムは動的で常に変化しているので，不安定で予測不可能である。サービス・エコシステ

ム内では，事業体は，最低でも自身の関連するサービス・エコシステムの一部を配列する際に，能動的な役割を担う必要がある。そのような役割を担うことによって，事業体は本質的には自らの将来をデザインしていることになるので，事業体は自らの将来に対してより多くのコントロールを手にすることになる。事業体は密度を高める必要があり，適応可能なリレーションシップを開発し，かつそれによって資源のアンバンドリングとリバンドリングを通じて資源の再配列が可能になる時に，密度を高めることができる。ネットワークが拡大するにつれて，市場がより複雑になるにつれて，システムがより動的かつ混乱するにつれて，そしてシステムへと流入する資源，システム内を通る資源，システムから流出する資源がより流動的になるにつれて，ダイアディックな交換を越えて，顧客や株主だけでなく，それ以外の利害関係者たちも惹き付け，そしてそれらの様々なアクターたちすべての多様な利害を一つに統合するのに役立つ価値提案を開発することがより重要となる。

(注)

1. Jennifer D. Chandler and Stephen L. Vargo, "Contextualization: network intersections, value-in-context, and the co-creation of markets," *Marketing Theory*, 11:1 (2011), 35-49.
2. Mark S. Rosenbaum, "Exploring the social supportive role of third places in consumers' lives," *Journal of Service Research*, 9:1 (2006), 59-72.
3. Michael Porter and Victor E. Millar, "How information gives you a competitive advantage," *Harvard Business Review*, 63 (July–August 1985), 149-160. 小野寺武夫 訳「進化する情報技術を競争優位にどう取り込むか」『DIAMONDハーバード・ビジネス』第10巻第6号，pp.4-16，1985年11月。
4. Jim Spohrer, Paul P. Maglio, John Bailey, and Daniel Gruhl, "Steps toward a science of service systems," *Computer*, 40 (2007), 71-77; Jim Spohrer, Stephen L. Vargo, Nathan Caswell, and Paul P. Maglio, "The service systems is the basic abstraction of service science," in *41st Annual HICSS Conference Proceedings* (CD-ROM), Computer Society Press (10 pages).
5. Jennifer Chandler and Robert F. Lusch, "Value propositions," working paper, University of Arizona (2013).
6. Ronald H. Coase, "The problem of social cost," *Journal of Law and Economics*, 3 (October 1960), 1-44; JoNel Mundt, "Externalities: uncalculated outcomes of exchange," *Journal of Macromarketing*, 13 (Fall 1993), 46-53.
7. Lisa Penaloza and Jenny Mish, "The nature and processes of market co-creation in triple bottom line firms: leveraging insights from consumer culture theory and service dominant logic," *Marketing Theory*, 11:1 (2011), 9-34.
8. Richard Normann, *Reframing Business: When the Map Changes the Landscape* (Chichester, UK: John Wiley & Sons, 2001).
9. Adam Smith, *The Wealth of Nations* (New York: The Modern Library, 2000 [1776]).

水田洋・杉山忠平 訳『国富論』1〜4，岩波書店，2000年。

10 Johan Arndt, "Toward a concept of domesticated markets," *Journal of Marketing*, 43 (Fall 1979), 69-75.

11 価値の現象学的な見方に関する洞察の多くは，Morris B. Holbrook (ed.), *Consumer Value: A Framework for Analysis and Research* (London: Routledge, 1999) の中に見られる。

12 Melissa Archpru Akaka and Jennifer D. Chandler, "Practices, processes, positions and propositions: a resource-based approach to value co-creation in value networks," paper presented at the Forum on Markets and Marketing, Cambridge, UK (September 2010).

13 Jennifer Chandler and Robert F. Lusch, "Value propositions," working paper, University of Arizona (2013).

14 Smith, *The Wealth of Nations*. 水田洋・杉山忠平 訳『国富論』1〜4，岩波書店，2000年。

15 Christian Kowalowski, "The service function as a holistic management concept," *Journal of Business and Industrial Marketing*, 26:7 (2011), 484-492.

16 Stephen L. Vargo, Paul P. Maglio, and Melissa Archpru Akaka, "On value and value co-creation: a service systems and service logic perspective," *European Management Journal*, 26:3 (2008), 145-152.

17 Jennifer D. Chandler and Stephen L. Vargo, "Contextualization and value-in-context: how context frames exchange," *Marketing Theory*, 11:1 (2010), 35-49.

18 Saras Sarasvathy, Nicholas Dew, Stuart Read, and Robert Wiltbank, "Designing organizations that design environments: lessons from entrepreneurial expertise," *Organization Studies*, 23:3 (2008), 331-350.

19 Saras Sarasvathy, "Entrepreneurship as a science of the artificial," *Journal of Economic Psychology*, 24:2 (2003), 203-220.

20 Melissa A. Akaka and Jennifer D. Chandler, "Roles as resources: a social roles perspective of change in value networks," *Marketing Theory*, 11:3 (2011), 243-260.

21 Gloria Barczak, Abbie Griffin, and Kenneth B. Kahn, "Trends and drivers of success in NPD practices: results of the 2003 PDMA Best Practices Study," *Journal of Product Innovation Management*, 26 (2009), 3-23.

22 J. T. Gourville, "Eager sellers and stony buyers: understanding the psychology of new-product adoption," *Harvard Business Review*, 84 (June 2006), 98-106. 林宏子訳「新製品と消費者行動の経済学」『DIAMONDハーバード・ビジネス・レビュー』第32巻第7号, pp.54-64, 2007年7月。

23 Brian Loasby, "Understanding markets," in *Knowledge, Institutions and Evolution in Economics* (London and New York: Routledge, 1999), 第7章.

24 Bernard Jaworski, Ajay K. Kohli, and Arvind Sahay, "Market-driven versus driving markets," *Journal of the Academy of Marketing Science*, 28:1 (2000), 45-54.

25 W. Chan Kim and Renee Mauborgne, *Blue Ocean Strategy: How to Create Uncontested Market Space and Make the Competition Irrelevant* (Boston: Harvard Business School Press, 2005). 有賀裕子 訳『ブルー・オーシャン戦略——競争のない世界を創造する——』ダイヤモンド社，2013年。

26 Sarasvathy, "Entrepreneurship as a science of the artificial"; Stuart Read, Nicholas Dew, Saras Sarasvathy, Michael Song, and Robert Wiltbank, "Marketing under uncertainty: the logic of an effectual approach," *Journal of Marketing*, 73:3 (2009), 1-18.

27 Sarasvathy, "Entrepreneurship as a science of the artificial," p.208.
28 本節の大部分はRobert F. Lusch, Stephen L. Vargo, and Mohan Tanniru, "Service, value networks and learning," *Journal of the Academy of Marketing Science*, 38:1 (2010), 19-31.からの抜粋である。
29 Carliss Baldwin and Kim Clark, "Managing in an age of modularity," *Harvard Business Review*, 75:5 (1997), 84-93. 坂本義実 訳「次世代のイノベーションを生む製品のモジュール化」『DIAMONDハーバード・ビジネス』第23巻第1号, pp.130-141, 1998年1月。
30 R. M. McCarthy, "Cost-effective supply chains: optimizing product development through integrated design and sourcing," in K. Butner, T. Gilliam, H. Goldstein, J. Kalina, C. Taylor, and M. Witterding (eds.), *Reshaping Supply Chain Management: Vision and Reality* (Boston: Pearson Custom, 2007), pp.102-135.
31 S. Ganesan, A. J. Malter, and A. Rindfleisch, "Does distance still matter? Geographic proximity and new product development," *Journal of Marketing*, 69:4 (2005), 44-60.
32 C. A. Tormabene and G. Wiederhold, "Software component licensing," *IEEE Software*, 15:5 (1998), 47-53.

第10章
結論と考察

> 人生というのは、やりたいことをいろいろ忙しく考えているうちに、あなたの身に起こってしまう、そういうものである。
>
> 「ビューティフル・ボーイ」より
> ジョン・レノン

はじめに

　サービス・ドミナント（S-D）ロジックは、今も進化し続けている研究領域である。学者と実務家の助けを借りて、中核となる公理の集合に基礎を置く、強力で結合力のある研究方法を創造するために、S-Dロジックを刷新し開発させ続けている。我々は最初から、これまでとは劇的に異なるビジネス・パースペクティブおよびビジネスについての説明へと向かっていく進化の経路としてS-Dロジックを位置づけていた。すべての人間が自分のコンピタンス（ナレッジとスキル）を他者のベネフィットのために提供し、その反対に、他者のコンピタンスからベネフィットを受け取るという、根底を流れる基本的な考えは、次のような単純な見解に読みかえることができる。すなわち、サービスはサービスと交換されるというのがそれである。とはいえ、過去十年にわたり、この単純なアイデアの含意について探求してきたわけであるが、他の研究者と研究を進める中で、それが相当な潜在的説明力を持っていることを発見した。これは、ミクロ・レベルにみられる二者間の交換にのみ適用されるだけではなく、これらサービス交換から出現するメソシステムおよびマクロシステムにも適用可能なのである。恐らく予想されるように、我々は、さらに、このサービスとサービスの交換がビジネスと経済だけでなく、より一般的に社会に関連しているということを発見した。

収　束

　「マーケティングのための新しいドミナント・ロジックへの進化」というタイトルの我々の最初の論文は，ビジネスやマーケティングの実務領域において，それに加えて，学術文献や業界文献において発生している多様なトレンドを議論するための入り口を提供した。第2章「ルーツと遺産」では，グッズ・ドミナント（G-D）ロジックが発展してきた長い歴史をレビューし，様々な思考がどのように新しいドミナント・ロジックに収束してきているかについて議論した。1970年代および1980年代に，サービシィーズ・マーケティングおよびサービシィーズ・マネジメントの文献が急速に注目され，そのインパクトも高くなっていったので，そこから，我々は，思考における変化のこれまでとは異なる潮流に気がつき始めた。よくあることだが，思考が変わり始める場合，それは新しい用語の出現によって補完され，活性化される。次に，思考に影響を与え，最後に，行動あるいは行為に影響を及ぼす。1990年代に，我々は，次のような新しい概念と思考様式の爆発的増加を目撃した。すなわち，オペランドとオペラントの資源，共同生産，共創，マスカスタマイゼーション，経験経済，ネットワーク経済，コアコンピタンス，価値星座と価値提案である。これらはすべて，ある意味で，「生産者」と「消費者」という分離のロジックから，価値の創造における多くのアクター間のさらにより多くのインタラクション，すなわちネットワークかシステム中の価値共創のロジックへと交代していることを示唆している。

メタ・アイデア

　万能薬ではないにしても，新しく規範的な見識，フレームワーク，そしてツールを示唆する多数のビジネス書籍（実務家と学者の両方のもの）が毎年のように出ている。同様に，類似した価値提案を提供する多くのコンサルタントがいる。この本は規範的なソリューションを意図したものではない。これまでの章で言及したように，本書を料理のレシピ本のようなものと期待されるのは，まず根本的に間違っている。レシピ本が想定しているのは，企業のコンテクストの外部にいる誰かが，標準化したソリューション，計画キャンバス，青写真を用いて問題を解決できると想定してしまっている。しかしながら，このことは，本書が役立たないことを意味しているのではなく，彼らにも，価値創造のプロセスとコンテクストを理解するためのより包括的な枠組みは必要であるということを意味してい

る。そして，共創のソリューションというイノベーションの中で，それらの手法を選択的に利用すればよいのである。

　ポール・ローマーは，他人のアイデアの創造と移転を支える手助けするための概念として，メタアイデアについて言及している[1]。しかし，メタアイデアという概念は，さらに超越する世界観を提供することができる。すなわち，これまでにない独創的なアイデアの創造とアプリケーションのための肥沃で強健なプラットフォームを提供することができるのである。

　我々は，当初20年ほど前には，S-Dロジックとして現在思われているものがメタ・アイデアになるとは考えていなかった。しかし今日，我々だけでなく，より重要な，世界的な学者やコンサルタントによって継続的に発展している中で，異なる学問からのアイデアを体系化するための超越的な統一的なメタ・フレームワークとして，さらに，マーケティング，ビジネス，経済学全般について革新的に考えるためのメタ・フレームワークとして，S-Dロジックが広く採用されてきていることに気づいている。

　S-Dロジックは，複雑な交換システムに対して，これまでとは異なる光を当てるレンズを提供するものである。事実上，社会の観察者（例えばジャーナリスト，社会科学者，歴史家，およびビジネスと政府指導者）はみな，世界がより複雑になってきていることを知っている。我々は各々，技術や制度が拡大する中で，友達や他のアクターとの接点の拡大も経験してきている[2]。何十億もの人的アクターおよび何百万もの組織が多くの複雑で発展しつつあるサービス・エコシステムの一部である。S-Dロジックは，これらの複雑なシステムを理解する上での手助けとなる。ノーマンは，『複雑さと共に暮らす』という本の中で，「複雑さ（complexity）」と「面倒な（complicated）」とを区別している。つまり，複雑さは，世の中の状態を述べるものであり，面倒なとは，心の状態を述べるものである[3]。したがって複雑さは，システムの中に本来存在しているものである。S-Dロジックは，適切なソリューションの開発についての見識を提供するかたちで，複雑なサービス・エコシステムから混乱と面倒を取り除く手助けをすることができる。

　S-Dロジックはどのように混乱と面倒を取り除けるのか。それは，S-Dロジックが公理，基本的前提および中核概念のコンパクトなセットを提供することによって思考を集中することで可能となる。これは，イノベーションの可能性とシステム生存の可能性の向上を可視化できるような明快で焦点の絞られたビジョンを提供する。さらに，それは，リーダーが自分の企業のビジョンとその価値提案を適

切に伝えるための概念的な枠組みを身につけるのを支援するものである。同様に，それは，学者にとって無限の研究の可能性を与えるものであり，そのことがS-Dロジックを共創することになるのである。

　これは，真実のS-Dロジック・パースペクティブを採用することが容易であるということを意味するものではない。これは，研究を推し進め，経験を蓄積することで手にする熟練さを必要とする，ちょうど芸術または外科に求められるようなスキルである。同様に，S-Dロジックの潜在的な有用性は，この枠組みの一部のみを採用するだけでは実現することができない。例えば，共創の概念および資源統合が特に有効に思えても，S-Dロジックの全体的な枠組みをもたない中でのこれらの概念の理解や採用は，その有用性を限定してしまう。S-Dロジックは，その全体を理解し採用する必要がある。

　S-Dロジックの習得が難しいのは，G-Dロジックに長いこと強く引きつけられてきたからである。G-Dロジックは多くの組織的なルーチンやプラクティスに埋め込まれているだけでなく，我々の心にも埋め込まれているし，社会のプラクティスおよび制度にも埋め込まれているのである。実際，我々は，S-Dロジックとその関連する用語一覧に関する研究をほぼ20年間行ってきているが，その中でさえ，いまだに，我々自身がG-Dロジックの考え方と用語一覧に時々戻ってしまうことに気付くことがある。つまり，予めの注意が必要ということである。企業の全てのオファリングは，有形であれ無形であれ，それはただのインプットであって，その価値が使用の中であるいは文脈の中で実現し，他の源泉からの資源の統合の中で実現するものであるという見方を学習しトレーニングしていく必要である。企業に焦点を当てたモデルという制限されたパースペクティブから脱却することは難しい。そのモデルでは，顧客をオペランド資源として取り扱い，顧客の役割は，企業の財務資源へのフローに関する正味現在価値として捉えられる。これは，G-Dロジックの用語の中で，顧客の生涯価値として扱われているものであり，不適切に「リレーションシップ」マーケティングと呼ばれているものである。企業を富の創造の中心として，あるいは価値の生産者と供給者として考えないというのは難しいことである。同じく，顧客が価値を消費し破壊するという見方から離れるのも難しいかもしれない。イノベーションは企業の研究所やオフィスで生まれるものであるとは捉えず，資源統合やサービス交換の行われる社会的プロセスと経済的プロセスを通じてサービス・エコシステムの全体の中で生まれると考えるのは難しい。ビジネスとマネジメント研究分野のすべてに広く浸透

してしまっているG-Dロジックの用語一覧や枠組みの影響から抜け出すのは困難である。経営陣や従業員の過失によって収益が減少としたとは考えず，G-Dロジック・モデルの不適当さに原因があると考えるのは非常に難しい。

　我々は，S-Dロジックとその前提および用語一覧に対するコミットメント，つまり，そのニュアンスに焦点を当て理解し，そのすぐれた特徴を把握することは，古い問題に新しいソリューションを提示するだけでなく，市場拡大や新市場の創造に対して無限で幅広い機会を提供するだろう。それは極めて大胆な価値提案である。しかしG-Dロジックの呪縛から解き放たれ，S-Dロジックをマスターすることによって達成可能であると思われる。

拡大された全体像

　S-Dロジックは，社会のすべてのレベルにおける価値創造，例えば家庭，政府，企業における価値創造についてのより大きな全体図を提供する。しかし，ある意味では，その全体図は一つの図ではない。アクターが資源を結合しサービスを交換するというリアルタイムで，リハーサルなしで，監督のいない，そして終わりのないビデオのようなものであり，それは，ミクロ，メソ，マクロシステムが相互に連結して広がっているという像を描いている。S-Dロジックについてのメタアイデアは，このビデオにナレーションをつけるようなものである。そこでは，このビデオのテーマと筋書きに対する見識が提供される。S-Dロジックの理解度を高めることは，社会に対する訓練された観察者，すなわち民族人類学者になるようになることである。それは，アクター（例えば，個人や家計，企業）を個としてではなく，他のアクター（例えば，従業員，供給業者，顧客，その他の利害関係者）とのサービス交換の関係においてズームインやズームアウトする能力を与えるということである。明らかなことは，社会は，資源統合とサービス交換によって価値を共創する非常に大規模なサービス・エコシステムであるということである。

　依存性と相互依存性は，光学素子用レンズチューブの中から光が流れ出てくるように，このエコシステムを通して紡ぎ出され，即時的かつ最終的に，ますます相互的・共生的交換を明らかにする。S-Dロジックは，2つのアクター（例えば企業と顧客）間に起こる価値共創だけでなく，多くのアクターが共創する価値も明らかにする。これは，多くの大規模な価値創造サービス・エコシステムにおい

て，多くのアクターが自分たちも通常意識していないよう小さな役割を果たすときに生じる。大規模に共同で行う価値共創に含まれる集合的なナレッジとスキルは「集合的な」脳，もしくは「グローバルな」脳と呼ばれている。

　このグローバルな脳は，価値共創を可能にする制度によって，福利の実現を加速度化する。すなわち，アクターがますます多くのサービス交換に関わるとき，さらに，それぞれのアクターが全体についてほとんど知らないとしても，人々を取り巻く全体的な状況は，加速度的に改善されていく。すべての人にとって，サービス交換の数は，ムーアの法則に近いかたちで推移していく。この法則は，たとえば，マイクロチップ上のトランジスターの数が18か月ごとに2倍になるというものであるが，ここでは，比較的短期間内に，すべての人のためのサービス交換の数が2倍に増えるということである。しかしながら，これらのサービス交換はますます間接的であり（第3章における間接交換に関するFP2を参照），また，他の資源に支えられる（資源統合についてのFP9を参照）。これは，イノベーションの中で使用される新しい資源を創造するために，資源が新規の方法で組み合わせられるので，人類の蓄積されたナレッジと価値創造が加速的に成長していることを意味している。そして，これが次に，多くのイノベーションのためのプラットフォームになることを意味している。したがって，我々がイノベーションを起こせば起こすほど，イノベーションのフロンティアは拡大していく。我々は，S-Dロジックというレンズがこの急速大量に現れてきている価値共創のプロセスを理解させることを可能にすると考えている。ここでは，企業がどのようにしたらより効率的に価値共創に参画することができるかについての重要な含意があると考えている。

ロジックの逆転の拡大

　本書の最初の数章で考察したように，グッズは伝統的に支配的な市場オファリングと考えられてきた。サービィシーズは，せいぜい，グッズに付加されるものと見なされていた。サービィシーズは無形性，異質性，「消費」との非分離性，消滅性として認識されているので，劣ったグッズと見なされていた。S-Dロジックは，サービスを経済的（そして社会的）交換の基礎とみなし，すべての経済をサービス経済とみなすことで，この伝統的なロジックを逆転させている。また，第1章で述べたように，サービスは，グッズ（サービスの器具）を通じて直接あ

るいは間接的に届けられる。サービスは，このようにグッズと「サービシィーズ」を超越する。

S-Dロジックが充分に理解されると，S-Dロジックは，さらに多くの同様の逆転を指し示すこととなる。その各々には，複雑な概念的な関係を単純化するベネフィットがある。これらについては，次に簡潔に紹介していく。

起業家精神対マネジメント

マネジメントは，比較的若い学問であり，200年にも満たない歴史しか経ておらず，特に第二次世界大戦後に急成長している。マネジメント思想の多くは，産業革命，大規模官僚組織の科学的管理，新古典派経済学，古い生産ロジックにそのルーツを持っている。1970年代までに，ジャーナリストと学者はポスト工業化社会に言及し始めた。しかし，それはまだマネジリアルな経済的枠組みを基礎にして主として構築されていた。公的・民間部門の両方では，戦略の5ヶ年計画が主たるアプローチとして存続し続けており，これは，年次計画，四半期計画と月次計画に支えられるアプローチだった。この古い産業・経営モデルの影響の浸透と拡大は，さまざまなビジネス関連学問の発展と成長にみることができる。そこには，マーケティング・マネジメント，サービス・マネジメント，人的資源管理，顧客管理，財務管理，サプライチェーン・マネジメント，そして情報システム管理のようなビジネス学問がある。まとめると，ポスト工業化経済と呼び始めたものは，いまだ，中央による（組織内の）計画，トップダウン・マネジメントによる指揮統制のモデルであり，労働者と顧客の両方はその中でオペランド資源として見なされていた。

新しい社会の変化に対する鋭い観察者であるピーター・ドラッカーは，1980年代中頃に，彼が名付けた起業家的マネジメントに向かっていく動向を確認し始めた。これは次のようなマネジメントについてのビジョンである。つまり，経済と組織は，最適な成果を生み出すためにレバーとスイッチを通じて細かく手入れされ操作される機械の観点で見るのではなく，情報を通じて遺伝学的に組織化されるという生物学的なプロセスの観点から見るものである。実際，ドラッカーは，彼の役割をビジネス学者としての「社会生態学者」であるとした。

第8章で述べたように，S-Dロジックは，サービス・エコシステムを次のように定義している。つまり，サービス・エコシステムとは，共通の制度的なロジックとサービス交換を通じた相互的な価値創造によって結びつけられた資源統合の

アクターからなる相対的に自己完結的で自己調整的なシステムである。このシステムは，動態的なシステムを意味しており，そのシステムの中で，アクターたちは，構造的文脈に影響を与えると同時に制約を受けている。そして，この構造的文脈は，革新的資源統合やサービス供給という過程を内包している集合的な価値（生存可能性，福利）創造プロセスから生み出される。したがって，価値創造は，徐々に具現化するプロセスであり，最適化へ向かう最終状態が存在するわけでない。これが起業家過程なのである。

第9章ではエフェクチュアルなロジックという観点から起業家的マネジメントについて議論している。その中で，アクターは新しい価値提案を，そして最終的には市場を高い革新性をもって開発するための小さな一歩（資源識別と統合，コラボレーションと試み）を歩み始める。論じてきたように，これら新しい市場は，共通のニーズに対して受け入れ可能なソリューションを提供するという一般化された価値提案の制度化（広範囲の受理）のプロセスを通じて創造される。したがって恐らく皮肉にも，パフォーマティビティによって，それらの市場は，マネジリアル・マーケティングによって仮定されたアプリオリで，測定可能で，さらに予測可能な市場に行き着くのである。

これはすべては，マネジメントおよび起業家アプローチの相対的な役割がビジネススクールや実務の両方から，誤解を受けるかもしれないことを示唆する。すなわち，我々は，（マーケティング）マネジメントを第一と見なし，かつ起業家活動を特殊なケースと見なす傾向がある。しかしながら，上で述べたことは，このロジックを逆転させる必要があることを示唆している。起業家の活動は，市場内の資源統合，およびサービス交換とサービス・マネジメントを支えているエコシステムの中での価値創造にとって基本的なものである。また，企業内の従来のマーケティング活動は，制度化の結果として生まれたごく限られた（一時的な）既存市場にのみ適応することができる特殊なケースである。我々は，S-Dロジックに従って，マネジメントと起業家の活動についての相対的な役割を逆転させることが，イノベーション斬新な視点を持ち込むこととなる。

Market-ing 対製造

第2章において議論したように，「生産的」（したがって「製品」）であるという考え方を中心に据えるということが，経済的交換において焦点となる概念になった。アダム・スミスの研究を見ても分かるように，少なくともアダム・スミス

の関心事の中心は経済学を議論することではなく，むしろ産業革命初期の流れの中で，国の富を増やす方法であった。産業革命が進歩していく，つまり，生産が小さな作業場ではなく大きな工場で行われるようになる，あるいは，グッズが標準化され効率的に大量生産されるようになると，多くの企業も政府も，繁栄の証は，製造にある，すなわち製品の生産にあると確信するようになった。第1章で議論したように，この視点は，「サービィーズ」を無形の単位としてのアウトプットの生産という観点から捉えることとなり，サービィーズの捉え方に大きな影響を与えることとなる。初期のマーケティングの思考でも，同じような考え方に支配され引きずられており，マーケティングは，生産者から消費者に至るグッズの移動（すなわち流通）を扱う学問であると考えるようになる。生産は物を形成し加工して効用（すなわち形態効用）を埋め込むために労働と資本を使用することと考えられた。次に，マーケティングは流通を通して時間効用，場所効用と所有効用を付加することと見なされていた。マーケティングは，二次的であると考えられ，生産の脇役を演じることとなった。

　S-Dロジックは，このロジックを逆転させ，market-ingを第一と見なし，製造（または他の生産工程）を支援的役割とした。market-ingは，この意味の中で，マーケティング部門の活動に制限されるものではない。それは，伝統的なマーケティング・マネジメントの中で捉えられたものであり，そこでは，マーケティング・ミックスを巧みに操作することで，企業のオファリングを1つ以上のセグメントに絞り込み，ポジショニングしていくという既存市場のセグメント化が内容の中心となっている。これをS-Dロジックから捉えなおすと，資源統合とサービス供給のための革新的なアプローチを発見することによって市場を創造したり再創造するということになる。これこそが，企業の目的である。ドラッカーは，かつて，企業にはわずか2つの機能しかない，すなわち，マーケティングとイノベーションであると述べている。[13] S-Dロジックでも，この考え方は同じである。

　しかしながら，これが，企業を価値創造における主要で中心的な役割から，サービス・エコシステムのコンテクストにおいて，他者とともに，または他者のために価値創造プロセスの参加者として加わるという役割に転化することになるということを理解するのは重要である。製造は，価値創造に関与するものではあるが，支援的な役割を担うものにすぎず，しばしばアウトソーシングすることができるものである。レビットがかつて言及したように，「我々は，昔からフォードを褒め称えているが，その理由付けが間違っている。・・・彼が天才であるのは

マーケティングが優れていたからである。実際に，フォードは500ドルなら何百万台もの自動車を売ることができると考えたから，それを可能にする組立てラインを発明したのである。大量生産は低価格の原因ではなく結果だった」[14]。

market-ingは規制の枠を越えた機能を果たすものである。生産と異なり，それはアウトソーシングすることができない。さらに，製造―マーケティングの関係を逆転させというかたちで，market-ingの中心的役割を理解することがイノベーションの新たな機会を明らかにすると考える。

イノベーションと発明の違い

我々は，歴史を通じて偉大な発明者により人類が進歩するということを教えられてきた。しかしながら，発明は繁栄への道ではない。発明は孤立した存在であり，サービス・エコシステム内のアクターと接続されていなければ，役に立つとも立たないともいえないような人工品であり，無駄にならないまでも価値が実現されないままの資源である。実際，我々がしばしば口にするグッテンベルグ，ニューコメン，エジソン，フォードといった偉大な発明者は，装置またはプロセス改善の発明者以上の存在であった。彼らは資源統合によって，人類の抱えていた問題に対して革新的なソリューションをもたらすことによって，市場の先見者であり創造者（実際には共創者）となり，イノベーションの制度化を実現することができた。これは，彼らのイノベーションを支援するエコシステムの開発に対してイノベイティブなかたちでの参加を必要とした。すなわち，これは多数のアクターのイノベーションと，同様に，これらのアクターを調整するためのイノベーションを必要としたのである。この意味において，イノベーションとは，単なる発明ではなく，デザイン，ビジョン，起業家としてのタスクと多くつながるものであり，エンジニアリングのタスク以上のものでもある。したがって，S-Dロジックにおいて，マーケティングは製造よりも上位に位置づけられ，イノベーションは発明よりも上に位置づけられるようになる。ここにこそ，イノベーションの社会と経済プロセスの中で，現実のリスク負担の意味があり[15]，潜在的な報酬のほとんどが存在している[16]。

効果性と効率性

産業革命は製造だけでなく輸送とコミュニケーションの周辺でも多くの技術の集中と統合が存在していた。これらのすべての技術で絶え間なく追求されたもの

は，効率性または生産性であり，少ない資源で多くのことを行うことであり，「無駄」の削減であった。それは工業化のまさに核心であり，中核をなすすべての活動の焦点であった。効率性は，低コストに翻訳されなおした交換価値の中で捉えられた。効率的であるために企業はコストの管理と調整に集中した。それは本質的に生産者中心である。

一方，効果性は，ユーザ中心の概念で，かつては概して組織やシステムが効率性を達成した場合にのみ重要だと考えられた。効果性は使用者中心の概念で，「使用価値」と「文脈価値」の中で捉えられる。したがって，驚くことではないが，S-Dロジックは，効率性—効果性の順序を逆にし，後者を主たるものとする。すなわち効果性がない効率性は無意味な課題となる。さらに，効果性は，少なくとも長期的には効率性への本質的なルートと考えられる。もう一度述べるが，このようなリレーションシップについての理解は，イノベーションと価値共創に対して，そして詰まるところ，企業に対する効果性にとって重要であるということである。

これからのステップ

S-Dロジックはまさに現在進行中の研究である。その発展に正面から取り組み続ける必要がある。しかしながら，以下のような少しばかり特別の注意が必要と思われる領域がある。

価値共創における制度の役割

サービス・エコシステムでは，アクターは相互のサービス交換によってだけでなく，制度によっても結合している。これらの制度とは，評価や行動のための共通の意味や規範的基準のことであり，それは人間の計算能力がきわめて限定された中で，コミュニケーションおよび調整や意思決定を行うために，賢い人間が生み出した近道である。それらはアクター（例えば，企業と顧客）間といったミクロ・レベルだけでなく，メソ・レベル（例えば，ブランドと市場文化）およびマクロ・レベル（例えば，社会あるいは社会全体）にも見つけることができる。

それらは様々なビジネスと関連する学問の中で，様々な名称の下で研究された。しかし，我々は価値共創の中で果たすそれらの役割についてはほとんど知識を持っていない。いくつかの制度は，少なくとも一定の期間，暗黙的な合意の内に市

場（制度化されたソリューション）を構成している。そこでは，例えば，個人の移動に対するニーズには，全長約3メートル，乗車定員4もしくは5人，内燃機関によって駆動される四輪自動車が提供される。さらに，その他の制度として，道路網の開発，給油所と給油プロセスの標準化，そして交通に関する共創されたルールのような市場制度を制度化する。しかし，他の多くのメタ制度，例えば，知的財産や他の財産権，行き渡った公正さ，オープンな市場システムは，これらの市場と関連した制度の成長を促進する。民主主義といったいくつかの制度は，国民文化や民族文化といった他の制度と混じり合うかたちで，修正され翻訳されて，作り変えられる。さらに，人間の生命の尊厳や契約の合意といった他の制度は，自然発生的で地域ごとに育つ物であるが，そこには類似性があり，異文化の中でも多かれ少なかれ同時したかたちで発展する。

　特に興味のあることは，大規模システムの中で多数のアクターが協力し合って価値共創を促進していく制度の役割である。例えば，この例として，グローバルな（マクロ・レベルの）人間の福利における規模に関する収穫逓増にみることができる。そこでは，人口が増加しつつある中でも，何十億の緩やかで弱い結びつきのリンクを持ちながら，世界中で発生するミクロ・レベルの交換を通じて発生している。これは間違いなく，あらゆるレベルでの制度の相互作用を含んでいる。この相互作用の中で，エコシステムのオーバーラップや入れ子状況が生まれている。しかし，我々はこの複雑な相互作用がどのように働いているのかについてほとんど知らない。といっても，それを理解できれば，すべてのレベル（例えば個人，企業，政府）のアクターに対して標準の洞察を提供することを可能にしなければならない。そして，他人の生存可能性へ貢献することによって，自分自身の生存可能性に貢献することを可能にする。

中範囲の理論による理論およびプラクティスの架け橋

　これまで議論したように，S-Dロジックはメタアイデアである。S-Dロジックは，抽象度の高い枠組みとして開発され，超越したパースペクティブを提供し，おそらく，時間の経過の中で，最初は市場やマーケティングのための一般理論の基礎として，そして後には，社会的および経済的な価値共創のための一般理論の基礎として役立つだろう。さらに，S-Dロジックは，永続性を持ち，さらに強健なものとなるよう意図されており，したがって時間と空間を超越することを意図されたものである。したがって，第9章で議論したように，S-Dロジックは，企

業の利益を増加させるような特別な道具（アクション）で満たされた道具箱となることは意図していない。

　未だ進行中の研究ではあるが，S-Dロジックの枠組みは，互換性を持ちより利用範囲の広いツールを抱え持ったメタ・フレームワークと結びつき始めている。我々は，互換性をもつ中範囲の理論と枠組みの存在を通して，メタ・フレームワークと結びつきはじめていると考えている。「ブルーオーシャン戦略」，「かたづけるべき当面の仕事（jobs to be done）*」，「リーン消費」，「経験イノベーション」といった中範囲理論の多くは，既に実務家文献の中で存在感を持っている。それらは，絶対的な意味で，必ずしも規範的だとは限らない。しかし，それらは，少なくともしばしば特定の現実に即して行動可能なガイドラインを提供する。ここで残された課題は，恐らく公理によって，S-Dロジックの中核概念をめぐりガイドラインを体系化することの必要性である。本書の多くの箇所が，S-Dロジックの発展に向けたインプットを提供しているので，総じて，それらの中範囲の理論がS-Dロジックとプラクティスの橋渡しとなるだけでなく，同時にS-Dロジックのための下支えを提供すると考える。

　　＊訳注：クリステンセンの概念

おわりに

　S-Dロジックの可能性は固定されたものではなく，むしろS-Dロジック・コミュニティーの研究者が，このS-Dロジックをどこへ連れて行きたいかにかかっている。終わりは見えないし，落ち着き場所を決めるべきでもない。ビジネス研究，コンピュータおよび情報科学，サービス・サイエンス，その他の様々な社会科学から多くの人々が参加するようになると，恐らく我々が現在想像することができないような方向に広がりを見せることとなるであろう。したがって，この入門書は，S-Dロジックの前進に参加しませんかという招待状であると同時に，中核概念の説明とS-Dロジックの現状でのステータスの声明であることを意図して書かれている。我々は，学者であれ実務家であれ，S-Dロジックに関心を持ち，S-Dロジックの可能性を共に紡ぎ出そうとしてくれるすべての人々を歓迎する。

（注）

1. Russell Roberts, "An interview with Paul Romer on economic growth," Library of Economics and Liberty (November 5). アクセス日，2013年2月2日。www.econlib. org/library/Columns/y2007/Romergrowth.html
2. Robert F. Lusch and James C. Spohrer, "Evolving service for a complex, resilient, and sustainable world," *Journal of Marketing Management*, 28:13-14 (2012), 1491-1503.
3. Donald A. Norman, *Living with Complexity* (Cambridge, MA: MIT Press, 2011). 伊賀聡一郎・岡本明・安村通晃 訳『複雑さと共に暮らす：デザインの挑戦』新曜社, 2011年。
4. W. Bernard Carlson, *Innovation as a Social Process: Elihu Thomson and the Rise of General Electric*, 1870-1900 (Cambridge University Press, 1991) ; Henry Chesbrough, *Open Business Models: How to Thrive in the New Innovation Landscape* (Boston: Harvard Business School Press, 2006). 栗原潔 訳『オープンビジネスモデル：知財競争時代のイノベーション』翔泳社, 2007年。Eric Von Hippel, *Democratizing Innovation* (Cambridge, MA: MIT Press, 2006). サイマル・インターナショナル『民主化するイノベーションの時代：メーカー主導からの脱皮』ファーストプレス, 2006年。
5. Matt Ridley, *The Rational Optimist: How Prosperity Evolves* (New York: HarperCollins, 2010). 大田直子ほか 訳『繁栄：明日を切り拓くための人類10万年史』早川書房, 2013年。
6. Satish Nambisan and Mohanbir Sawhney, *The Global Brain* (Upper Saddle River, NJ: Pearson Education, Inc., publishing as Wharton School Publishing, 2008).
7. これらのアイデアのいくつかは，新しく成長している理論と密接に関連している。Paul M. Romer, "Increasing returns and long-run growth," *The Journal of Political Economy*, 94:5 (1986), 1002-1037; Paul M. Romer, "The origins of endogenous growth," The Journal of Economic Perspectives, 8:1 (1994), 3-22. さらに，関連する見解を適切に要約している以下の文献を参照のこと。David Warsh, *Knowledge and the Wealth of Nations* (New York: W. W. Norton & Company, 2006) 参照。
8. W. Brian Arthur, *The Nature of Technology: What It Is and How It Evolves* (New York: Free Press, 2009).
9. Arthur, *The Nature of Technology*. Arthurは，このアイデアの拠り所をWilliam F. Ogburn, *Social Change, reprint* (New York: Dell, 1966 [1922]). に負っている。
10. Daniel Bell, *The Coming of Post-Industrial Society: A Venture in Social Forecasting* (New York: Basic Books, 1976).
11. Peter F. Drucker, *Innovation and Entrepreneurship* (New York: Harper & Row, 1985). 上田惇生 訳『イノベーションと企業家精神』ダイヤモンド社, 2007年。
12. Barnaby J. Feder, "Peter F. Drucker, a pioneer in social management theory, is dead at 95," *New York Times* (November 12, 2005). アクセス日，2014年7月7日。at www. nytimes.com/2005/11/12/business/12drucker.html?pagewanted = all&_r = 0
13. Peter F. Drucker, *The Practice of Management* (New York: Harper & Row, 1954) 上田惇生 訳『現代の経営』（上・下）ダイヤモンド社, 2006年。
14. Theodore Levitt, "Marketing myopia," *Harvard Business Review* (July-August 1960), 45-56.
15. Amar Bhide, *The Venturesome Economy* (Princeton University Press, 2008).
16. Robert F. Lusch, Yong Liu, Yubo Chen, and Jurui Zhang, "The emergence of innovation: a social cultural perspective," working paper, McGuire Center for Entrepreneurship, University of Arizona (2013).

17 Roderick J. Brodie, Michael Saren, and Jaqueline Pels, "Theorizing about the service dominant logic: the bridging role of middle range theory," *Marketing Theory*, 11 (March 2011), 75-91.

付録
振り返りと意見交換

第1章　サービス・ドミナント・マインドセット

1. アクターたちは，なぜ専門化するのか。あなたは，スペシャリストではなくゼネラリストによって機能する社会をデザインできるか。この世界や社会は極楽の境地に近づくのか。

2. 専門化が，個人，組織，国へのベネフィットを生み出すとしたら，アクターたちがますます専門化することによって，それらのベネフィットに限界はあるのか。

3. スペシャリストの社会は市場がなくても存在できるのか，仮に存在できるとしたら，それはどのように生じるのか。

4. サービスとサービスが交換され，そのサービスが交換の基本的基盤であるとしたら，社会の本質はサービス交換であると主張できる。この主張に賛成か反対か，あなたの立場を正当化しなさい。

5. モノには本源的な価値はないということにあなたは賛成か。花園や1本の花には本源的な価値がないということなのか。

6. S-Dロジックの4つの公理について検討し，家庭という状況設定の中での事例を示し，各々の公理を例証しなさい。

7. あなたとあなたを取り巻く他の人々が，何をあなたの最も重要なコンピタンスであると見なしているのかを考えてみなさい。パフォーマティビティ，構造化，エフェクチュエーションという概念は，そのコンピタンスとどのような関係があるのか考えなさい。

8. あなたの家が火事や浸水に遭い，2分以内に避難しなければならないが，家の中から2〜3個のものしか持ち出せないとしたら，あなたは何を持って避難するのか。あなたがそれらのものをなぜ選んだのか分析してみなさい。

9. 有形な市場オファリングを提供している顕著に有名な事業体を特定し，その事業体が新たな市場オファリングのアイデアを引き出す際にS-Dマインドセットがどのように役立つか提案しなさい。
10. パフォーマティビティは，あなたが働き，指揮している組織が，戦略的に思考する方法にどのように影響を与えるのか，例を挙げて説明しなさい。
11. 企業が組織される方法という観点から，構造化とエフェクチュエーションは何を意味しているのか。

第2章　ルーツと遺産

1. G-DロジックとS-Dロジック以外，あなたが明確にできる他のドミナント・ロジックはあるか。それらは思考にどのような影響を与えるのだろうか。
2. 本書では経済科学が，科学のニュートン力学のモデルを手本として確立されたものであると示した。経済学に加えて，どんな他の科学分野がニュートン力学から影響を受けたのか。このモデルの代替案を明確にできるか。
3. バスティアは，「サービィーズがサービィーズと交換される」ということを「経済科学の始まり，中間，終わりである」と示していると議論した。この言明をどのように評価するか。あまりにも強すぎないか。それとも強さが不足しているだろうか。
4. スミスによる「生産的-不生産的」という区分は，製造業者の仕事が本当の仕事であり，すなわち良い仕事であり，サービスの仕事が望ましくないという視点で良く引用されてきている。この視点を評価せよ。
5. 同様に，フィッシャーによる区分である第一次（農業），第二次（工業）そして，第三次という区分は，「サービィーズ」が第三次として位置づけられ，先進経済では「新しいサービィーズ経済」に突入したということを示すために用いられていると解釈されてきた。この言明を評価しなさい。サービスは現代だけ重要になったのだろうか。
6. G-DロジックとS-Dロジックの相違は，経済交換において最も重要なものとしてグッズから，サービスへの転換であると示唆する者もいる。これは正確な視点であるのか。もしそうであるならその理由は何か。もしそうでなければその理由は何か。
7. バスティアによる経済科学の始まりと終わりがサービスとサービスの交換で

あるとする洞察が行われて以降，もしS-Dロジックが支配的な思考として出現してきたのであれば，20世紀のマーケティング思考は，どのように異なる形で発展してきたのであろうか。
8．アダム・スミスがもし今日生存していたら，国富論をどのように改訂しただろうか。要するに，新しい国富論が生まれただろうか。

第3章　公理と基本的前提

1．図表3.1では，S-Dロジックの基本的前提（FP）が4つの中心的なFPあるいは公理と呼ばれるものとに分類されていた。あなたは，これに代わる分類法を提案できるか。説明しなさい。
2．あなたは，S-Dロジックの公理と基本的前提は，より成熟した経済に対してと同じように，発展段階の初期にある経済にも等しく適用可能であると信じているか。例えば，S-Dロジックは，スウェーデンに対してと同じように，ボリビアにも適用可能か。今日のヨーロッパを説明するのと同様に，紀元前5世紀のヨーロッパを説明するのにも適用可能か。
3．あなたが18歳だったとして，(a)200万ドル（アメリカ・ドル）を貰うが，さらなるナレッジとスキルを獲得することも，スキルとコンピタンスを他のアクターと交換することもできないというのと，(b)生涯を通じて教育，学習，知識向上を継続でき，スキルとコンピタンスを他のアクターと交換できる，という2つの選択肢がある場合，あなたなら(a)と(b)のどちらを選択するか。議論しなさい。
4．リレーションシップなしに市場経済において合法的な経済交換を行うことはできるか。あなたの論拠を説明しなさい。
5．あなたがよく知っているビジネス事業体のオペラント資源のリストを作成しなさい。そのリストの中で，戦略優位を開発するのに最も重要であるとあなたが考えるのはどの資源か。それによって獲得される戦略優位のタイプや性質について説明しなさい。
6．ビジネス事業体は，どうすれば市場オファリングの受益者のパースペクティブから価値を理解することができるか。
7．官営事業体は，どうすれば政府が提供するサービス（サービシィーズ）の市民受益者のパースペクティブから価値を理解することができるか。

8．ビジネス企業内の誰が，企業が提示する価値提案に責任を負うべきなのか。なぜその人物が責任を負うべきなのか説明しなさい。
9．経済を理解するのに国が必要としたり有用だと理解したりしたデータは，G-DロジックとS-Dロジックの下では異なるのだろうか。経済を理解するのにデータの変更が必要であるとあなたが考える場合，どのような新しい測定尺度があるか提案しなさい。そしてなぜその測定尺度なのかも説明しなさい。
10．本章で述べたように，ブライアン・アーサーは，本質的に，資源と資源統合がさらなる資源を生み出すと述べている。我々は，これは市場には境界線がないことを意味していると提案した。あなたはこの提案に賛成か反対か。またその理由はなにか。

第4章　指導枠組みとしてのサービス

1．G-D志向あるいはアプトプット志向を特徴づけるサービスの性質について有名な事業体（例えば，航空会社，医療機関，教育，金融）の行動あるいは慣習のいくつかを特定しなさい。そしてその事業体がよりS-Dロジック志向となるための方法を提案しなさい。
2．IHIPというサービシィーズの特徴は，グッズに対しても有益な特徴か，また可能性のある特徴なのか。あなたの論拠を説明しなさい。
3．効果性よりも効率性の重要度の方がより高い市場はあるか。
4．S-D志向は他者にベネフィットを提供することに焦点を当てることから始まる。それは，他者からのサービスあるいは援助へのお返しとして他者を援助したいという願望から始まる。それは，サービスのためのサービスというマインドセットから始まる。このマインドセットは，事業体にとっての起業家精神と一貫性があるか。なぜそう思えるのか，あるいはなぜそう思えないのか説明しなさい。
5．S-Dロジックは，サービスが人間の間での自発的な交換のプロセスの普遍的なケースすなわち共通分母であり，それは時空間を超えて生じるものであると主張する。サービスは**常に**交換されるものである。グッズが採用される時には，そのグッズがサービス・プロセスを手助けする。批評家たちは，このグッズを包含する普遍的なパースペクティブは，多元論に反対し，世界に対する代替的な見方を受け容れようとする意欲にも逆らうものだと主張した。あなたは，こ

の批評家たちの意見に賛成か反対か。あなたの立場を説明しなさい。
6．S-Dロジックから知識を付与されたG-Dロジック原則（図表4.4参照）は，企業の伝統的なマーケティング・ミックスは共創されるべきであると示唆しているように見える。賛成か反対かを回答し，あなたの回答を支持する事例を示しなさい。
7．S-Dロジックから由来する規範的な処方箋について議論しなさい。それらの処方箋はすべての状況や文脈に適用できるか。
8．事業体は，すべての直接的な利害関係者たちを惹き付ける魅力的な価値提案を提示できるか。事例を1つ示しなさい。

第5章　すべてアクター・トゥ・アクター（A2A）である

1．すべてのアクターが包括的であるならば，ロール・プレイング研修に参加する経営者教育や管理者教育の受講者の目的は何になるか。
2．あなたが働いている（あるいは過去に働いていた）組織は，よりG-D組織か，それともよりS-D組織か，どちらになるか議論しなさい。
3．市場社会においては，一般化された交換は，市場が形成される前の社会や市場取引のない社会ほど一般的なものではない。あなたはこの意見に賛成か反対か。議論しなさい。
4．あなたが再配分という交換制度を組織内で経験しているならば，その時の事例を詳しく説明しなさい。そしてその再配分がなぜ生じたのかも説明しなさい。
5．あなたの人生の中であなたはどのくらいのエージェンシーを保持しているか。あなたのエージェンシーにとっての制約は何か。
6．過去1年間にあなたが取った主要な行動のいくつかについて考えなさい。それを引き起こしたトレード・オフや暗黙的交換は何だったか。それらを機会コストとして説明しなさい。
7．高いレベルの市場経済にいるアクターたちは，オファリングやより多くの有形なモノへのアクセスをより多く有しているのに，なぜフラストレーションや時間不足を経験するのか。この状況の中で，価値の共創，資源統合，密度，システムの生存可能性について説明しなさい。
8．社会はサービス（サービシィーズ）の交換なしに変わることができるのか。あなたの立場を説明しなさい。

第6章　資源の本質・範囲・統合

1. 我々は有形資源や天然資源は人類の発展にとって必ずしも重要な資源ではないと示唆した。ただし，人類は，生存するために天然資源と他の有形資源を必要とする。この明らかな矛盾を説明することができるか。我々の意見に賛成するか，それとも反対するか。説明しなさい。

2. 人々がどんな理由であれ，囚われの身となるときに，それらは，もはや役に立たず，負債としてみなされ，資源ではなくなるという世間一般の信念がある。この章で示したアイデアを用いるとどのような資源となるだろうか。

3. 4万人の住んでいるコミュニティにいるある家族が，1000マイル離れた，家族の絆がない200万人の都市へと転居を検討している場面を考えてみよう。この移動において，家族が検討すべき(a)市場で取引される資源，(b)公的な資源，そして(c)私的な資源は何になるのか。これらの資源のどれが，失われ，過去のものとなるのか，そしてどれが得られるのか。家族がアクセスできるだろうサービス（サービシィーズ）にとってインプリケーションは何であるのか。

4. よく知っている企業を選択し，最も価値のある資源と考える10の資源を明確にしなさい。そして，それらを市場で取引される資源，私的な資源，そして公的な資源に分類しなさい。

5. 資源の管理は，アクターの欲望とニーズの状態，科学と技術の状態で駆動されるとみる者がいる。新しい資源を開発するためのイノベーションは，アクターの欲望やニーズの状態によって「引き出されること」か，あるいは，現在の科学や技術によって「押し出されること」によって駆動されるべきなのだろうか。

6. 人類は天然資源の不効率な利用による犠牲を払ってでも，効率性，効果性をもたらすツールを発明するのだろうか。S-Dロジックの概念やアイデア，特に資源統合とシステム生存可能性に関連した概念やアイデアは，この問題に光をどのように当てるのだろうか。

7. 既存の資源（市場で取引される，あるいは市場で取引されない）の密度を増加させるという一連のアイデアを開発しなさい。あなたの考えていることが，最良のアイデアかどうか，そしてそれがシステムの生存可能性にどのように影響を与えるのか議論しなさい。

8. もし，上場会社の新製品イノベーションのトップの立場にいるとして，新製

品イノベーションを管理するためのどんなアイデアが，この章での概念から引き出すことができるだろうか。

第7章　コラボレーション

1. あなたが働いている組織と現在の仕事を考えよう。標準化プラクティスであるあなたの仕事を遂行するためにどんな努力をしているのか。表現的プラクティスについても仕事にどのような影響を及ぼすのか議論しなさい。
2. 他のアクターと共同生産し，コラボレーションするために情報技術を利用している事例を考えることができるか。これらの例を説明するとともに，それが上手くいくのかどうかについて述べなさい。
3. 共創プロセスを最小化するような市場オファリングを開発することは，企業にとって望ましいだろうか。共創プロセスを最小化するオファリングのアイデアを出しなさい。共創プロセスがないオファリングを想像できるだろうか。
4. 次の6つの要因が，アクターが共同生産する程度を決定する。すなわち，専門知識，コントロール，有形資本，危険負担，精神的なベネフィット，経済的なベネフィットである。それらの要因を使ってどれだけあなたの家族が，家庭をベースにした生産活動（料理，掃除，家庭学習など）に従事しているのかを説明しなさい。
5. 社会における分業の限界は存在するのだろうか。詳しく調べた上で議論しなさい。
6. もしあなたが市長ならば，様々なサービシィーズを共同生産するためにどのように市民とどのように従事させるのか。これらの活動は市民のための価値の共創を高めるのか。
7. 6歳の時の子供と20歳以上の大人の経験を自分に当てはめて考えてみよう。コラボレーションの優位性の5つの鍵となる源泉について読み直し，コラボレーションに対して本質的に資質があるのは，子供か大人か議論しなさい。
8. 我々は企業の拡張した視点を議論した。この考え方を家庭に適用しなさい。システム生存可能性に対するインプリケーションは何であるのか。

第8章　サービス・エコシステム

1．アウトソーシングと，市場，サプライ・チェーン，マーケティング・チャネルといった概念とはどんな関係があるのか。
2．以下の4つの鍵となる構成要素が，サービス・エコシステムを定義する。(1)相対的に自己完結的，(2)資源統合アクターの自己適合システム，(3)共通の制度的ロジック，(4)サービス交換を通じた相互的な価値創造という。あなたの意見として，これらの鍵となる構成要素の中のどの要素が最も重要か。あなたの論拠を説明しなさい。
3．サービス・エコシステムは，どうすればより多くの復元性を持てるのか。
4．S-Dロジックの10の基本的前提は，どのようにサービス・エコシステムと関連づけられるか。
5．サービス・エコシステムの概念を利用して，あなた自身の個人的なサービス・エコシステムを図で表したプレゼンテーションを作成しなさい。
6．都市のサービス・システムには，統治，水，エネルギー，廃棄物処理，栄養学，治安，輸送，コミュニケーション，教育，娯楽，健康が含まれる。最近，市長が都市で最初の最高イノベーション責任者としてのあなたに連絡してきた。本章とこれまでの諸章の概念を適用して，都市のそれらのサービス・システムのうちの少なくとも1つを用いて，最低でも3つの革新的なサービス・オファリングのリストを作成しなさい。
7．本書で述べたサービス・システムは，1つの典型的な都市の一部だった。1つの国が異なるサービス・システムを内包できるかどうか確認し議論しなさい。
8．サービス・エコシステム内での最高経営責任者といったリーダーの役割は何か。
9．あなたの家や職場について検討し，あなたにベネフィットをもたらすエコシステム・サービシィーズを特定しなさい。

第9章　戦略的思考

1．あなたが働いてきた事業体について検討し，その事業体が提供していたサービスについて説明しなさい。
2．上記1で説明したサービスについて，その事業体の価値提案は何か。その価

値提案は潜在的なサービス受益者（顧客）にとって魅力的なものか。またその価値提案は，従業員や顧客たちにも共感を与えるものなのか。共感を与えるにしろしないにしろ，その理由は何か。

3．次に，あなたが働いていた事業体のサービス受益者たちはあなたの事業体が提供していたサービスをどのように使用するのか説明しなさい。それは他の資源とどのように統合されるのか。異なる文脈の下ではその使用法はどのように変化するのか。

4．上記で説明した状況を用いて，あなたが働いていた事業体にとって鍵となる供給業者をいくつか特定し，それらの供給業者が提供しているサービスを説明しなさい。各々のサービスは他の資源とどのように統合されるのか。異なる文脈の下では，その資源の統合はどのように変化するのか。

5．事業体は，その事業体の内部でも多くのサービス（サービシィーズ）を遂行する。あなたが働いていた事業体が内部で遂行していたサービスの中から1つか2つを特定し，そのサービスについてとそのサービスがどのように提供されるのか議論しなさい。そのサービスは市場交換を通じてではなく，なぜ企業内で提供されるのか。

6．あなたが働いていた事業体で最も重要な資源を1つ特定しなさい。かなり具体的なものになるように試みなさい。例えば，人的資源が最も重要な資源であると特定したなら，製品エンジニアリングのスタッフや販売担当者について詳細に説明することになる。事業体の内部で重要な資源と，外部（すなわち，そのサービス・エコシステム内）で重要な資源の双方について，最も重要な資源を1つ特定し，それらについて詳細に説明しなさい。

7．あなたが働いていた企業か，あるいは社内の情報システム部門やCSR部門のような重要な部門のいずれかのサービス・エコシステムを図で示しなさい。そのサービス・エコシステム内の共通の制度は何か。そのサービス・エコシステムを再設計するためのアイデアを引き出しなさい。その共通の制度は変革への障害となっているのか，それとも変革への動機づけとなるものなのか。

8．農業は，最も古い産業の1つである。密度を高めるための再配列についていくつかの革新的なアイデアを引き出しなさい。形態，時間，場所，所有権を中心に再配列を具体的に検討しなさい。

第10章　結論と考察

1. S-Dロジックがメタ・アイデアであるということに賛成するか。その理由を説明しなさい。
2. S-Dロジックは，よく知っているサービス・エコシステムの複雑さを理解する手助けとなるのかどうかを述べなさい。
3. S-Dロジックは，その全体性を理解し，採用する必要がある。このことは可能だろうか。なぜそうなのか，あるいはなぜそうではないのか。
4. 社会が，資源統合とサービス交換を通じた価値共創を唯一の目的とする大規模なサービス・エコシステムであるということに同意するのか。賛成するか，反対するのか，その理由について説明しなさい。
5. イノベーションが進展すればするほど，イノベーションの前線は拡張する。賛成するか，あるいは反対か。その理由を述べなさい。
6. 起業家的な管理は，なぜS-Dロジックと整合性があるのか。
7. マーケティングとイノベーションは，なぜ基本的に同じビジネス機能なのか。
8. 発明とイノベーション，上位に来るものはどちらか。その理由を答えなさい。
9. S-Dロジックを適用するために，制度を理解する必要性を議論しなさい。
10. S-Dロジックにおいて，最も中範囲理論が必要とされるのはどこか。

訳者あとがき

1．S-Dロジックの台頭と経緯

　本書は，Robert F. Lusch, Stephen L. Vargo, *Service-Dominant Logic: Premises, Perspectives, Possibilities*, Cambridge University Press, 2014の全訳である。

　スティーブン・バーゴ（Stephen L. Vargo）とロバート・ラッシュ（Robert F. Lusch）の両教授がサービス・ドミナント・ロジック（Service Dominant Logic：以下S-Dロジック）を2004年に"Evolving to a New Dominant Logic for Marketing"というタイトルの論文として*Journal of Marketing*誌に発表してから10余年が経過した。その後も両教授は，両教授の共著，他の研究者との共著，さらにはそれぞれの単著というかたちで数多くの論文を発表してきている。

　この2004年の論文は，すでに全世界で約8,500本の論文で引用されており，彼らの執筆したS-Dロジックに関する論文の引用件数は，主要論文だけで2万5,000本を越えている（Google Scholar 2016年4月末現在）。また，この2004年の論文で，バーゴ教授とラッシュ教授は，アメリカ・マーケティング協会より「マーケティングの理論と思想に重要な貢献をした」として同年のHarold H. Maynard Awardを受賞しており，2010年には，同協会より本論文を対象としたSheth Foundation/Journal of Marketing Awardを受賞している。この賞は，過去10年間においてマーケティングの実務と理論の双方に大きな貢献を果たしたと認められる論文に対して授与される賞である。また，世界で発表される数多くの著書・論文に引用され，知的貢献を果たした研究者を選出するThomson Reuter社の「World's Most Influential Scientific Minds list」の「経済学・経営学」部門で，共に，2014年，2015年と2年連続で選出されている。

　バーゴ教授とラッシュ教授は，これまで，70本近い論文を世に送り出しているが，その間，さまざまな学会での基調講演，研究報告を重ねており，学会の統一テーマとして取り上げられることも多く，さらには，学会の研究誌の特集号のテーマとしても多く取り上げられてきている。*Marketing Theory*（(Vol.6, No.3 September 2006）(Vol.11, No.3 September 2011）(Vol.12, No.2 June 2012）），

Australasian Marketing Journal（(Vol.15, No.1 2007)（Vol.18, No.4 2010)），*IBM System Journal-Service Science, Management, and Engineering*（Vol.47, No.1 2008），*Journal of the Academy of Marketing Science*（(Vol.36, No.1, 2008)（Vol.38, No.1 2010)），さらに，*Industrial Marketing Management*（Vol.37, No.3，2008）などを指摘することができる。もちろん，バーゴ教授とラッシュ教授自らが多くの雑誌に投稿しており，そのほかにも，多くの研究者が同テーマに関わる形で論文を執筆している。

　その他，2006年には，バーゴ教授とラッシュ教授編著による*The Service-Dominant Logic of Marketing, Dialog, Debate and Directions*が出版されている。これは，50人以上の著名なマーケティング学者が多様な立場からS-Dロジックに対する知見を提示したものであり，2004年にS-Dロジックが提唱されると同時に，多くの研究者が本ロジックに関心を示し，マーケティングの研究領域に与えたインパクトの大きさを知ることができる。

　今日では，我が国においても，マーケティングをはじめとした様々な研究領域の研究者および実務関係者が本ロジックに関心を示しており，多くの学会および雑誌・著書においてその概要が紹介されるようになってきている。具体的には，国立行政法人科学技術振興機構・社会技術研究開発センターにおける「問題解決型サービス科学研究開発プログラム」をはじめとして，2012年に開始された日本マーケティング学会・リサーチプロジェクト「価値共創型マーケティング研究会」，さらには，日本消費経済学会第37回全国大会・統一テーマ「参加型社会における消費経済学―市場参加と消費者の役割―」（2012年），日本経営診断学会第46回全国大会・統一テーマ「イノベーションによる価値創造と経営診断」（2013年），アジア市場経済学会第17回全国研究大会，統一テーマ『我が国企業とアジア新興国との「共創環境」の構築―技術・知識の相互移転とその共有―』など，価値共創をテーマとして取り上げ，その中でS-Dロジックについて多くの論者により紹介・検討してきている。

　我々のS-Dロジックの研究は，明治大学出身の研究グループを中心に2007年の文部科学省オープンリサーチセンター整備事業で選定された研究プロジェクトでサービス研究に関わったことを端緒としている。その後，かかる研究プロジェクトのメンバーを中心として，さらに明治大学の学内外の研究員を加えて2011年に設立した「明治大学サービス・マーケティング研究所」が引き継ぐかたちで研究を進めてきた。本研究所では週に一回の研究会を進める中で，ラッシュ教授お

よびバーゴ教授の発表した論文をはじめとして，S-Dロジックに言及しているその他多くの研究者の論文を取り上げてきた。

　このような研究活動を進める中で，明治大学サービス・マーケティング研究所主催というかたちで，2012年9月17日～19日に「Forum on international market and institutional logics」というフォーラムを明治大学で開催した。本フォーラムでは，バーゴ教授とラッシュ教授をはじめとして，国内外の研究者から18本の研究報告をいただいた。さらに，一般の方を対象にした講演会も併せて開催させていただいた。おそらく，S-Dロジックのみをテーマとしたフォーラムとしては我が国最初のものである。その後，2015年3月7日に「TOKYO SERVICE DOMINANT LOGIC FORUM 2015」を明治大学サービス・マーケティング研究所主催，サービス学会後援というかたちで開催し，「S-Dロジックの進化と可能性」というテーマのもとでバーゴ教授とラッシュ教授にご講演いただいた。

　本書は，バーゴ教授とラッシュ教授による初めてのS-Dロジックについて論究した著書である。翻訳書の冒頭に寄せてくれた「日本の読者に向けて」の中にも指摘されているように，上記のような関心の高まりにもかかわらず，S-Dロジックについて必ずしも正確に理解されていないのが現状である。そこで，S-Dロジックについて，体系的に整理したかたちでまとめられている本書の役割は大きいものといえる。その意味で，本書を通じて，S-Dロジックへの関心とさらなる理解を期待したいところである。本書の概要については，「まえがき」でスポーラー氏が紹介しているので，そちらを参照していただきたい。

　この「訳者あとがき」では，本書が刊行されて以降のバーゴ教授およびラッシュ教授のS-Dロジックの研究の動向について紹介しておきたい。

2．S-Dロジックのさらなる進化

　多くの方がすでに理解されているように，S-Dロジックは，2004年に8つの基本的前提が提唱されて以来，2008年にFP9とFP10が追加されて，10の基本的前提として広く知られるところとなっている。その間にも，その都度，いくつかのFPについては，表現の修正が行われてきた。

　これは，彼らがS-Dロジックを提唱してきた研究姿勢に起因するものといえるであろう。彼らは，初期より「S-Dロジックは，我々が「所有している」ものではなく，「オープン・ソース」のかたちで進化させようとするもの」であり，

多くの研究者の参加のもと，S-Dロジックを「リファイン（refine）」していくという姿勢で本ロジックの精緻化を試みている（Vargo, S. L. and R. F. Lusch（2008），"Service-Dominant Logic: Continuing the Evolution," *Journal of the Academy of Marketing Science*, 36 (1), p.1）。今回の修正も，多くの研究者とのインタラクションの結果として生まれたものといえる。

両教授の提唱しているS-Dロジックについては，2010年に出版した「サービス・ドミナント・ロジック：マーケティング研究への新たな視座」井上崇通・村松潤一編著（同文舘出版）で詳細に解説させていただいた。そこでは，単数形のサービス，価値共創，文脈価値，オペランド資源・オペラント資源，資源統合といったS-Dロジックの基盤となる諸概念を解説・分析させていただいた。しかし，それから6年経過した現在，かれらの主張するS-Dロジックは，さらなる進化を続けており，多くの視点が取り込まれてきている。この点を踏まえて，本書を読み進めていただきたい。

3．公理及び基本的前提のパーシモニー

彼らは本書の中で，「理論やモデルは，現実を抽象化したものである。この抽象化したものを開発するのに言語や用語が用いられ，その後，それらの抽象化したものは関心のある現象を描写したり説明したりするために相互に関連づけられる」（本書62頁）と述べている。そこで，理論構築に向けての研究ステップの出発点として念頭に置いたのが「parsimonious」と「isomorphic」という視点である。まず，中核となる基本的な概念として4つの概念を抽出し，それぞれに，これまでの10の基本的前提を結びつけることで，系統図的な整理を可能としたのである。

① アクター（actor）
② サービス（service）
③ 資源（resource）
④ 価値（value）

これが，本著で公理1（FP4），公理2（FP8），公理3（FP9），公理4（FP10）というかたちで提案し，他のFPをそれらに付随するものとして入れ子状に再整理することにつながっている。

さらに，バーゴ教授とラッシュ教授の提唱するS-Dロジックは本書が刊行されて2年ほど経過した現在，さらなる進化を遂げている。2016年に発表された論文

で新たな修正・変更を行っている（Vargo & Lusch, "Institutions and axioms: an extension and update of service-dominant logic," *Journal of the Academy of Marketing Science*, (2016) 44:5-23)。そこで，以下では，その変化の内容について紹介しておきたい。この2016年の論文では，さらに，4つのFPについて，修正を加え，基本的前提として，FP11を追加している。そこで，現時点（2016年5月）におけるS-Dロジックの基本的前提について解説を加えておきたい。以下，2016年の上記論文の内容を踏まえて，主たる変更点を中心に，最新の基本的前提について解説していくが，これまでの変更・修正との比較を容易にするため，次ページの図表を参照しながら読み進めていただきたい。

4．基本的前提（FP）の修正

　FP4は「オペラント資源が戦略的ベネフィットの基本的源泉である」という表現に変更されている。その理由は，「競争優位という用語が近視眼的で有り，さらには誤った方向へ注意を向けてしまうということに気づいた（2016,p.7）」からであり，さらに「「戦略的ベネフィット」という用語は，S-Dロジックにおけるサービスのためのサービスという概念を強調することになり，さらに互恵的なサービス交換を考慮し，サービス提供者が「受益者」の役割も果たしている」ことを理解しやすくさせることになるとしている。

　FP6は，「価値は受益者を含む複数のアクターたちによって常に共創される（2016,p.9)」という表現に変更されている。ここでいう「価値提案の創造」とは，「共同生産」と「価値の共創」の区別をより明確にするためである。これは，S-Dロジック提唱の初期からつきまとう誤解を解消する意図からであるとしている。企業が常に自社のアウトプットの設計，創造，伝達に顧客を組み込むこと（すなわち，共同生産）を意味していると理解されてきているからである。しかし，「共同生産」は，選択的，代替的なものであり，アクター両者の意欲，欲望，ナレッジに左右されるものである。この視点に対しては，Gronroos等を代表とする北欧学派の研究者の批判が集中している。その批判点は，価値共創とは，限定的な場面のみで適応可能な考えであり，直接的な「インタラクション」の存在が前提となり，その場合にのみ，価値は共創されるというという批判である。

　しかし，「インタラクション」とは，直接的な対面性（face to face）であることも，反復的なエンカウンターを意味するものではなく，「相互的あるいは互恵

図表　基本的前提の変遷

	2004[1]	2006[2]
FP1	専門化されたスキルとナレッジの応用が交換の基本単位（unit）である。	変更なし
FP2	間接的な交換は交換の基本的単位を見えなくする。	変更なし
FP3	グッズはサービス供給のための伝達手段である。	変更なし
FP4	ナレッジは競争優位の基本的源泉である。	変更なし
FP5	すべての経済はサービシィーズ（services）経済である。	変更なし
FP6	顧客は常に共同生産者である。	顧客は常に価値の共創者である。
FP7	企業は価値提案しかできない。	変更なし
FP8	サービス中心の考え方は顧客志向的であり，関係的である。	変更なし
FP9		組織はこまかく専門化されたコンピタンスを市場で求められる複雑なサービシィーズ(services)に統合したり変換したりするために存在している。
FP10		
FP11		

〈注〉
1) 2004 Vargo, S. L. & Lusch, R. F., "Evolving to a new dominant logic for marketing," *Journal of Marketing*, 68 (1-17 (January)).
2) 2006 Vargo, S. L. & Lusch, R. F., "Service-Dominant Logic: What it is, what it is not, what it might be," in R. F. Lusch & S. L. Vargo (eds.), *The Service-Dominant Logic of Marketing, Dialog, Debate, and Directions* (43–56), Armonk, NY: ME Sharpe.
3) 2008 Vargo, S.L. & Lusch, R. F., "Service-Dominant Logic: continuing evolution," *Journal of the Academy of Marketing Science*, 36 (1), 1–10.
4) 2014 Lusch, R. F. & Vargo, S. L., *Service Dominant Logic: Premises, Perspectives, Possibilities* (53-82), Cambridge, UK: Cambridge University Press.
5) 2016 Vargo, S. L. & Lusch, R. F., "Institutions and axioms: An extension and update of service-dominant logic," *Journal of the Academy of Marketing Science*, Vol.44, No.1, 5-23.

2008[3]	2014[4]	2016[5]
サービスが交換の基本的基盤(basis)である。	(公理1)	変更なし
間接的な交換は交換の基本的基盤を見えなくする。		変更なし
変更なし		変更なし
オペラント資源は競争優位の基本的な源泉である。		オペラント資源は戦略的ベネフィットの基本的な源泉である。
すべての経済は、サービス(service)経済である。		変更なし
変更なし	(公理2)	価値は受益者を含む複数のアクターによって常に共創される。
企業は、価値を提供することはできず、価値提案しかできない。		アクターは価値を提供することはできず、価値提案の創造と提案に参加することしかできない。
サービス中心の考え方は、元来、顧客志向的であり、関係的である。		サービス中心の考え方は、元来、受益者志向的でかつ関係的である。
すべての社会的アクターと経済的アクターが資源統合者である。	(公理3)	変更なし
価値は受益者によって常に独自にかつ現象学的に判断される。	(公理4)	変更なし
	(公理5)	価値共創はアクターが創造した制度と制度配列を通じて調整される。

的な行動や影響」を意味するものである。「要するに，価値の共創は，交換の目的であり，したがってそれは市場とマーケティングにとっての基盤である（2016,p.9）」としている。

さらに，価値共創のためには，単独のアクター同士の活動や企業と顧客の間の活動でなされるものではなく，複数のアクターが存在しており，少なくも専門化された分業が存在する社会にあっては，価値は，市場資源，個人資源，公共資源などを統合する複数のアクターとともに共創されるものである。

次にFP7の変更点であるが，まず，企業という用語がアクターに変更されている。これはアクター・トゥ・アクターという志向から導き出せる。また，このFPに表現されている「価値を提供することはできず，価値提案の創造と提案に参加することしかできない」とは，サービスの提供者と受益者を含む多数のアクターの間で共創されるものである。言い換えると，価値は引き渡すことのできるものではなく，関係するアクターたちによる継続的な役割を前提とするものである（2016,p.10）。FP8は，アクターという用語と同様，顧客という用語のもつグッズ・ドミナントな意味合いを払拭するために「受益者」という用語に変更した（2016,p.10）。

5．公理及び基本的前提の追加（公理5・基本的前提11（FP11））

FP11の追加は，どのような意味を持っているのであろうか。その中心となる概念は「制度（institution）」である。バーゴ教授とラッシュ教授は，2008年に10の基本的前提を提案した後，次第に「企業」と「顧客」に焦点を当てた交換から，より広範なインタラクションに視点を移している。これを「ズームアウト」と表現し，システム思考を取り入れることにより，「エコシステム」へと視野を拡大，さらに，アクターと環境のインタラクション，アクター間の相互的なサービス交換を解明する上で，「サービス・エコシステム」という用語を使用している。S-Dロジックにおいて用いられる「サービス・エコシステム」は，技術ではなく，制度というより包括的な役割に焦点を当てている。

ここで言う「制度」は，「行動を可能にしたり制約したり，また社会生活を予測することを可能にしたり，意味あるものにしたりする，人により作られたルール，規範，信念のこと」（2016, p.11）と定義づけられ，その上で，制度と制度のインタラクション，制度的ロジックと呼ばれるより高次の制度配列（institutional arrangement），そして制度化のプロセスと役割が，サービス・エコシステムの構造や機能を理解するための鍵である。具体的な事例で表現すると，制度とは「公式的な成文化された法律」，「非公式な社会的規範」，「概念的あるいはシンボリックな意味」，「その他のルーティン化した規則」などを指している。

　アクターは，ダイアデックな関係としてのみ捉えるべきではなく，複数のアクターのインタラクションとして捉えるべきであり，そのそれぞれのインタラクションは，それぞれの文脈に依存している。さらに，その文脈に置かれているアクターは，そこに一定の価値を共創することとなるが，それは単に個人の内面に規定されるものとしてではなく，アクターの置かれている社会の慣行，文化，ルールに依存することとなる。ときに，それが，一定のルールとなり，最終的には，アクターの行動や思考を規制する制度してアクターの前に出現することとなる。このように，システム内に存在するアクター間の関係を規定する制度を，アクターがミクロ・システム，メソ・システム，マクロ・システム内に創り出すこととなり，逆にそれらによりアクター自身が拘束されることとなる。これは，構造化理論の重要な視点の１つであるが，サービス・エコシステムの解明に援用しているのである。つまり，制度という概念装置を組み込むことによって，サービス・エコシステム内でのアクター間の共創行動を創発し促進していくしくみを考察することを可能とすることとなる。

　「制度とは，人的に考案された統合可能な資源をあらわしている。それらの統合可能な資源は，我々が社会的文脈として理解している構造上の特徴を提供するために絶えず組み立てなおされているので，価値共創プロセスを理解するのに不可欠である」(2016,p.17)。このような「比較的永続的で反復的な資源統合プラクティスを「制度化されたソリューション（institutionalized solutions）」と呼んでいる（2014）。この概念は，すでに本書でも多くの箇所で敷衍されている。このようなかたちで形成されるエコシステムが市場として出現することとなる。

　彼らは「第５の公理と制度及び制度配列への焦点を加えることで，S-Dロジックの枠組みが全ての交換に適応できる」としている。つまり，価値共創は，「資源統合（FP9）やサービスとサービスの交換（FP1）を通じて価値共創（FP6）や価値判断（FP10）に関係づけられる。つまり，サービス・エコシステム内での共同とか調和というナラティブだけでなく，エコシステム間でのコンフリクトや和解というナラティブについても言及することができる」(2016,p.17) としている。

アクターたちが共存しえる状況を支援する構造を形成したり，再形成したり，あるいはそれらの構造から影響を受ける進化プロセスを扱うさまざまな研究領域，たとえば制度論，プラクティス理論，複雑系経済学などに目を向ける必要があるとしており，S-Dロジックの進展には，これらの諸理論から学ぶべき多くが存在しているとしている。

その意味で，さらに，S-Dロジックをどのように進化させていくべきか，我々の研究課題として取り組んでいく必要があろう。

6．むすびに

本書を翻訳するきっかけは，先に挙げた2012年の日本におけるフォーラム開催への協力をお願いしたときにさかのぼることができる。その折に，本書出版の計画があるとのお話を伺い，日本語への翻訳についてご相談したところご快諾をいただいた。その後2年ほど経過した後，本書が刊行された。本翻訳書は，高千穂大学の庄司真人教授と茨城キリスト教大学の田口尚史准教授のお二人にご担当いただくことで実現することができた。

翻訳書は，完成までに1年半ほどの歳月を費やした。これは，上で紹介した研究会の中で，本原著を単に翻訳していくというだけではなく，研究対象として取り上げ，その内容につき検討し，議論を重ねてきたという経緯によるものである。勿論，翻訳作業に時間の掛かったことも事実である。その結果，本翻訳書を世に紹介する現段階で，すでにバーゴ教授とラッシュ教授の提唱するS-Dロジックにさらなる修正が加えられているところは，監訳者として読者にお詫びを申し上げる。そこで，上述のように，この「訳者あとがき」で新たに提唱された重要な修正点及び論点について言及させていただいた。

本書は，様々な新規の考え方や概念が取り入れられており，隣接学問からの理論・概念も採用されている。その意味で，S-Dロジックに初めて触れた読者の皆さんには，なじみのない言葉が多く含まれていたことと思う。翻訳に当たっては，分かりにくい原文は，わかりやすい日本語表現でその意味を伝えるよう心がけたつもりである。

もちろん，S-Dロジックの基礎的概念として原著で使用している言葉は，S-Dロジックがすでに日本の研究者，実務家の方にかなり浸透していることも踏まえて，忠実に日本語に置き換えたつもりである。翻訳に際しては，できる限りの検

討を加えたと考えているが，いまだ，十分でないところがあれば監訳者の責任である。本翻訳書をつうじて，日本語でS-Dロジックの主唱者の言葉に触れることで，S-Dロジックの理解がさらに進み，我が国でのS-Dロジックの研究が進展することを願っている。

本書の巻頭で両教授が述べているように，本書を読まれた読者の皆さんは，すでにS-Dロジック研究の共同研究者の一人となったといえる。多様な意見が存在するものと思う。ぜひ，皆さんのご意見を我々に伝えていただきたい。

本書の翻訳が終了したことをバーゴ教授とラッシュ教授にお伝えしたところ，「日本の読者に向けて」の巻頭メッセージをお送りいただいた。両教授の温かい言葉に感謝申し上げる。

最後に，本翻訳書の出版を快くお引き受けいただき，完成まで，予想以上に時間を要することとなり，その間，辛抱強くお待ちいただいた同文舘出版の取締役編集局長の市川良之氏には心から感謝申し上げたい。また，翻訳作業に伴う日本語としてのわかりやすさについて一読者の立場から，様々な意見をいただいたことについても深くお礼申し上げる。

2016年5月31日

監訳者

井上　崇通

索 引

事項索引

あ 行

アウトソーシング　79, 228
アウトプットの単位　111
アクセス性　149, 150, 157, 158, 180, 181
アクター　(7), 24, 64, 119, 120, 121, 201
　アクター・トゥ・アクター (A2A)　(9), 10, 12, 76, 81, 83, 102, 121, 161
　アクター・トゥ・アクター (A2A) ネットワーク　(16), 106, 107, 110, 114
　A2A交換ネットワーク　113
　アクター中心性　133
　アクター中心的なパースペクティブ　134
　アクター中心の交換システム　133
　経済的アクター　5, 11, 46, 78, 149, 154, 187
　経済的および社会的アクター　10, 18, 27, 88, 91, 106, 154, 175, 180, 212, 213, 218, 226
　資源統合者としてのアクター　152
　受益者アクター　82, 89
　人的アクター　(15), 5, 135
　ネットワーク・アクター　87
　包括的なアクター　83, 88, 135
　社会的アクター　121
　包括的なアクター・トゥ・アクター (A2A)　76
　包括的なアクター・トゥ・アクター交換　124
　包括的なA2Aネットワーク・パースペクティブ　132
ダイナミック・ケイパビリティ　54
アンバンドリング　165, 218
異質性　50, 102
一般化された交換　125, 126
一般的な交換のタイプ　125
イノベーション　(8), 91, 145, 148, 162, 211, 247
　急進的イノベーション　91
　制度上のイノベーション　213
　漸進的イノベーション　91
インターネット・コミュニケーション　198
インタラクション　121
インタラクティブな経験　50
埋め込まれたナレッジ　74
エージェンシー　64
エコシステム　189, 206　→サービス・エコシステム

エコシステム・サービシーズ　204
エコシステム・サービス　205
エフェクチュアル思考　231
エフェクチュアル思考の4つの重大要素　232
エフェクチュエーション　92, 226
エフェクチュエーション理論　31
オファリング　→サービス・オファリング
オープンスタンダード　167

か 行

買い手よ，注意せよ　146
学習焦点　109
かたづけるべき当面の仕事　250
価値　64, 66
　価値共有　→価値共創
　価値星座　53, 239
　価値創造エコシステム　223
　価値創造サービス・エコシステム　227
　大規模な価値創造サービス・エコシステム　242
　価値創造リレーションシップ　87
　価値中心的なパースペクティブ　134
　価値提案　(15), 66, 84, 94, 113, 213, 220, 239, 245
　価値の共創　169, 170, 186
　価値の共創者　80
　価値の共同生産　32
　価値判断　234
　実質価値　8, 41
　使用価値　8, 94, 107, 222, 245
　付加価値　25, 80
　文脈価値　27, 157, 222, 248
　名目価値　8, 41
　交換価値　8, 41, 94, 107
　交換価値から使用価値への移行　107
　交換価値中心性　8
　顧客生涯価値 (CLV)　86
　サービス交換を通じた相互的な価値創造　198
価値共創　32, 55, 65, 86, 88, 123, 127, 133, 154, 168, 187, 216, 220, 222, 226, 233, 234, 242, 248
価値の共創　(6), 33, 83, 87, 94, 105, 111, 169, 170, 172, 181, 186, 223
可能性　(17)
貨幣　25, 110
　経済的貨幣　65

社会的貨幣　66
環境　29
間接的交換　68, 69
官僚階層構造　71
企業　11, 122
企業論　111
企業中心性　7
起業家精神　226, 244
規範的な処方箋　112
基本的前提　(16), 17, 61
　基本的前提 (FP) 1　67
　基本的前提 (FP) 2　68
　基本的前提 (FP) 3　73
　基本的前提 (FP) 4　75, 149
　基本的前提 (FP) 5　78
　基本的前提 (FP) 6　80
　基本的前提 (FP) 7　84
　基本的前提 (FP) 8　85
　基本的前提 (FP) 9　88
　基本的前提 (FP) 10　92
吸収コンピテンシー　117
共創　162, 167, 169, 239　→価値共創，価値の共創
競争優位　55
競争優位の基本的源泉　75
共同生産　169, 171, 239
均衡理論　45
具体化されたナレッジ　75
グッズ　8, 15, 50, 153
グッズ・ドミナント・ロジック (G-D ロジック)　(12), (14), 4, 5, 37, 46, 73, 160, 189, 215, 239
グッズ・ドミナント・パラダイム　46, 93
グッズ・ドミナント・モデル　45
グッズ・ドミナント・ロジックの中心性　5
グッズ中心性　6
グッズとサービシィーズ　100
伝統的なグッズ中心のロジック　93
サービス提供のための装置　15, 18, 64
グローバルな脳　243
経験　9
経験イノベーション　250
経験経済　19, 52, 239
経済的および社会的アクター　88, 154
経済的ベネフィット　173
形態を再配列　31
ケイパビリティ　(8), 111
ゲームのルール　21
言語　162
効果性　101, 247
　効果性のない効率性　102
交換　4
　限定的な交換　125, 125

一般化された交換　125, 126
交換としての行動　136
交換の基本的基盤　17
交換のシステムズ・ビュー　215
サービスとサービスの交換　11, 12, 14, 119
市場交換　105, 130
複雑な交換　125, 128
交換価値
　交換価値　8, 41, 94, 107
　交換価値から使用価値への移行　107
　交換価値中心性　8
公共財　151
構造
　構造化の二重性　28
　社会構造　213
公的な源泉　7, 19
巧妙な人的トリック　135
効用　8, 37, 43, 80
　効用の創造　41
　時間効用　47
　所有効用　47
　場所効用　47
　形態効用　47
　無償の効用　42
　有償の効用　42
公理　(16), 80
　4 つの公理　61
　公理 1　17, 67, 109
　公理 2　18
　公理 3　18, 88
　公理 4　19, 92
効率性　101, 247, 248
顧客　11, 122
　顧客関係管理 (CRM)　86
　顧客志向　108, 132
　顧客志向的　85
　顧客市場　186
　顧客生涯価値 (CLV)　86, 174, 241
　顧客中心性　133
コラボレーション　(16), 32, 51, 161, 166, 218, 221, 230
　コラボレーションの優位性　176
　複数の利害関係者たちとのコラボレーション　215
　コラボレーション・プロセス・コンピテンシー　177
　サービス・ドミナント (S-D) 戦略　224, 227
コントロール　172
コンピタンス　(8), 13, 111, 154
　コアコンピタンス　55
　専門化されたコンピタンス　93
　資源統合コンピテンシー　178

適応コンピテンシー　177
学習コンピテンシー　179
吸収コンピテンシー　177
コラボレーション・プロセス・コンピテンシー　177

さ　行

サービシィーズ(複数形)　14, 24, 38, 50, 104
サービシィーズ経済　20, 22, 78
サービス(単数形)　14, 64, 65
　サービス中心の考え方　85
　サービス伝達のための媒介物　15
　サービスとサービスの交換　11, 12, 14, 119
　なぜ「サービス」なのか　(9), 98
サービス・エコシステム　(6), (8), (10), 28, 65, 114, 125, 128, 131, 132, 166, 175, 177, 179, 191, 204, (14), (16), 244
サービス・オファリング　(15), 68, 91, 110, 123, 147, 170, 201
サービス・エコロジー　(7)
サービス・サイエンス　(7), (12), 56, 204, 250
サービス・サイエンス，マネジメントおよびエンジニアリング　(11), 56
サービス・システム・エンティティ　(7)
サービス・ドミナント・ロジック(S-Dロジック)　(5), (13), 4, 99　→公理，基本的前提
　サービス・ドミナント(S-D)戦略　(10), 224, 227
　サービス・ドミナント・モデル　45
　サービス・ドミナント・ロジックの単純化特性　105
　サービス・ドミナント・ロジックの用語一覧　63
　サービス・ドミナント・ロジックへの収束　54
　S-Dロジック戦略の評価　231
サービス・ブループリンティング　169
サービス・プロバイダー　122, 153
サービス・マネジメント　51
サービス義務　137
サービス経済　56
サービス権利　137
サービス交換を通じた相互的な価値創造　198
サービス受益者　123
サービス提供　234
サービス提供のための(媒介物としての役目を果たす)装置　15, 18, 65
サービス品質　51
最終製品　93
最良の資源　157
サプライ・チェーン　53
産業革命　71

事業体　25
　事業体に対する広範な視点と長期的な視点　174
　事業体の境界　173
事業部門　130
資源　(10), 64, 141, 142
　資源の再配列　227
　資源の動的で文脈依存的な性質　154
　オペラント資源　16, 66, 67, 75, 110, 146
　オペランド資源　15, 66, 141, 146
　公的な資源　88, 150, 154
　市場で取引される資源　88, 150
　私的な資源　88, 150, 154
　資源密度　137, 139
　資源アプリケーション　153
　潜在的な資源　145
資源性　143, 153
資源化　(14)
資源統合　(8), (14), 91, 139, 234
　資源統合の二重の目的　155
　資源統合を通じた価値共創　11
　資源統合アクター　122
　資源統合アクターからなる自己調整的なシステム　193
　資源統合コンピテンシー　178
　資源統合者　(6), 88
　資源統合者としてのアクター　152
市場
　市場交換　105, 130
　市場志向　22
　市場で取引される資源　88, 150
　市場取引を通じた源泉　7, 19
　供給市場　186
システム
　システムズ・ビュー　186
　システムの生存可能性　34, 67, 84, 89, 92, 108, 109, 130, 134, 138, 143, 155, 158, 179
　自己調整的なシステム　216
　ハイブリッド交換システム　105, 131
　複雑なシステム　240
　物々交換システム　110
　マクロ・システム　200
　ミクロ・システム　200
　メソ・システム　200
　アクター中心の交換システム　133
　交換のシステムズ・ビュー　215
　国民経済計算システム　79
　資源統合アクターからなる自己調整的なシステム　193
持続的な市場創造　77
私的な源泉　7, 19
集合的な脳　243

収束　239
受益者　14, 19, 25, 27, 39, 41, 55, 63, 69, 72, 82, 84, 92, 93, 102, 123, 154, 168, 179, 186, 199, 217, 221
　受益者アクター　81, 82, 85, 19, 133, 206
　受益者志向　108
純粋経済学　45
消費　25
消費者　11, 24, 82
　消費者の意思決定　90
　消費者行動　48
　消費者志向　48
　国富　40
　国民経済計算システム　79
　互恵主義　105, 129
　コミュニケーション　162
　コンシューマー・トゥ・コンシューマー（C2C）　12
　コントロール　172
情報技術　166
人工物　38
ズームアウト　212
ズームイン　212
スキル　111
スキルやケイパビリティ　66
すべての経済がサービス経済　78
制限された合理性　65
生産　25
生産者　11, 24, 82
生産性　99
生産的サービス（サービシィーズ）　40
精神的ベネフィット　172
製造品質　48
生存可能性　65
制度（化）　70, 219, 248
　制度化　(7), 21, 71
　制度化されたソリューション　30, 135, 273
　制度上のイノベーション　213
　制度的ロジック　3
　共通の制度的ロジック　195
　交換制度　128
　再制度化　214
　脱制度化　214
専門化　4
　専門化された活動　67
　専門化されたコンピタンス　93
　専門化されたナレッジとスキル　80, 94
　マクロな専門化　78
　ミクロな専門化　78
専門知識　172
戦略
　戦略事業単位（SBU）　130
　戦略的意思決定　224

戦略的思考　(17), 211
戦略モデル　226
戦略優位　29, 76
ブルーオーシャン（戦略）　226, 250
持続的戦略優位　77
相互連結されたリレーションシップのウェブ　128
相対的に自己完結的な構造　192
装置としてのグッズ　104
贈答　129

た　行

ダイアド関係　187
中間「製品」　93
中心性
　交換価値中心性　8
　顧客中心性　133
　アクター中心性　133
　企業中心性　7
　グッズ・ドミナント・ロジックの中心性　5
　交換価値中心性　8
　企業中心性　7
　グッズ中心性　6
通貨　155
抵抗の克服　144
適切な資源の集結と配列　218
鉄の檻　134
統合的マーケティング・コミュニケーション・プログラム　173
統合ロジスティクス・マネジメント・モデル　53
動的な市場インタラクション　214
トライアド関係　187
トランスベクション　188
トリプル・ボトム・ライン　217

な　行

内部化市場　86
内部受益者　72
中範囲の理論　249
ナレッジ　55, 111, 145
　埋め込まれたナレッジ　74
　具体化されたナレッジ　75
　専門化されたナレッジとスキル　80, 94
ニュー・ドミナント・ロジック　(14)
ネットワーク　187
　A2Aネットワーク　106, 107, 110, 113, 114
　ネットワーク・アクター　87
　ネットワーク・アプローチ　53
　ネットワーク・ユビキタス　168
　ネットワーク概念　188
　ネットワーク経済　239

プロセス・ネットワーク　203
　　包括的なA2Aネットワーク・パースペクティブ　132
　　メニー・トゥー・メニー・コミュニケーション・ネットワーク　168
　　メニー・トゥー・メニー・ネットワーク　181
農家　12, 70, 142
能動的な参加者　94

は　行

配分
　　再配分　105, 129
　　資源配分　139
パースペクティブ　(15), (16), 118
発明　247
パフォーマティビティ　(7), 21, 43, 44
パフォーマンス　50
パラダイム　(16)
バリュー・チェーン　215
バリュー・チェーン・マネジメント　53
ビジネス・トゥ・コンシューマー（B2C）　12, 123
ビジネス・トゥ・ビジネス（B2B）　12, 123
ビジネス・モデル・イノベーション　(11)
品質
　　知覚品質　48
　　サービス品質　51
　　製造品質　48
　　全社的品質管理　72
複雑さ　240
複雑な交換　125, 128
複数の利害関係者たちとのコラボレーション　215
福利　66, 94
不生産的サービス（サービシィーズ）　40
物質の再構成　41
プラクティス
　　統合的プラクティス　161, 165, 167, 193, 197
　　標準的プラクティス　161, 164, 193, 196, 197
　　表現的プラクティス　161, 193, 196
　　交換プラクティス　165, 197
プラットフォーム・イノベーション　(11)
ブランド　101, 133, 176, 212, 220, 248
　　ブランド・コミュニティ　25, 84, 147, 157, 219
　　ブランディング　84
　　ブランド・イメージ　84
　　ブランド・ロイヤルティ　219
フリークエント・フライヤーズ・プログラム　219
プロアクティブ・マッピング　168
プロシューマー　171

　　プロセス・ネットワーク　203
　　プロセスの体系としてのサービス・エコシステム　201
分業　39, 45, 47, 71, 122, 153, 218
文脈
　　文脈価値　(14), 27, 103, 157, 170, 222, 248
　　文脈偶発性　103
ベネフィット　66
ヘルスケア　172

ま　行

マインドセット　(15)
マクロ
　　レベル　30, 212, 248
　　構造　34
　　システム　34, 200, 201, 245
マーケティング　46
　　マーケティング・コンセプト　48
　　マーケティング・サイエンス　120
　　マーケティング・マネジメント　48
　　マーケティング・ミックス（「4Ps」）　29
　　マーケティング近視眼　27, 89
　　マーケティング理論　120
マインドセット　104
マスカスタマイゼーション　239
マネジメント　244
見えざる手　130
ミクロ
　　レベル　30, 212, 248
　　構造　34, 200
　　システム　34, 200, 201, 245
密度　156, 218
メソ
　　レベル　34, 30, 212, 248
　　構造　200, 201
　　システム　200, 201, 245
メタ・アイデア　239
メタ・フレームワーク　240
メディア　163
メンタル・モデル　21
面倒な　240
モジュールの開発　228
モジュラー・アーキテクチャ　228

や　行

有形の資本　172
有償の効用　42
有用性　43
用語一覧　(6), 32, 61, 64, 82, 95, 129

ら　行

リーダーシップの基本的なプロセス　199

リーン消費　250
利害関係者　113
リソース・ベースト・ビュー　54, 111
リバンドリング　165, 218
漁師　12, 70, 142
リレーションシップ　121, 133
　リレーションシップのデザイン　218
　リレーションシップ・マーケティング　51
　連結性　167
レベル
　マクロ・レベル　30, 212, 248
　ミクロ・レベル　30, 212, 248
ロジックの逆転　243
ロジックの対比　93

欧語

IBM　58
IHIP　23, 100
　異質性　50, 102
　非貯蔵性　50, 103
　不可分性　50, 103
　無形性　50, 102
IMP　53
market-ing　20, 246
market-ing to　93, 111
market-ing with　93, 111
RIA2RIA　156
X理論Y理論　123

人名索引

アリストテレス (Aristotle)　39
ヴィーザー (F.von Wieser)　136
ウィリアムソン (O.E. Willamson)　69
ウィルキンソン (I.F. Wilkinson)　188
ウェブスター (F.E. Webster)　54
ウェルド (L.D.H. Weld)　47
エトガー (M. Etgar)　171
オルダースン (W. Alderson)　48, 188
ギデンズ (A. Giddens)　28
クジェルバーグ (H. Kjellberg)　163
グメソン (E. Gummesson)　50
ゲティー (J.P. Getty)　149
コース (R.H. Coase)　69
コトラー (P. Kotler)　75
サントス (N.J.C. Santos)　113
ショー (A.W. Shaw)　46
ショスタック (G.L. Shostack)　51, 52
スコッティ (D.J. Scotti)　51
ズボフ (S. Zuboff)　53
スミス (Adam Smith)　39, 78, 99, 112
セイ (J-B. Say)　41
ツァイトハムル (V.A. Zeithaml)　51
ティース (D. Teece)　54
ディクソン (D.F. Dixon)　188
テイラー (F.W. Taylor)　51
ドラッカー (P.F. Drucker)　49, 244
ノーマン (R. Normann)　137, 199, 240

バスティア (F. Bastiat)　42, 68, 119
ハメル (G. Hamel)　53
パラシュラマン (A. Parasuraman)　51
ハント (S.H. Hunt)　53
ビーベン (M.H. Beaven)　51
ピサノ (G. Pisano)　54
フィッシャー (A.G.B. Fisher)　47
フラー (B. Fuller)　226
ブラウン (J.S. Brown)　203
プラトン (Plato)　119
プラハラッド (C.K. Prahalad)　53
ヘーゲル (J. Hagel)　203
ベックマン (T. Beckman)　48
ベリー (L.L. Berry)　51
ヘルゲソン (C-F. Helgesson)　163
マクスミン (J. Maxmin)　53
マクルーハン (M. McLuhan)　163
マグレガー (D. McGregor)　123
マッカーシー (J. McCarthy)　149
ミル (J.S. Mill)　41
ラクスニャク (G. Laczniak)　113
ラスト (R.T. Rust)　166
レビット (T. Levitt)　6, 27, 89
ローマー (P. Romer)　240
ロブラー (H. Lobler)　162
ワルラス (L. Walras)　44

［著者紹介］

ロバート・F・ラッシュ（Robert F. Lusch）

　現在，アリゾナ大学のエレル・マネジメント・カレッジのマーケティング担当の教授。同大学のジェームズ　アンド　パメラ　ムジィー　チェア　イン　エントラプレナーシップ（the James and Pamela Muzzy Chair in Entrepreneurship）でもある。学外では，これまで，Journal of Marketing誌のエディターや，アメリカ・マーケティング協会（American Marketing Association）の理事も務めてきた。ラッシュ教授の主たる研究は，その中心課題がマーケティング戦略と理論であり，サービス・ドミナント・ロジックもその研究成果の1つである。現在は，研究の関心が，起業家およびイノベーションの問題にも広がりを見せている。彼は，これまでも数多くの学会賞を受賞されているが，最近の受賞としてバーゴ教授とともに受賞したAMA／Irwin／McGraw-Hill Distinguished Marketing Educator Award（2013）がある。

スティーブン・L・バーゴ（Stephen L. Vargo）

　現在，ハワイ大学のシルダー・カレッジ・オブ・ビジネス（Shidler College of Business）のマーケティング担当の教授であり，マーケティング戦略論，マーケティング思想，サービス・マーケティング，消費者行動などを担当してきた。研究の世界に入る前に，彼には実業界での経歴があり，多くの会社や政府機関の顧問も務めている。主要な研究の領域は，マーケティング理論と思想，顧客評価のための参照指標の開発・測定である。彼は同大学より名誉教授職を与えられており，世界中の大学から招聘されサービス・ドミナント・ロジックにつき教授している。彼も数多くの学会から学会賞を受賞しているが，最近の受賞としては，ラッシュ教授と共に受賞したAMA/Irwin/McGraw-Hill Distinguished Marketing Educator Award（2013）がある。

ジム・スポーラー（Jim Spohrer）

　米国カリフォルニア州 サンノゼのIBMアルマデン研究センターのサービス研究担当統括責任者。「サービス・サイエンス，マネジメントおよびエンジニアリング（SSME）」の提唱者であり，この領域でのイニシアチブを取る世界的な第一人者。

〈監訳者〉

井上崇通
明治大学名誉教授
明治大学サービスマーケティング研究所所長，日本経営診断学会会長，日本消費経済学会会長，サービス学会理事，独立行政法人日本学術振興会科学研究費助成事業・科研費審査委員，財団法人大学基準協会大学評価委員会委員，特別民間法人中央職業能率協会ビジネス・キャリア検定試験・出題・編集委員・委員長等を歴任。

〈訳者〉

庄司真人（2章，6章，7章，10章，付録，担当）
高千穂大学・商学部，教授
（担当）マーケティング戦略論，顧客関係管理

田口尚史（1章，3章，4章，5章，8章，9章，付録，担当）
茨城キリスト教大学・経営学部，教授
（担当）マーケティング戦略論，サービス・マーケティング

平成28年7月1日　初版発行　　　　　　　　　（検印省略）
令和6年6月20日　初版5刷発行　　　　　　　略称：SDL発想

R.F.ラッシュ & S.L.バーゴ
サービス・ドミナント・ロジックの発想と応用

監訳者　Ⓒ　井　上　崇　通
発行者　　　中　島　豊　彦

発行所　**同文舘出版株式会社**
東京都千代田区神田神保町1-41　〒101-0051
営業 (03) 3294-1801　　編集 (03) 3294-1803
振替 00100-8-42935　https://www.dobunkan.co.jp

Ⓒ T. INOUE　　　　　　　　　　　　　　製版　一企画
Printed in Japan 2016　　　　　　　印刷・製本　萩原印刷

ISBN978-4-495-38681-8

JCOPY 〈出版者著作権管理機構 委託出版物〉
本書の無断複製は著作権法上での例外を除き禁じられています。複製される場合は，そのつど事前に，出版者著作権管理機構（電話 03-5244-5088，FAX 03-5244-5089, e-mail: info@jcopy.or.jp）の許諾を得てください。